录音制品二次使用的法律问题研究

Research of Legal Issues on Secondary Use of Phonograms

刘铁光\著

厦门大学出版社 国家一级出版社
XIAMEN UNIVERSITY PRESS 全国百佳图书出版单位

总　序

21 世纪是知识的世纪，知识产权成了这个世纪的“石油”，成了企业和国家参与国际角逐的利器。然而，相对于肇始于罗马时代、历史积淀深厚的有体财产法，知识产权法只有近 400 年的历史，显得格外稚嫩。相对于对有体财产权近乎一致的社会共识，人们对知识产权的争论从其诞生之日起似乎未曾停止。知识产权可能带来的滥用垄断权等负面影响历来为人们所诟病。尽管如此，自 19 世纪以来，知识产权作为一种激励创新的有效机制和文明成果得到许多国内立法和国际条约的确认。20 世纪 80 年代以来，随着信息技术和经济全球化的飞速发展，美国等先进国家日益感到知识产权对于维持和巩固其既得利益和竞争优势的重要性，因而不遗余力地在全球范围推行强化知识产权保护的理念和制度。1994 年 WTO 成员签署的“大而全”的《与贸易有关的知识产权协议》(TRIPS 协议)就是这种思潮和意志的集中反映。WTO 体制所采用的“捆绑式搭售”的一揽子协议模式更是奠定了知识产权的至尊地位，使知识产权成为进入高端国际经济俱乐部的“门票”。这就是当代中国崛起所面临的国际秩序和基础。对此，我国选择了主动利用知识产权、建设创新型国家的策略，于 2008 年发布了《国家知识产权战略纲要》，提出“到 2020 年，把我国建设成为知识产权创造、运用、保护和管理水平较高的国家”的宏伟目标。正是在这种背景下，厦门大学知识产权研究院于 2008 年 7 月 30 日应运而生。

秉承厦门大学“自强不息、止于至善”的校训，厦门大学知识产权研究院以“厚法学基础、兼收经济、管理和技术”作为学科研究与人才培养的模式。数年来，在各级领导和许多有识之士的关心和支持下，厦门大学知识产权研究院得到迅速发展与壮大，在知识产权法理论与实务的研究方面取得一系列的研究成果。为此，研究院将这些成果以厦门大学知识产权研究院“知识产权法研究丛书”形式陆续出版，作为对关心、支持我们的领导、同行和朋友的一种报答。这些成果将涉及著作权法、专利法、商标法以及其他知识产权法律制度，涵盖知识产权创作、运用、管理与保护。

我们相信这套丛书的出版，将有助于我国知识产权理论研究的繁荣和发展，有助于知识经济时代的才俊更好地认识和把握时代的脉搏，在有限的生命里创造属于自己、也属于这个时代和民族的辉煌。

厦门大学知识产权研究院"知识产权法研究丛书"编委会

2011 年 4 年 8 日

序 言

“中国知识产权法用二十年的时间走过了西方国家二百年所走过的立法历程”，这确实是一个不争的事实。然而，“录音制品二次使用”制度的缺位近年来却备受诟病。特别是，随着网络化和数字化技术的发展，音乐使用和消费方式发生了根本性转变——从传统的销售唱片到通过有线、无线广播，网络传播，在线收听，手机播放等。这种转变使得以销售实体唱片、录音带为主要经营模式的音像产业面临严重的生存威胁，于是，唱片制作者要求赋予“二次使用权”的呼声日益高涨。我国是否在《著作权法》未来的修订中赋予唱片制作者对录音制品以广播权和表演权，成为立法者无法回避的问题。在这一关头，刘铁光博士此著的出版无疑具有重要而深远的意义。

早在1961年《保护表演者、录音制品制作者和广播组织国际公约》(即《罗马公约》)第12条即规定了“Secondary Uses of Phonograms”，即“商用录音制品及其复制件在被广播或其他任何方式向公众传播时，使用者应该向表演者、或者向录音制品制作者、或者向两者支付一笔单一(single)的报酬”，“录音制品二次使用”也因此而得名。中国并未加入《罗马公约》，即使是加入了之后的《世界知识产权组织表演和录音制品条约》(即WPPT)，也对规定了“录音制品二次使用”的第15条声明保留。因此，中国并未有国际条约上的义务赋予表演者、录音制作者因其录音制品用于广播与向公众传播时获取报酬的权利。这也许是该问题未受关注的重要原因。虽然文艺界包括表演者与录音制作者代表曾经呼吁在我国《著作权法》赋予其表演权与广播权，学界也曾对是否应该赋予上述权利展开过小范围的争论，但探讨该主题的成果依然寥若晨星，专门著作更是付之阙如。铁光的博士论文《录音制品二次使用的法律问题研究》无疑适时地弥补了这一缺憾。

该著不仅从整体上探索著作权在网络数字时代的正当性危机与出路，论证对“录音制品二次使用”进行赋权的正当性，而且还从中国音乐产业发展的需求证成了"录音制品二次使用"在中国未来《著作权法》的赋权。同时,作者在详尽地对英、美、德、法等国的"录音制品二次使用"赋权进行比较研究之后,勾勒出我国未来《著作权法》对"录音制品二次使用"赋权的立法模式。最后,作者还从著作权集体管理制度的视角对"录音制品二次使用权"的实现提出了具体的制度路径和制度设计。该著作对中国《著作权法》第三次修订是否应该对"录音制品二次使用"进行赋权以及如何赋权作了深入的分析,对立法具有重要的参考价值。

铁光是我指导毕业的第一位博士生,勤奋好学,在厦门大学勤勉研读三年,在学术上颇有收获,在著作权法方面发表了近10篇论文,确为同学中的佼佼者。他在博士论文《录音制品二次使用的法律问题研究》中敢为并不弱小的录音制作者鸣不平,发出"冒天下之大不韪"、"超 TRIPS 协议之议"之声,既需要作为学者的勇气和胆识,更需要扎实的功底和令人信服的论证。真是功夫不负有心人。

在此著即将出版之际,作为导师,甚感欣慰。聊作此序以示庆贺,同时也希望铁光博士继续为知识产权法学术的繁荣和发展贡献自己的力量。

是为序。

林秀芹

2011年4月8日

目 录

内容摘要

作为版权核心产业之一的中国录音产业遭遇持续快速缩水，产业界人士呼吁我国《著作权法》对录音制品二次使用进行赋权。学界对该种权利诉求的浅层面的分析形成正反两种观点，本书认为需要对录音制品二次使用赋权的正当性进行全面的透视，以中国利益为中心，论证对录音制品二次使用赋权的必要性以及如何科学地构建该种权利。

本书第一章介绍录音制品二次使用的界定与保护历程。录音制品二次使用是指表演者与录音制作者对录音制品用于广播与向公众传播时，使用者应向表演者与录音制作者支付报酬。其在著作权伴随传媒技术发展而扩张的进程中得以产生。《罗马公约》第12条对录音制品二次使用的全面保护成为各国著作权法保护录音制品二次使用的助推器。由于众多利益集团在这种扩张进程中的推动作用，使形成的具有庞大权利束的著作权未得到充分的正当性论证，遭遇著作权侵权成为一种正常现象的正当性危机。虽然录音制品二次使用赋权符合著作权不直接控制消费者、不限制创作自由与网络技术发展的正当性内涵，但其依然需要在著作权体系中论证其正当性，尤其是在著作权遭遇正当性危机的情形下。

为此，第二章从著作权中财产权控制权利客体公开使用的本质、著作权与邻接权之间平等权利的配置、相关主体之间利益格局平衡的维持三个方面论证录音制品二次使用赋权的正当性。

作为公共政策选择的工具之一，本书第三章对经济学、法律全球化与公共政策选择三个视角的分析表明，只有以中国录音产业的真正需求为出发点才能论证其是否需要在我国赋权。通过我国录音产业的发展需求与印度版权法中录音制品二次使用权对其录音产业的重要性表明，对录音制品二次使用进行赋权是我国音乐产业复兴的必经之路。

第四章在比较法分析与借鉴的基础上，结合我国《著作权法》现有制度资源，建议我国《著作权法》对录音制品二次使用权进行如下安排：权利采取报酬权的模式，赋予录音制作者，规定表演者参与报酬分配；具体份额由双方协商，但协商中不得限制与排除表演者的报酬权。并且将广播的范围扩展至有线或无线的直播、转播、重播、广播的公开播放、网播、广播的网络同步播放以及网络转播，而表演主要指机械表演。对著作权人通过录音制品表演其已发表作品亦采取法定许可的制度安排。

鉴于录音制品二次使用权所具有的垄断性，第五章为该权利设置了限制制度：删除权利制度的“兜底条款”，坚持著作权法定原则；删除限制制度中“事先声明排除”，保护限制制度所维护的公共利益；增加符合条件诸如教学、免费表演等活动中对录音制品的广播与表演作为对该权利的合理使用；对特定的使用者给予特定优惠待遇。

最后对该权利的实现设置了配套机制：对表演者与录音制作者的该种权利采取必须委托集体管理组织行使的强制性集体管理；指定一个专门的法院受理报酬标准以及表演者与录音制作者之间的分配份额争议；并将报酬权之一的录音制品二次使用权在性质上界定为一种介入绝对权与相对权之间的权利，适用我国《著作权法》第 47 条第 1 款第 7 项进行保护，侵权责任主要为停止侵权（停止继续使用）与支付使用费。

关键词：录音制品二次使用权　正当性　构建

缩 略 语

《伯尔尼公约》	1886年《保护文学艺术作品伯尔尼公约》(1971年巴黎文本)
《罗马公约》	1961年《保护表演者、录音制品制作者和广播组织的国际公约》
《录音制品公约》	1971年《保护录音制品制作者防止未经许可复制其录音制品公约》
《世界版权公约》	1952年《世界版权公约》(1971年巴黎修订本)
《卫星公约》	1974年《关于播送由人造卫星传播载有节目的信号的公约》
DMCA	美国1998年《数字千年版权法》
EUCD	《2001年5月22日欧洲议会和欧盟理事会关于协调信息社会中版权和相关权利若干方面的第2001/29/EC号指令》
IFPI	国际唱片业协会
TRIPS	1994年《与贸易有关的知识产权协定》
RIAA	美国唱片业协会
WCT	1996年《世界知识产权组织版权条约》
WPPT	1996年《世界知识产权组织表演和录音制品条约》
WIPO	世界知识产权组织
WTO	世界贸易组织

导 言

一、背景与主题

虽然知识产权已经被确定为一种私权，但这并不影响其作为一种公共政策工具而被当今世界众多国家作为发展战略的重点选择，著作权同样如此。我国亦在 2008 年颁布了《国家知识产权战略纲要》，其中明确了版权产业(copyright-based industries)发展的重要性，确立了版权产业的发展目标——核心版权产业产值占国内生产总值的比重明显提高。众多的国外研究成果表明，版权制度是版权产业发展的基础与前提。[①] 作为核心版权产业之一的录音产业，涉及版权产业中的全部五个市场，[②]自然无法离开版权制度的支撑。然而，随着数字网络技术的冲击，中国唱片业以每年 13%的速度缩水，自 2003 年到 2007 年 5 年间损失近 1 亿美元，使中国录音产业举步维艰。[③] 在这种背景下，产业界人士纷纷要求赋予表演者与录音制作者

---

① For example, Jennifer Skilbeck, *The Economic Importance of Copyright*, London: International Publishers Association, 1988; Richard Watt, *Copyright and Economic Theory: Friends or Foes?* Camberley: Edward Elgar Publishing Limited, 2000.

② WIPO 在 2003 年发布的《版权产业经济贡献调查指南》中认为属于“核心版权产业”的有：影视产业(电影、电视、戏院和家庭之录像)，录音产业(唱片、磁带和 CD 盘)，音乐出版业，图书、报刊出版业，软件产业(含数据处理、商用以及交互式游戏软件)，合法剧院，广告，以及无线电、电视和电缆播放业。并且按照不同的权利将版权市场分为五个市场，即复制、发行、向公众传播、表演与广播。See WIPO. *Guide on Surveying the Economic Contribution of the Copyright-Based Industries*, 2003, http://www.wipo.int/copyright/en/publications/.../copyright_pub_893.pdf, 2010-3-24.

③ 有人甚至认为我国唱片产业的总产值还不及某些餐饮酒店的一年的收入。参见沈永革：《唱片产业举步维艰，修法挽救当务之急》，载《中国新闻出版报》2010 年 2 月 4 日第 6 版。

表演权与广播权。[①] 这在1961年缔结的《罗马公约》中，被称为录音制品二次使用(secondary use of phonogram)。[②] 产业界的这种权利诉求在我国学术界得到了一定回应，但形成两种相反的态度——支持与反对。

录音制品二次使用赋权在国外有较长的实践历史：法国，作为录音制品二次使用权之一的录音制作者对录音制品通过广播的报酬权，早在20世纪30年代，就通过录音制作者协会与广播组织谈判获得了报酬；[③]意大利，表演者对其表演用于广播的报酬权在1941年的《意大利著作权法》得到立法上的确立。[④] 并且随着1961年《罗马公约》的缔结，该权利已经部分或全部得到世界主要国家著作权法的承认与保护。随着立法的推进，国外理论界对录音制品二次使用的法律问题虽未形成系统的研究，但零散的研究亦完成该问题一般性的理论准备。不过，录音制品二次使用的理论基础在国内并未得到充分的研究，现有极少的研究文献只是以"我国《著作权法》是否应该确立这种权利"为主题进行浅层面的分析。[⑤] 对于录音制品二次使用赋权本身的正当性、在中国赋权的证成、具体如何构建该种权利以及该种权利的实现等问题都没有深入的研究。为此，本书将对录音制品二次使用的法律问题进行深入的分析与探讨，为我国《著作权法》科学、合理地构建该权利

---

① 白炜：《17家唱片公司呼吁尊重广播权和表演权》，http://www.cipnews.com.cn/showArticle.asp? Articleid=5050，2009-9-6；《呼唤赋予录音制品制作者广播权、表演权》，载《中国新闻出版报》2008年9月26日；《文艺界大腕呼吁保护表演权》，http://news.sohu.com/20070313/n248681579.shtml，2009-9-6；沈永革：《唱片产业举步维艰，修法挽救当务之急》，载《中国新闻出版报》2010年2月4日第6版。

② 当然《罗马公约》第12条所规定的权利是一种报酬权，而中国产业界只是一种概括性的诉求，并未明确权利本身的性质。

③ See France, by Pierre Chesnais, (in) Stephen M. Stewart, ed., *International Copyright and Neighboring Rights* (2nd ed.), London: Butterworths, 1989, pp. 403～404.

④ See Stephen M. Stewart, ed., *International Copyright and Neighboring Rights* (2nd ed.), London: Butterworths, 1989, p. 195.

⑤ 国内对录音制品二次使用问题进行研究的文献主要有：刘晓海：《完善我国邻接权制度的若干思考》，载《中国新闻出版报》2008年11月13日第7版；张今：《录音制作者权利需要更新和扩张》，载《中国新闻出版报》2008年11月13日第7版；张伟君：《录音制作者的广播权和表演权应该缓行》，载《电子知识产权》2007年第10期；张伟君：《维权还是扩权：这是个问题——再论录音制作者的广播权和表演权》，载《电子知识产权》2008年第1期。

提供基础理论储备。

二、写作进路

本书以“录音制品二次使用的法律问题”为主题，除导言和结论外，沿着“录音制品二次使用的诞生——赋权的正当性——在中国赋权的证成——权利构建——实现”的路径，分六章研究录音制品二次使用的前世今生、赋权的正当性、制度构建以及实现机制。

录音制品二次使用是《罗马公约》第 12 条对表演者与录音制作者对使用者广播与向公众传播其录音制品所享有的单一报酬权的概括性称谓。这种称谓只在一定范围内为国内外著作权法学者所使用，但并未成为各国与国际著作权法的立法语言，因此需要对该概念进行明确的界定。为此，第一章在界定录音制品与作品、录音制品上的主体及其权利之后，结合我国《著作权法》对表演权与广播权的界定，将录音制品二次使用初步界定为：录音制品被用于广播与表演时，使用者应向表演者与录音制作者支付报酬。接着将录音制品二次使用赋权的诞生历程放入著作权伴随传媒技术发展而扩张的历史进程中加以阐述，以对录音制品二次使用的前世今生进行系统的梳理：印刷技术与作曲的诞生，催生了纸面音乐作品的复制权；而音乐表演与机械再现则催生了公开表演权与机械复制权；录音技术的发展使表演者与录音制作者产生了权利诉求，从而导致部分国家开始保护这两种权利主体。[①] 录音制品二次使用中的部分权利也先后在法国与意大利得到合同与立法的保护。国际层面上，在将表演者与录音制作者的权利诉求要求纳入《伯尔尼公约》保护的希望多次破灭后，在知识产权联合国际局、联合国教科文组织与国际劳工组织的联合努力下诞生了 1961 年《罗马公约》。虽然录音制品二次使用是《罗马公约》缔结过程中最为棘手的问题，但最终还是得以完整地写进了公约的第 12 条。随着《罗马公约》对各国著作权法中邻接权制度的推动，部分国家先后在著作权法中保护录音制品二次使用，尤其是在加入《罗马公约》时并未声明对第 12 条进行保留的拉丁美洲国家，基本都在加入《罗马公约》之后规定保护录音制品二次使用。此外，基于《欧盟

---

① 德国(1910)、英国(1911)、奥地利(1920)、瑞士(1922)、意大利(1941)等国家的著作权法相继开始保护表演者与录音制作者的权利。See Stephen M. Stewart, ed., *International Copyright and Neighboring Rights* (2nd ed.), London: Butterworths, 1989, p. 222.

1992年关于知识产权领域中的出租权、出借权及某些领接权的指令》的要求，欧盟成员国也已基本在各自的著作权法中规定了录音制品二次使用权。此后，《罗马公约》第12条所规定的录音制品二次使用，被复制到1996年WPPT的第15条，但内容上有了一些修改。

著作权伴随传媒技术的发展经历了一个非常迅速的扩张过程，著作权中的财产权从当初的复制权扩张至当今包含庞大权利束的权利。公开表演权是这个扩张过程的逻辑起点，纯粹的利益诉求也是从该起点开始。利益集团的利益诉求使这个扩张过程过于迅速，从而使很多新生的权利未得到充分的正当性论证，使著作权在当今数字网络时代遭遇前所未有的正当性危机——著作权侵权成为一种普遍现象，侵权者并不受到自身与道德共同体的谴责。因此，著作权中每一种新生的权利必须得到充分的正当性论证。为此，第二章论证了录音制品二次使用赋权的正当性。该章以著作权正当性的危机与出路为出发点，阐述录音制品二次使用赋权正当性论证的必要性。虽然录音制品二次使用赋权契合著作权的正当性内涵——维护创作自由、数字网络技术的发展以及不以消费者为直接控制对象。但依然需要在著作权自身的体系中对录音制品二次使用赋权加以论证，其是否符合著作权中财产权的本质；能否使作者权体系中的著作权与邻接权获得平等的权利配置；能否维护该权利所涉主体之间利益格局的平衡。因此，首先应从著作权中财产权控制权利客体公开使用的本质为录音制品二次使用赋权寻求到本质上的正当性。其次，从作者权体系国家著作权与邻接权之间的关系出发，使录音制品二次使用赋权作为获得著作权与邻接权之间平等权利配置的路径而获得了正当性。虽然邻接权要求纳入《伯尔尼公约》保护屡遭失败后诞生了《罗马公约》，但还是留下了著作权与邻接权之间等级关系的病根。如果这种等级关系赖以存在的三个基础：邻接权仅保护传播而著作权保护创造、传播只是创作的附属活动以及作者利益代表三个忧虑被各个击破之后，这种等级关系就失去了存在的基础。著作权与邻接权之间的冲突关系应以平等原则加以协调，这其中就包括平等的权利配置，而录音制品二次使用赋权正是获得著作权与邻接权之间平等权利配置的有效路径。最后，录音制品二次使用赋权在对相关主体之间利益格局平衡维持上获得了正当性。录音制品二次使用赋权后，表演者与录音制作者在录音制品被广播与表演时获得报酬，经营者为此支付许可费。因此，对录音制品二次使用未赋权而失衡，并在数字网络技术冲击下更加恶化的利益格局得到有效的校正。"'平衡'字眼本身就已经带着某些'正当性'的概念",[①]录音制品二次使用赋权从而获得了正当性。

知识产权作为一种公共政策工具,当今世界各国无不利用知识产权保护范围需要法律划定这种天然的工具性,根据本国知识产权的发展情况,调整其知识产权立法。作为知识产权家族成员的著作权同样如此。因此,一个具有正当性的知识产权家族的权利,并不必然能在各国著作权法中得到规定。为此,第三章论证"录音制品二次使用在我国赋权的证成"。在分析有关我国《著作权法》对录音制品二次使用赋权的争论后,从法律全球化、公共政策选择与经济学三个视角分析了"录音制品二次使用是否适合在我国赋权"的问题,得出只有从我国本国相关产业的发展需求出发,才能充分论证是否应该在我国赋权。分析认为,我国音乐产业的萎靡现状是因为录音产业大幅度缩水所致,而录音产业的大幅度缩水是由于数字网络技术的冲击、盗版与收益来源单一造成的。在打击盗版尤其是打击数字盗版需要一个相当长的时期的条件下,拓宽录音产业的收益来源成为我国录音产业和音乐产业振兴的必由之路,并以印度表演权收益对其录音产业发展的贡献为实例论证录音制品二次使用赋权的必要性。从而,在论证了中国音乐产业的发展对录音制品二次使用赋权的需求之后,完成了录音制品二次使用在我国赋权的证成。

在完成了录音制品二次使用赋权的正当性论证与在我国赋权的证成之后,第四章、第五章对录音制品二次使用权在我国《著作权法》中的构建进行了讨论。其中第四章为权利制度的构建,第五章为权利限制制度的构建。比较法的分析为我国《著作权法》构建录音制品二次使用权在权利性质、主体享有模式、权利主张主体与立法例四个层次上提供了借鉴。结合我国《著作权法》现有制度资源,考虑权利实现机制,我国《著作权法》中的录音制品二次使用权可作如下安排:权利采取报酬权的制度安排,并赋予录音制作者报酬;规定表演者参与报酬分配,具体份额由双方协商,但不得限制与剥夺表演者的报酬权。此外,为防止著作权人障碍录音制品二次使用权的实现,对应《著作权法》中著作权人广播权实现的法定许可的制度安排,应规定使用者通过录音制品表演已发表作品,无须获得著作权人许可,但应支付合理报酬。而且随着录音、广播与传播技术的发展,录音制品二次使用权所控制

① Robert Burrell, Allison Coleman, *Copyright Exception: The Digital Impact*, Cambridge: Cambridge University Press, 2005, p. 189.

的广播应该包括有线或无线的直播、转播、重播、广播的公开播放、网播、广播的网络同步播放与网络转播；而“向公众传播”则为我国《著作权法》中的广播权与表演权所涵盖，因此，无须再单独设立“向公众传播”，继续使用《著作权法》中表演权的概念即可，基于前述广播所包括的范围，这里的表演主要为机械表演。鉴于我国《著作权法实施条例》中对“录音制品”颇具张力的界定，无须在确立该权利时，明确“为商业目的发行的录音制品”以及“在线提供的录音制品视为为商业目的发行的录音制品”的规定，对于该权利包括录音制品复制品这种自然之理亦无须明确规定。

由于著作权具有天然的垄断性，著作权的限制制度几乎与著作权相伴相生，录音制品二次使用权同样需要限制。本书在第五章中对录音制品二次使用权的限制制度进行构建。该章阐述了著作权限制制度构建的三个原理，即著作权法定原则、著作权限制法定性以及著作权限制不可排除性，分析了我国《著作权法》现有限制制度的缺陷——开放性的权利模式与限制制度的可排除性；分析了我国《著作权法》现有限制制度适用到录音制品二次使用权的局限性——免费表演的限制使录音制品二次使用权所控制的表演失去存在的空间；而“课堂教学”限制得过分狭窄导致几乎中国全部学校处于侵权人的尴尬境地。为实现录音制品二次使用权关涉主体之间的利益平衡，在构建限制制度没有国际条约义务的条件下，该权利的限制应该依据如下原理进行构建：首先，应该完善《著作权法》现有制度与限制制度不相匹配的地方：坚持著作权法定原则，删除第 10 条第 1 款第 17 项“兜底条款”的规定。维持限制制度的不可排除性，删除现行限制制度规定中权利人“事先声明排除限制”的规定；其次，改进《著作权法》现有的限制制度，然后将其适用到录音制品二次使用权：(1)对“免费表演”的合理使用进行条件限制，使录音制品二次使用权所控制的表演获得存在的空间；(2)借鉴各国著作权法的普遍做法，增加“为教学与科研目的”、“宗教、民俗仪式以及为慈善与福利事业、无任何附带营利目的的活动”中对作品的广播、表演、放映与展示，作为对著作权合理使用的限制，并将这些合理使用适用到对录音制品二次使用权。最后，为了使对担负知识与信息传播的广播电台与电视台能继续发挥这种功能，应该按照一定标准对不同的广播电台与电视台进行优惠。行政区划的标准比较好地考虑了广告收益与覆盖地域大小相适应的优点，可以作为优惠的参照标准。对其他使用者亦应按照使用的性质与收入多少进行区别对待。当然，这些限制还需要通过“三步检验法”的检验，将在个案中“妨碍权利人正常使用”与“不适当损害权利人的利益”的某些使用进行再次过滤。

"权利的本质与意义不在于法律文本上的客观宣告,而在于权利的主观行使与实现"。① 录音制品二次使用权同样如此。为此,本书最后一章以"录音制品二次使用权的实现"为主题,构建该权利的实现机制。首先,作为一种涉及海量使用者、海量权利人与海量权利客体为基础的权利,集体管理依然是数字网络环境中录音制品二次使用权实现的必备机制。在集体管理组织的选择上,结合中国现有著作权集体管理组织,基于管理成本的考虑,可以由中国音像著作权集体管理协会统一管理录音制品二次使用权;为避免使用者多次付费与集体管理组织收费主体资格遭遇合法性质疑,对录音制品二次使用权采取强制性集体管理的制度安排。其次,录音制品二次使用权应有完善的解决报酬标准争议的机制与其相配套。在比较司法解决、行政解决与专门版权仲裁庭解决三种机制的优劣后,结合我国最近颁布的《广播电台电视台播放录音制品支付报酬暂行办法》,为避免行政程序的冗长与非中立性,建议采取直接进入司法程序或准司法程序(仲裁程序)解决争议。为解决该争议所需要的专业水平,可以由《著作权法》指定一个专门的法院,并通过专家仲裁员组成专家库以及通过专家陪审员解决仲裁庭与法庭所需要的专业水平。最后,录音制品二次使用权的保护可放在《著作权法》中所有报酬权的框架下进行考虑,作为报酬权之一的录音制品二次使用权在性质上是一种介入绝对权与相对权之间的权利,并不是一种简单的债权。我国《著作权法》第 47 条第 1 款第 7 项是以报酬权为唯一保护对象的侵权规则,可以直接适用到对录音制品二次使用权的保护。对于利用录音制品进行广播与表演但并未支付报酬的使用者,即是对录音制品二次使用权的侵权,其侵权责任主要为停止侵权(即停止继续使用)与支付使用费。

三、研究方法

本书以"录音制品二次使用的法律问题"这种权利的制度构建为主题,涉及的研究方法主要有历史分析、比较分析、文本分析、实证分析以及经济学分析等方法。

"每一话语只能通过它所属的历史的整体生命的认识,或者通过与它相关

① 范进学:《权利政治论——一种宪政民主理论的阐释》,山东人民出版社 2003 年版,第 13 页。

的历史的认识而被理解。"[①]为此，本书将录音制品二次使用的诞生历程放进著作权伴随传媒技术发展而扩张的历史进程中进行阐述；将著作权的发展历史与传媒技术发展历史相结合，从而梳理著作权作为一种制度与传媒技术作为一种物质条件之间的关系。

对于《著作权法》尚未确立录音制品二次使用权的我国来说，比较分析的方法对该种权利的构建显得尤为重要。为此，本书采用比较分析的方法详尽地分析了主要国家著作权法以及国际条约中对录音制品二次使用权的规定。不过，正如"接受外国法律制度的问题并不是一个国家性的问题，而是一个简单明了的合目的性和需要的问题"。[②] 为此，本书的比较分析并非纯为比较而比较，而是结合中国的实际情况，为"合目的性与中国需要"而比较。

对主要国家著作权法以及国际条约中有关录音制品二次使用权的规定进行比较后，本书认为必须对国外立法与国际条约进行文本分析。为了准确理解国外立法与国际条约文本，本书结合国外立法与国际条约的历史背景进行分析。尤其是对《罗马公约》与 WPPT 的文本分析，对我国《著作权法》将构建的录音制品二次使用权符合国际著作权法的发展趋势具有重要意义。

本书运用经济学的方法，分析录音制品二次使用赋权对相关主体利益格局平衡的维持作用。而在我国《著作权法》中确立录音制品二次使用赋权的证成中，采用实证的方法分析了印度表演权收益对其音乐产业繁荣的决定性作用，从而论证了录音制品二次使用赋权是扭转我国音乐产业颓势的必然选择。

四、特别说明

虽然在作者权体系的某些国家中，著作权与邻接权是分开立法的，但学者在研究著作权时，一般都将邻接权纳入著作权一并讨论。本书在讨论著作权诸如其本质、正当性、限制等一般性问题时，亦将邻接权纳入一起讨论。为此，非特别指出，著作权的讨论中都包含邻接权。

录音制品二次使用权的研究在国内尚处于初步探索阶段，为此，对国外立法与国际条约立法的借鉴显得尤为重要。对于国外立法的规定，笔者尽量找到国外最新的立法版本进行文本分析。囿于语言的劣势，外国著作权法的文

---

① [德]弗里德里希·施莱尔马赫：《诠释学讲演》，载洪汉鼎主编：《理解与解释——诠释学经典文选》，东方出版社 2001 年版，第 49 页。

② 转引自[德]茨威格特·克茨：《比较法总论》，潘汉典等译，法律出版社 2004 年版，第 24 页。

本主要来自 WIPO 官方网站上的 CLEA 数据库中的英文文本。在对国外立法进行文本分析时，不再一一标明出处，而是在参考文献中统一说明。对于国外立法中有关录音制品二次使用的立法背景，则必须借助国外研究的文献。但由于对国外与国际著作权立法背景研究的文献相对有限，为此，不得已较多地引用由 Stephen M. Stewart 主编的 *International Copyright and Neighboring Rights* 一书中有关各国著作权法的研究。该书主要包括国际著作权条约与主要国家的著作权法两个部分，主要国家著作权法部分分别由各国的著作权法学者撰写。为此，虽然本书较多引用该书的介绍，但实际上并非出自同一作者的研究成果。

第一章 录音制品二次使用的界定与保护历程

"知识产权总是随着技术进步不断地动摇。"①其中的著作权发展更是如此。正如论者所言,"著作权法是被技术变革推着走的"。② 不能否认文化及其相关的意识形态,尤其是社会经济条件对著作权形成所起的作用,③但传媒技术的发展无论如何都是著作权形成与演变的物质前提。正如论者认为,"在知识产权起源的历史叙述中,资本主义与印刷媒介被强调为决定力量"④。传媒技术的进步与著作权的形成与演变可以说是如影随形。录音制品二次使用及其保护就是随着录音及声音传播技术的发展而成为著作权领域一个不可回避的问题。

---

① W. R. Cornish, *Intellectual Property: Patents, Copyright, Trademarks and Allied Rights*(4th ed.), London: Sweet & Maxwell, 1999, p. 32.

② Heather A. Sapp. North American Anti-Circumvention: Implementation of the WIPO Internet Treaties in the United States, Mexico and Canada, *Comp. L. Rev. & Tech. J.* 1. 2005, *Fall*(10), p. 1.

③ 关于著作权诞生与文化及相关意识形态的关系详见李雨峰:《枪口下的法律:中国版权史研究》,知识产权出版社 2006 年版,第 61～78 页;also see Willam p. Alford, *To Steal a Book Is an Elegant Offence: Intellectual Property Law in Chinese Civilization*, California: Stanford University Press, 1995, pp. 9～29. 也有作者将版权的诞生放在一个资本主义与印刷媒介的社会政治经济结构中进行阐述,认为是由于出版社的资本积累与投资催生了印刷技术,而印刷技术又反过来与资本结合催生了版权。参见[美]罗纳德·V. 贝蒂格:《版权文化——知识产权的政治经济学》,沈国麟、韩绍伟译,清华大学出版社 2009 年版,第 9～27 页。

④ [美]罗纳德·V. 贝蒂格:《版权文化——知识产权的政治经济学》,沈国麟、韩绍伟译,清华大学出版社 2009 年版,第 12 页。

第一节　录音制品二次使用的界定

随着传媒技术的发展，不仅仅作者需要对其作品的各种公开表演、广播等向公众传播的使用方式进行控制，而且表演者与录音制作者亦希望对这种使用方式进行控制。《罗马公约》第 12 条的规定成为表演者与录音制作者对其录音制品广播与向公众传播进行控制的里程碑。《罗马公约》官方文件中对其第 12 条所保护的内容直接用“二次使用”(secondary use)进行概括，而 35 年后的 WPPT 第 15 条则用“基于广播与向公众传播的报酬权”进行概述。这些规定只说明了录音制品二次使用保护所控制的范围，对诸如录音制品等一些基础性名词则需进一步明确。

一、基础性名词的解释

录音制品二次使用权涉及的基础名词包括录音制品、主体以及主体在录音制品上的权利。一般情况下，录音制品是对作品表演的录制，为此需要明确录音制品及其与作品的关系。

（一）作品、表演与录音制品

根据世界知识产权组织汇编的《著作权与邻接权法律术语汇编》，该汇编对录音制品的界定完全采用《罗马公约》与《录音制品公约》的规定：录音制品(phonogram)是指表演的声音或其他声音的任何单纯的听觉固定物。[①] 世界上最早将录音制品纳入保护的英国《版权、外观设计与专利法》将录音制品界定为：录音制品(sound recording)指(1)声音的录音，从该录音上声音可以被复制。(2)全部或部分文学、戏剧或音乐作品的录音，该声音制作的作品或其部分可以被复制，无论声音录制的媒介与声音复制或被复制的方法。美国 2006 年后修订的《版权法》在其定义条款即第 101 条中将录音制品界定为：录音制品(phonorecords)是以现有的或将来开发的方法固定的而不伴有画面或其他视听作品的声音的物质客体，直接或通过设备可听觉、复制或传播该物质客体上的声音。同时，该定义还规定，录音制品包括声音首次被固定的物质客体。这种定义显然希望录音制品能够涵盖现在或将来任何传媒技术所制作的

① 世界知识产权组织编：《著作权与邻接权法律术语汇编》，北京大学出版社 2007 年版，第 183 页。其英文原文为：Any exclusively aural fixation of sounds of a performance or of other sounds.

录音制品,不至于因为定义过窄导致将来录音技术所产生的录音制品无法被涵盖在内。相比较而言,世界知识产权组织取自《罗马公约》与《录音制品公约》规定的定义显得简洁而有张力,其完全可以通过解释扩张到任何技术录制并播放的制品上。这种界定表明录音制品包括对音乐作品的录制而产生的录制品即音乐作品的录制品(recording of musical work)[①]与对音乐之外的其他声音的录制而产生的录制品即声音录制品(sound recording)。[②] 我国《著作权法实施条例》第 5 条将录音制品界定为"任何对表演的声音和其他声音的录制品"。这实际上与《罗马公约》与《录音制品公约》的定义基本一致。因此,我国应该继续沿用这种简单但具有张力的界定。在本书中,一般情况下,录音制品主要指音乐录音制品,当然也包括朗诵、背诵以及我国传统艺术中的曲艺以及其他任何声音的录制品。

一般而言,音乐录音制品是对音乐作品表演的录制,这就不可避免地涉及作品、表演与录音制品三者之间的关系。符合著作权法规定的作品、表演与录音制品都是著作权法的保护对象。对于作品而言,著作权法保护的是独创性的表达,"独立创作完成"是判断独创性的一个基本前提,从而使未经许可的复制与演绎都在法律禁止之列。从音乐作品到录音制品,中间还需要表演者的表演。同一个作品,不同的表演者会产生完全不同的表演效果。个人对作品的表演自然是独立完成的,即使是完全模仿的表演也不存在两个一样的表演,因此,只要是独立完成的表演都能获得著作权法的保护,著作权法只禁止机械的录制,而不禁止对表演的模仿。[③] 录音师通过对声音的选择与控制,可以获得最佳音效的录音制品,不同的录音师通过不同的录音设备会获得不同音效的录音制品。法律只禁止未经许可对录音制品的复制,并不禁止对表演的重新录制。因此,不同的表演者、不同的录音师与不同的录音设备会产生不同的录音制品,这与同一本小说,由不同的编剧、导演、演员创作完全不同的电影一样。因此,实际上,表演、录音同对作品的任何演绎一样,都是在传播作品过程中的创作。作品是传播的源泉,所以法律只是禁止任何未经许可就对作品进

---

① 音乐作品的录制品,一般理解为对配词或未配词的音乐作品的现场表演的声音进行固定;这种行为意味着对该音乐作品的复制。也指具体体现该音乐作品的有形产物。世界知识产权组织编:《著作权与邻接权法律术语汇编》,北京大学出版社 2007 年版,第 214 页。

② 但文字作品或口述作品的声音录制一般被认为是该作品的复制件,参见世界知识产权组织编:《著作权与邻接权法律术语汇编》,北京大学出版社 2007 年版,第 240 页。

③ 当然,如果模仿者的表演未得到作品作者的许可,自然是对作者表演权的侵权。

行演绎的行为。而表演、录音制品却是传播过程中创作的成果，他人只要没有直接通过机械的手段使用该表演与录音制品，法律就不会禁止。[①] 对于音乐录音制品的播放与广播，缺少作者、表演者与录音制作者任何一个主体的创作，都是不可能实现的。因此，三个主体之间的权利配置需要平衡与协调。

（二）录音制品上的权利主体及其权利

对于录音制品上的权利主体来说，一般有三种情况，其一为只有录音制作者，当该录音制品是对非自然人所表演的声音诸如大自然声音或动物声音的录制时，录音制品上主体就只有一个，即录音制作者。其二，当录音制品属于对自然人所表演的声音的录制，但表演者不是表演受著作权保护的作品时，那么该录音制品上的主体就有表演者与录音制作者两个。其三，当录音制品是对表演受著作权保护作品的录制时，录音制品上就有三个主体，即作者、表演者与录音制作者。第一种录音制品上的权利主体只有一个，其法律关系非常简单，对录音制品的任何使用只需要获得录音制作者的许可即可，但这种录音制品应用到生活中也非常少，几乎可以忽略不计。而第二种录音制品涉及两个主体，即表演者与录音制作者，表演者与录音制作者在该制品上的权利呈现交错现象。比如在我国现行《著作权法》的框架下，都有复制权、发行权以及网络信息传播权，那么第三者采用这些权利控制下的使用方式使用该录音制品时，就应分别获得这两个主体的许可。不过，表演者一般会将这些权利在许可录音制作者录制时，授权录制者行使，所以一般不会出现矛盾与冲突现象。而且在现实生活中，这种录音制品也不是特别普遍。对于第三种情况而言，其权利主体上体现的权利关系则更为复杂。以音乐录音制品为例，它包含词曲作者对音乐作品的创作、表演者对该音乐作品的表演以及录音制作者对该表演的录制，只有通过这三种主体的共同努力，录音制品才能得以诞生。[②] 这样，一个录音制品上就存在三个主体。由于各国立法对三个主体的赋权不一致，从而导致这些权利呈现交错复杂的局面：比如三个主体都享有复制权，必须获得三个主体的同意方可进行复制，否则就构成侵权；而在表演者与录音制作者没有表演权与广播权的情况下，表演与广播则只需获得作者的许可。一般而言，作者与表演者都是通过合同将其对作品的全部或部分权利许可给录音制

① 至于所谓的“独唱权”或“独家录制权”只是作品作者与表演者、录音制作者之间通过合同产生的一种权利，并不是著作权法所保护的对象。

② 当然，这并不排除一个主体独自担当这三种主体的角色的可能，比如一个词曲作者创作音乐作品后，自己表演，自己再将表演录制成唱片。

作者，录音制作者可以享有对该录音制品的复制、发行等权利，其对录音制品的销售不受影响。但在理论上，作者、表演者依然保留有对录音制品的复制权，比如说，录音制品的盗版同时侵害了作者、表演者与录音制作者三个主体的复制权与发行权，当然对盗版的权利主张依然可以通过主体之间的协议来解决。不过，当涉及录音制品销售后的公开机械表演、无线电、电视以及网络传播时，三个主体赋权之间的平衡问题就更为复杂。

二、录音制品二次使用的内涵

虽然录音制品的“二次使用”只是《罗马公约》官方文件上的一种称谓，但这种简洁的表达却将这种使用所涉及的主体与权利巧妙地涵盖在内，从而逐渐在外国理论界得到较为广泛的应用。由于我国《著作权法》并没有规定对录音制品二次使用的保护，虽然中国亦有少数学者使用这种表达，但其并未成为学界的通用表达。为此，有必要对其进行基本的界定。

（一）称谓

录音制品二次使用(secondary use of phonograms)[①]并没有在各国制定制定法[②]中直接出现，录音制品二次使用是对录音制品销售后的广播与向公众传播的一种概括性的表达。有学者认为，向公众销售唱片和磁带（或唱片的复制品）等录音制品是最初目的，只有当向公众传播这些唱片和磁带时，就是录音制品的二次使用。[③] 而德国学者 M. 雷炳德将录音制品二次使用称为以公开再现为目的对唱片进行使用。[④] 我国也有学者认为：机械表演权主要是对作品录制之后进行再利用的权利，因此又称为“二次使用权”。[⑤] 当然在我国现行《著作权法》的权利体系中，该学者所称的“二次使用权”实际上是指作者的机械表演权，与表演者与录音制作者无关。

各国著作权法，对录音制品二次使用的保护一般在表演者与录音制作者

---

① 也有译者将其译为“录音制品的再度使用”，参见[法]克洛德·马苏耶：《罗马公约和录音制品公约指南》，刘波林译，中国人民大学出版社 2002 年版，第 36 页。也有译者将“二次使用”翻译为“再现利用”，参见[德]M. 雷炳德：《著作权法》，张恩民译，法律出版社 2005 年版，第 251 页。

② 查阅著作权法的国家包括：美国、英国、法国、德国、日本、印度与巴西。

③ [西班牙]德利娅·利普希克：《著作权与邻接权》，中国对外翻译出版公司、联合国教科文组织 2000 年版，第 282 页。

④ [德]M. 雷炳德：《著作权法》，张恩民译，法律出版社 2005 年版，第 516 页。

⑤ 李琛：《知识产权法关键词》，法律出版社 2006 年版，第 130 页。

权利之间分别进行规定。《德国著作权法与邻接权法》在第 77 条规定了表演者对录音(像)制品再度使用享有公平报酬权,同时在第 86 条规定录音(像)制作者参与该报酬分配。《日本著作权法》第 97 条之一第 1 款规定商用录音制品公开使用需要给录音制作者支付二次使用费(secondary use fees),义务人主要针对广播组织;第 95 条规定的表演者同样可以收取录音制品二次使用费。

国际条约中,《罗马公约》的官方文件最先使用录音制品"二次使用"(secondary use)这种文字表述,先以《罗马公约》章节报告的标题出现,后又出现在 WIPO 正式官方文件——《罗马公约》、《罗马公约和录音制品公约指南》、《版权公报》以及相关会议中,作为对《罗马公约》第 12 条的概括。① 有学者根据《罗马公约》的规定,从相对的"初次使用"(primary use)的视角对二次使用进行界定,其认为初次使用是家庭使用,是一种只有几个听众的私人使用,而如果在公开场合向成百上千,甚至上百万的听众进行传播,就不再是初始意图的使用,而是"二次使用"(secondary use)了。②《罗马公约》第 12 条的规定比较清晰地界定了录音制品二次使用:如果为商业目的发行的录音制品或这种录音制品的复制品直接用于广播或任何方式的向公众传播,使用者应向表演者或录音制作者或向二者支付一笔单一的合理报酬。③ 因此,虽然该条的标题是录音制品二次使用,但从该条的规定看来,这实际上是要求对录音制品二次使用支付报酬。WPPT 的第 15 条直接用"基于广播与向公众传播的报酬权"作为标题。

总之,虽然各国著作权法对录音制品二次使用的规定与表述不同,相关公约的规定也措辞不一,但录音制品二次使用权概括了该权利的主体与内容,是

① [法]克洛德·马苏耶:《罗马公约和录音制品公约指南》,刘波林译,中国人民大学出版社 2002 年版,第 36 页。

② See Stephen M. Stewart, ed., *International Copyright and Neighboring Rights* (2nd ed.), London: Butterworths, 1989, p. 238.

③ 参见《罗马法公约》第 12 条第 1 句。也有将该句的"广播"(broadcasting)译为播放(译文参见本页注①,第 36 页。)一般认为该条主要将广播这种特别的向公众传播方式单独列出来,而且在著作权术语的英文表达中,"播放"对应的单词应该是"perform"而不是"broadcast"。因此,在后来翻译有关 WPPT 的英文著作时,将"broadcasting"翻译为"广播"。比如[德]约格·莱因伯特、西尔克·冯·莱温斯基:《WIPO 因特网条约评注》,万勇、相靖译,郭寿康审校,中国人民大学出版社 2008 年版,第 474 页。另见[匈]米哈依·菲彻尔:《版权法与因特网》,郭寿康等译,中国大百科全书出版社 2009 年版,第 92 页。

指表演者与录音制作者对其为商业目的发行的录音制品或制品的复制品被用于广播或向公众传播时，使用者应向表演者与录音制作者支付报酬。而且，这种概括的称谓亦得到较为广泛的应用。为此，本书采用《罗马公约》第 12 条标题这种简洁而巧妙的称谓：录音制品二次使用。

（二）主体

大部分国家著作权法通过赋予作者以各种现在或将来可知的表演方式表演其作品的权利，包括通过录音制品进行机械表演的权利。[①] 通过赋予作者以包括广播在内的各种方式传播其作品的权利以控制对其作品的公开传播，自然包括通过录音制品的公开传播。因此，虽然录音制品在广播或播放时，实际上涉及三个不同的主体即作品的作者、表演者与录音制作者，但作者的权利是对通过录音制品广播与播放的专有权的方式单独实现的。为此，一般在录音制品二次使用时，不再涉及作者的权利，这样录音制品二次使用的主体只包括表演者与录音制作者。

作为世界上第一个也是唯一一个全面保护邻接权的《罗马公约》，在其第 3 条定义条款中，将表演者界定为：表演者指演员、歌唱家、音乐家、舞蹈家和表演、演唱、演说、朗诵、演奏或以别的方式表演文学或艺术作品的其他人员。这条规定几乎被原封不动地复制到 WPPT 第 2 条中有关表演者的定义中，只是在列举表演方式时多了一个“interpret”。[②] 从这两个保护邻接权的国际条约对表演者的界定可以看出，表演者所涵盖的范围相当广泛，几乎将所有艺术活动中的表演者都纳入保护的范围。较早保护表演者的意大利，其《著作权及其相关权保护法》第 80 条将表演者界定为演员、歌唱家、舞蹈家以及是以表演、歌唱、背诵或以其他任何方式演出知识作品（intellectual works），无论该作品是受保护还是处于公共领域，都被认为是表演者。可以看出，《意大利著作权及相关权保护法》是从正面表明表演者包括对已经属于公共领域的作品进行表演的人。虽然《英国版权、外观设计与专利法》第 80 条之二是从界定表演的角度对表演者进行规定的，但在范围上没有太大的差别。我国《著作权法

① 参见《德国著作权法与邻接权法》第 21 条规定：作者享有将作品的朗读或表演行为通过音像制品使公众感知的权利；我国《著作权法》第 10 条第 1 款第 9 项则规定：表演权，即公开表演作品，以及用各种手段公开播送作品的表演的权利。

② 中文的正式译文为“表现”，但有学者认为应该译为“解释”。参见［德］约格·莱因伯特、西尔克·冯·莱温斯基：《WIPO 因特网条约评注》，万勇、相靖译，郭寿康审校，中国人民大学出版社 2008 年版，第 316 页，注 14。

实施条例》第 5 条规定“表演者，是指演员、演出单位或者其他表演文学、艺术作品的人”。这种界定虽然简单，但却很有张力，既包括演出单位，也包括演出个人。虽然仅从“演员”这个词并不能完全明确其具体范围，但从我国《著作权法》中将曲艺、杂技都作为客体进行保护的规定，就可以看出“演员”的范围实际上非常广泛。虽然上述国家著作权法与国际公约对表演者的界定措辞不完全相同，但保护的范围差别不是很大。对于本书来讲，录音制品上的表演者是指声音的表演者，主要指音乐作品的演唱者和演奏者，当然也包括诸如朗(背)诵者、曲艺等用声音表现的表演者等。

至于录音制作者，《罗马公约》第 3 条将其界定为“首次固定表演的声音或其他声音的个人或法人”。与对表演者界定不同的是，WPPT 并没有复制《罗马公约》有关录音制品制作者的定义，而是将其界定为“首次将表演的声音或其他声音或声音的表现物录制下来提出动议并负有责任的自然人或法人”。相比《罗马公约》而言，虽然在内容上，只是增加了一个“声音的表现物”，不过“负有责任”的措辞使这种界定比《罗马公约》上的界定更为准确，因为其将执行录制的人排除在录音制品制作者之外。[①] 与《罗马公约》及 WPPT 不同的是，我国《著作权法》所用的称谓是“录音制作者”，但从《著作权法实施条例》将其界定为“指录音制品的首次制作人”的表述看，实际上两者在本质上并无差别。因此，本书继续使用我国《著作权法》上的称谓。[②] 无论是国际条约，还是我国《著作权法实施条例》都将其规定为“首次录制”，这主要是将从已有的录音制品再录制即复制的人排除在保护之外，而不是指某一声音的唯一录制，比如某歌手演唱某歌曲许可某录音制作者录音后，其再许可他人对其录制，那么之后的录音制作者所录制的录音制品同样受到保护。对于本书而言，录音制作者主要指音乐声音的首次录制并对该录制负有责任的人，当然也包括诸如朗诵、曲艺等表演中声音的首次录制者。

因此，录音制品二次使用所涉及的表演者是指声音的表演者，主要是音乐的演唱者与演奏者，也包括诸如朗诵、曲艺等用声音表现的表演者；而录音制品二次使用所涉及的录音制作者是指对声音首次录制并负有责任的人，主要指音乐演唱或演奏声音的首次录制者，也包括对诸如朗诵、曲艺等声音的首次

---

① 参见[德]约格·莱因伯特、西尔克·冯·莱温斯基:《WIPO 因特网条约评注》，万勇、相靖译，郭寿康审校，中国人民大学出版社 2008 年版，第 319 页。

② 在介绍外国文献与立法时，则使用该文献或立法中的称谓，但本书所述录音制作者与录音制品制作者属于同一概念。

录制者。

(三)录音制品二次使用的保护内容

无论是《罗马公约》还是 WPPT,对录音制品二次使用的保护都并未采取专有权的模式,只是采用一种报酬权的模式。如果是专有权,那就意味着权利人可以许可也可以不许可他人对其录音制品进行广播与表演。而报酬权则意味着他人即使非经其许可,也可以使用录音制品,只是使用需要支付报酬。这样,表演者与录音制作者就不能阻止他人对其录音制品的广播与表演。当然,也有些国家是通过专有权的方式赋予权利的,比如本书后文比较法分析中的巴西等。

从国际条约与各国立法规定来看,录音制品二次使用的保护并非是一个单一权利。著作权或邻接权中的权利,一般都是一种权利赋予一个主体控制一种使用客体的方式。但对录音制品二次使用的保护,却是两个主体即表演者与录音制作者控制录音制品的广播与表演这两种使用方式。因此,录音制品二次使用所涉及的权利无论是所涵盖的主体还是保护范围都比一般意义上的著作权或邻接权中的某一种权利要广泛。

第二节　录音制品二次使用获得保护的历程

声音传播技术不时地改变诸如音乐等声音创作者与表演者的生存环境,而著作权法也不时地对这种改变了的生存环境进行调整。为此,本节主要以音乐与声音传播技术为背景,阐述对录音制品二次使用纳入法律保护的由来与发展。

一、印刷技术、作曲与纸面音乐作品的复制权

印刷完成了著作权诞生所需要的最后一个物质条件,作曲的诞生标志着纸面音乐作品的诞生。作为创作表现形式之一的音乐,自然是著作权的保护对象。不过,以当时传媒技术的条件也只能是保护纸面音乐作品的复制权。

(一)印刷技术与著作权的诞生

不可否认,语言、文字、造纸与印刷技术共同形成著作权诞生的必备物质前提。其中印刷技术的发明与著作权意识的萌芽最为接近:中国雕版印刷应用于印书的最早时间是公元 636 年,大规模广泛应用是公元 953 年之后,而中

国第一个保护版本的诉求发生在 1068 年,[①]其间只隔了 100 多年的历史。根据中国当时通晓文字的人的数量与雕版印书在民间应用的广度可知,未经国子监批准的雕版印书对国子监雕版印书和对国家思想控制的威胁经历 100 多年才开始显现。无论认为欧洲的活字印刷是从中国传入还是认为是古登堡独自发明,一般认为活字印刷开始在欧洲应用的时间大致为 1450 年,而意大利第一个保护翻印令的时间是 1469 年。[②] 由于印刷技术与著作权意识的诞生在时间上相当接近,学者认为"无论东、西方知识产权法学者,都无例外地认为著作权是随着印刷术的采用而出现的"。[③] 有学者更是认为"当威廉·卡克斯顿(William Caxton)将印刷机于 1476 年带进英国,一种最终被称为著作权的新的财产形式不可避免地出现了"。[④]

当然,我们不能否认语言、文字与造纸,尤其是以当时社会的经济条件在著作权形成过程中所起的推动与积淀作用。在印刷产生以前,马修(Martial)曾经提出将未经同意而叙述其作品的行为痛斥为 plagium(绑架)的道德主张。[⑤] 复制者抄写手抄本除了无须为创作付出脑力劳动之外,其所付出的体力劳动、抄写所用纸张等工具成本几乎与原创者无异。为此,当时未经许可的抄本没有任何的经济优势,创作人的主张仅仅是一种道德上的主张,不可能包含任何经济利益。随着著作权诞生的最后一个物质条件——印刷的发明与改进,未经许可的印刷成本比从作者手中购买手稿进行印刷的成本显然要低得多,这样印刷机就催生出了盗版市场,"印刷机无可挽回地改变了作者的作品在道德主张与经济主张之间的平衡"。[⑥] 只有传媒技术和市场使盗版成为有

---

① 参见李致忠:《古代版印通论》,紫禁城出版社 2000 年版,第 23 页。

② [西班牙]德利娅·利普希克:《著作权与邻接权》,中国对外翻译出版公司、联合国教科文组织 2000 年版,第 16 页。

③ 郑成思:《中外印刷出版与版权概念的沿革》,中国版权研究会编:《版权研究文选》,商务印书馆 1995 年版,第 111 页。

④ Lyman Ray Patterson, *Copyright in Historical Perspective*, Nashville: Vanderbilt University Press, 1968, p. 20.

⑤ 但印刷机出现之前,即使是这种道德主张也是很少,只有传说中 6 世纪修道士科伦巴抄录了属于修道院院长的诗篇,德尔米德国王命令将未经许可的抄本返还给修道院院长,国王认为:"牛犊属于母牛,抄本归属书籍。"[美]保罗·戈斯汀:《著作权之道:从谷登堡到数字点播机》,金海军译,北京大学出版社 2008 年版,第 33 页。

⑥ [美]保罗·戈斯汀:《著作权之道:从谷登堡到数字点播机》,金海军译,北京大学出版社 2008 年版,第 32 页。

利可图时著作权才有发生的可能。[①] 不过，那个时代，能对作品进行经济利用的只有印刷，而政府所赋予的权利也仅仅是中国国子监的印刷特权与英国国王所赋予书商公司的印刷特权。随着英国出版特权的废除，书商发动以保护作者权利为名义的“一场保护其垄断地位的无情运动”，[②]最终促成了英国1710年第一部现代著作权法——《安妮女王法》，它有期限地将唯一印刷的权利授予作者和手稿的受让者。至此，依附于出版审查制度的出版特权演化为以作者为核心主体的著作权。虽然这是一个戏剧化的结果——由出版者发起的这场运动所产生的结果是建立了作者权利的著作权，而不是出版者权利。[③] 但是出版商对复印权的诉求欲望显然比作者要大得多，作品作者获取报酬的主要方式是出售手稿而不是现代意义上的版税。这也说明著作权从其起源就是传播媒体的推动的结果，而这种推动贯穿了整个著作权的演变历史。

（二）作曲、书面音乐作品与复制权

远古时代，在作曲发明以前，游唱诗人与音乐家在即席创作的现场表演中完成了口头文学作品。[④] 当时，游唱诗人与音乐家对于人们将其口头作品的口耳相传没有产生任何权利诉求，但口头文学作品的创作者们以独特的方式维护着自己的利益，正如论者所言，创作者以能够保守他们的专有技术而维持他们的地位或接受富人的资助。[⑤] 在欧洲开始应用活字印刷的1450年之后，意大利法裔音乐家吕利（Lulli，1632—1687）第一个要求提琴手严格按照乐谱演奏，被认为是第一个现代意义的作曲家。[⑥] 至此，音乐从口头作品到纸面作品的转换成为可能，印刷同样使有利可图的音乐作品的盗版成为可能。不过，正如1710年英国《安妮女王法》所规定的将“唯一的印刷书籍的权利与自由”

---

① Paul Edward Geller, Copyright History and the Future: What's Culture Got to Do with It?, *Journal of the Copyright Society of the USA*, 2000 (47), p. 210.

② Lyman Ray Patterson, *Copyright in Historical Perspective*, Nashville: Vanderbilt University Press, 1968, p. 148.

③ Catherine Seville, *Literary Copyright Reform in Early Victorian England*, Cambridge: Cambridge University Press, 1999, p. 149.

④ Paul Edward Geller, Copyright History and the Future: What's Culture Got to Do with It?, *Journal of the Copyright Society of the USA*, 2000 (47), p. 211.

⑤ Judith Perani, Norma Hackleman Wolff, *Cloth, Dress, and Art Patronage in Africa*, Oxford: Berg Publishers, 1997, p. 49.

⑥ 陈坤、郑直、辛国、陈日生译：《世界发明全书》，专利文献出版社1988年版，第196页。

(sole right and liberty of printing books)赋予了作者及其受让者即出版者，著作权诞生之初仅仅顾及了书面的作品翻印权。[①] 那个时代，对作品的唯一有利可图的使用方式就是翻印，著作权法通过赋予权利人翻印之权以使权利人可以控制对作品翻印。对音乐作品同样如此，当时并没有想到音乐作品的公开表演对文字作品收益所产生的影响。

印刷技术的诞生与广泛应用使著作权的诞生具备了最后一个物质条件，而作曲的发明使纸面的音乐作品成为可能。在著作权诞生之后，纸面作品的复印之权自然地扩张到书面音乐作品。不过，作曲家尤其是出版商很快发现，音乐公开表演的收益明显超出其纸面复制件的销售收益，从而作曲家及相关出版商对音乐作品的公开表演与表演机械复制的控制在著作权诞生之后100多年就开始了。[②]

二、音乐表演、机械再现与公开表演权、机械复制权

在古希腊、罗马时代，戏剧首次公演之后，任何人可无数次地免费演出。[③] 这形成了音乐与戏剧表演领域的一种惯例。著作权的诞生打破了这种惯例，使作曲家开始诉求控制作品的公开表演。机械乐器的发明无疑使音乐作品的使用方式又更进了一步，而作曲家自然开始希望控制作品的机械再现。

(一)音乐表演与公开表演权

由于社会规范的历史惯性，在著作权诞生之初，创作者并没有想到对其音乐作品的公开表演进行控制。不过，作曲家与剧本的创作者很快发现对其作品的公开表演影响其作品复制件的销售。而可能最让其“嫉妒”的是，对作品公开表演的艺术家所获得的收益远远超过其销售作品复制件所获取的收益。自然，作曲家、剧本创作者及其相关出版商开始寻求对作品公开表演的控制，这种努力终于在英国得到实现，作者在英国1833年的《戏剧版权法》中获得了对戏剧作品每一次公开表演的专有权利，这种权利在英国

---

① W. R. Cornish, *Intellectual Property: Patents, Copyright, Trademarks and Allied Rights* (4th ed.), London: Sweet & Maxwell, 1999, p. 340.

② 一般著作权的诞生以1710年《安妮女王法》为标志，而音乐作品的公开表演权以英国1842年《文学版权法》为标志。

③ See H. C. Baldry, the Greek Tragic Theatre, ch. 4 passim (1971), at 131～132. 转引自 Paul Edward Geller, Copyright History and the Future: What's Culture Got to Do with It?, *Journal of the Copyright Society of the USA*, 2000 (47), p. 210。

1842 年的《文学版权法》中延伸到音乐作品。[①] 这就是现代意义上的公开表演权——只不过是现场的公开表演权，而不是机械的公开表演权。当然作曲家并不希望控制对其作品的公开表演，而是希望通过这种权利的许可来获取更多的利益。

（二）音乐机械再现与机械复制权

音乐机械的发明使音乐通过机械再现成为可能，当音乐器械被广泛应用时，作曲家自然希望能够控制对其作品的机械再现。作曲家及相关出版商对其作品机械再现的控制，在第一种机械乐器即八音盒[②]的广泛应用之后就开始了：瑞士八音盒的生产者与法国作曲者及相关出版商之间产生了矛盾，虽然最后两国的谈判以瑞士八音盒的生产商胜利告终。[③] 但这种努力在 1908 年《伯尔尼公约》的柏林文本中得到了回报，该文本明确规定了作曲者有权"授权改编这些作品用于可以以机械的方式将其复制的乐器上"。美国音乐出版商亦希望通过案例控制自动钢琴卷纸的生产，不过美国最高法院在 White-Smith Music Publishing Co. v. Apollo Co. 一案中，判决生产钢琴卷纸的 Apollo 公司没有构成对音乐出版商的侵权。[④] 但这种对音乐作品机械再现的使用方式进行控制的诉求，在 1908 年《著作权法》得到了赋权。

这样，随着作曲家及相关出版商对其作品的公开表演及机械再现者所获利益的觊觎及其成功，著作权上的公开表演权与机械复制权就此诞生了。不过，当时的机械再现，主要是通过人工对诸如八音盒的摇动、钢琴的弹奏等实现的，脱离人工的机械表演则是录音技术发明以后的事了。

三、录音技术的进步与表演者、录音制作者权利的出现

爱迪生在 1887 年发明的留声机开创了人类录音历史的先河。就如同印刷机打破作者道德主张与经济主张之间的平衡一样，录音技术的广泛应用迅速改变了音乐产业中原有经济利益的平衡。音乐创作者、传播者及相

① W. R. Cornish, *Intellectual Property: Patents, Copyright, Trademarks and Allied Rights* (4th ed.), London: Sweet & Maxwell, 1999, p. 342, Footnote 25, 26.

② 一种机械乐器，据说可能是 1796 年由日内瓦钟表匠法弗尔(Favre)发明，八音盒在 19 世纪上半叶在瑞士及法国等地非常流行，直至唱机发明之后。参见陈坤、郑直、辛国、陈日生译：《世界发明全书》，专利文献出版社 1988 年版，第 187 页。

③ 参见[西班牙]德利娅·利普希克：《著作权与邻接权》，中国对外翻译出版公司、联合国教科文组织 2000 年版，第 274～275 页。

④ See White-Smith Music Pub, Co. v. Apollo. Co., 209 U. S. 1 (1908).

关出版商围绕录音技术而产生的控制作品新的利用方式的权利诉求经历比以往更为艰辛的历程。

录音技术使稍纵即逝的现场表演可以无数次地再现，词曲作者的权利通过将复制权扩展到控制录音、将公开表演权扩张至控制机械表演得到实现。然而，这种可无数次再现的演唱与表演却成了演唱者、屏幕情景表演者的噩梦：表演的机械再现使听众在家中欣赏音乐成为可能，现场表演则被灌制的唱片替代，如此一来，表演者的演出机会就被新的录音技术无情地剥夺了。有线、无线声音传播技术可使现场表演不再受地域限制得以向全球进行传播，这样进一步减少了表演者的表演机会。为此，传播技术的发展对表演者的生存状况来说，更是雪上加霜。国际劳工组织于1939年出版的报告表明，1932年到1936年间，音乐等艺术行业的表演者进入前所未有的失业高峰期，美国、法国、日本与奥地利都有数以万计的表演者失业，比如：1936年日本，音乐工作者的失业率为41%，而维也纳音乐工作者的失业率更是高达90%。[①] 因此，被大陆法系称为邻接权主体之一的表演者开始出现权利诉求。在这种高失业率的情形下，表演者显然希望立法赋予其权利以控制对其表演的录音与传播、录音的复制以及录制品的发行。希望通过立法获得对其表演的传播权、录制权、录制品的复制权与发行权，再通过对这些权利的许可以弥补其因表演机会的减少而损失的利益。

与表演者同时出现的，还有作者权体系国家中的另一种邻接权主体，即录音制作者。随着录音技术及音乐产业的发展，录音制品逐渐形成自己的市场。录音制品的制作除了获取作者与表演者的许可并支付相关许可费之外，还必须对录音设备与录音专业人员劳动力进行投资。录音制作者通过对录音制品的销售收回投资，这样，录音制品的制作者就必须对录音制品的复制及其发行进行控制，因此直接催生了录音制作者对录音制品的复制权与发行权。

根据表演者与录音制作者的权利诉求，德国（1910年）、英国（1911年）、奥地利（1920年）、瑞士（1922年）、意大利（1941年）等国家的著作权法相继

① 国际劳工局：《演奏者在广播节目、电视及声音机械复制方面的权利》，1939年6月。转引自［西班牙］德利娅·利普希克：《著作权与邻接权》，中国对外翻译出版公司、联合国教科文组织2000年版，第277页。

开始保护表演者与录音制作者的权利。[①] 随着录音制品的广泛应用，有些场所将录音制品的播放作为其主要的消费对象，比如歌厅；有些场所将通过录音制品所播放的音乐对经营环境进行装饰和美化，比如旅馆、饭店等场所，电视台与广播电台也不可避免地大量使用录音制品。这些单位对录音制品的使用改变了表演者与录音制作者初始销售录音制品时的目的。这样，在表演者与录音制作者众多的权利诉求中，就包括表演者与录音制作者对其录音制品广播与表演等使用方式的控制。由于这些使用录音制品的方式被 1961 年缔结的《罗马公约》称之为二次使用，[②]因此也就产生了对录音制品二次使用的控制。

四、录音制品二次使用赋权的诞生与发展

相对有体财产权与知识产权中的其他权利，著作权的发展经历了一个伴随传播技术发展而扩张的历程。[③] 也正是在这个扩张的历程中，录音制品二次使用赋权得以产生。

自从《伯尔尼公约》于 1886 年缔结后，表演者与录音制作者亦希望其权利能获得国际条约的保护，从而借助国际条约的推动，获得本国与他国著作权法的保护，因为在 1961 年《罗马公约》缔结之前，只有少数国家著作权法保护这两种主体。一开始，表演者与录音制作者希望其权利能直接被纳入《伯尔尼公约》中进行保护，然而提议受到了《伯尔尼公约》修订大会的屡次拒绝之后，才诞生了保护邻接权的国际公约即《罗马公约》。

早在 1908 年《伯尔尼公约》的柏林修订会议上，英国提出将录音制作者纳入《伯尔尼公约》进行保护，不过被大会拒绝了，其原因是“该客体处于工

---

① Stephen M. Stewart, ed., *International Copyright and Neighboring Rights* (2nd ed.), London: Butterworths, 1989, p. 222.

② 参见《罗马公约》第 12 条。

③ 与物权相比而言，物权的发展从古罗马开始算起，经历了两千多年，但依然保持自物权与他物权两种主要类别；而著作权从 1710 年英国《安妮女王法》算起，才经历了 300 年，却从当初的复印之权发展到今天由复制、表演、传播、演绎等权利所构成的庞大权利束。

业产权和著作权之间，其更适合工业产权”。[①] 不过，在英国 1911 年的《版权法》中，录音制品成为版权的客体。[②] 接着在 1928 年《伯尔尼公约》罗马修订会议中，意大利政府提出在《伯尔尼公约》中保护表演艺术家，以反对广播组织传播其表演以及改编其音乐用来机械乐器复制，最为重要的是，其提议当这种乐器用于公开表演与广播时，表演者可以要求“公平报酬权”。但是，该提议被认为太新奇而没能进入《伯尔尼公约》，大会要求各国政府仔细研究该问题。[③] 意大利政府提议的内容正是后来录音制品二次使用保护中的表演者对录音制品广播时的报酬权。

1939 年伯尔尼局主席弗里茨·奥斯特塔格(M. Fritz Ostertag)起草一项与《伯尔尼公约》相联系的国际公约计划，该计划将著作权纳入信息产权中，包括追续权、表演者权、录音制作者权与广播组织者权，这样其认为就可将表演者权、录音制作者权与广播组织权纳入《伯尔尼公约》保护。[④] 但这种以信息产权涵盖著作权与邻接权的想法最终还是没有实现。

不过有意思的是，尽管由于录音的存续时间与复制的质量限制了录音制品的使用，但法国的录音制作者还是于 20 世纪 30 年代就开始与许多广播公司进行合同谈判，并最终就广播时间按每分钟收取报酬以赋权对其录音制品的播放。[⑤] 并且从 1946 年开始，录音制作者协会每年都会代表其成员、国际录音产业联盟(IFPI)与法国无线传播及其后来的“法国无线—电视(RTF)组织”签订协议。[⑥] 因此，法国录音制作者从 20 世纪 30 年代就已经

---

① 有作者在评价该问题时认为，“有趣的是同样的问题发生在 60 年后，当计算机软件保护问题提出来时，最初的回答是其应该受专利保护，而不是受著作权保护”。Stephen M. Stewart, ed., *International Copyright and Neighboring Rights* (2nd ed.), London: Butterworths, 1989, pp. 221～222.

② United Kingdom, by Dworkin Gerald, (in) Stephen M. Stewart, ed., *International Copyright and Neighboring Rights* (2nd ed.), London: Butterworths, 1989, p. 492.

③ Stephen M. Stewart, ed., *International Copyright and Neighboring Rights* (2nd ed.), London: Butterworths, 1989, p. 222.

④ Stephen M. Stewart, ed., *International Copyright and Neighboring Rights* (2nd ed.), London: Butterworths, 1989, p. 222.

⑤ France, by Pierre Chenais, (in) Stephen M. Stewart, ed., *International Copyright and Neighboring Rights* (2nd ed.), London: Butterworths, 1989, pp. 403～404.

⑥ France, by Pierre Chenais, (in) Stephen M. Stewart, ed., *International Copyright and Neighboring Rights* (2nd ed.), London: Butterworths, 1989, p. 403.

开始通过合同对其录音制品的广播开始收取费用，虽然当时法国的著作权法中，录音制作者并没有对其录音制品的广播有收取报酬的权利。这种权利是后来《罗马公约》第12条所保护录音制品二次使用中的一部分，因为《罗马公约》第12条规定表演者、录音制作者对其录音制品广播与向公众传播的报酬权，而法国这种合同中的权利仅是录音制作者对其录音制品向公众广播时的报酬权，并不包括表演者的报酬权，亦不包括录音制品公开表演的报酬权。表演者从1954年开始获得了对这种报酬的分享。[①] 如果将其与意大利政府在1928年《伯尔尼公约》罗马修订会议的提案结合在一起，那就构成了后来《罗马公约》第12条中的完整主体，只是内容尚差一个录音制作者与表演者对其录音制品公开表演的报酬权。在这期间，意大利亦在其首次使用"邻接权"概念的1941年，承认表演者在其表演被录制或被广播时的合理报酬权。[②] 不过，这种规定只是指表演者对录有其表演的录音制品在广播时享有的报酬权，并未包括表演者通过录音制品表演的报酬权，亦不包括对录音制作者的权利。

在1948年《伯尔尼公约》修订的布鲁塞尔会议中，比利时政府与意大利政府所提出的保护录制的表演的提议，[③]同所有以前保护表演者与录音制作者的提议一样被拒绝了。这也许是著作权与邻接权水火不容的见证。虽然1948年《伯尔尼公约》的修订将翻译者、汇编者均纳入保护，但还是将表演者、录音制作者与广播组织者排除在《伯尔尼公约》之外。不过，这三者权

---

① 这种协议从1954年开始，法国录音制品制作者将从RTF(后来改名为ORTF)处获取的所有收入的25%分发给表演者；不过，这还是没能阻止音乐家协会将ORTF和录音制品制作者协会告上法庭，虽然最终音乐家协会败诉，但巴黎上诉法院与最高法院还是肯定了表演者的权利。1975年，随着ORTF的解体，录音制品制作者协会首次与表演者联盟签订了一个集体协议，协议约定表演者将分得由广播组织所支付报酬的一半；基于该集体协议的巩固，制作者协会在1975年与三个国家电视广播公司签订协议，该协议自此定期续期。直到1985年这种合同上的权利才正式成为法国著作权法上的权利。France, by Pierre Chenais, (in) Stephen M. Stewart, ed., *International Copyright and Neighboring Rights* (2nd ed.), London: Butterworths, 1989, pp. 403～404.

② See Stephen M. Stewart, ed., *International Copyright and Neighboring Rights* (2nd ed.), London: Butterworths, 1989, p. 195.

③ See Stephen M. Stewart, ed., *International Copyright and Neighboring Rights* (2nd ed.), London: Butterworths, 1989, p. 222.

利之间的某种联系使得创设一个独立的国际公约对其自身进行保护成为可能。[①] 在三个组织(知识产权联合国际局、联合国教科文组织与国际劳工组织)的联合努力下,终于在缔结《罗马公约》提议的12年之后即1961年"成功通向罗马",缔结了《罗马公约》。而《罗马公约》的缔结宣示了对录音制品二次使用进行全面保护。

不过,录音制品二次使用曾经是《罗马公约》签订过程中最为棘手的问题。[②] 该问题被认为是导致罗马筹备会议讨论时间延长的原因,到现今为止,该权利在国际条约上并没有得到完满解决。[③] "录音制品二次使用"(secondary uses)的措辞最先出现在《罗马公约》正式的官方文件中,1957年的摩纳哥草案(Morocco Draft)并未将对录音制品二次使用的保护作为缔约国的一项强制义务,其后的海牙草案(Hague Draft)将表演权变成一个无足轻重的权利,以避免缔约国对其予以保留。[④] 最后经过三轮正式投票,终于赋予了表演者与录音制作者向公众广播与传播其录音制品的使用者收取单一报酬权,不过仍然允许缔约国进行保留。[⑤] 尽管如此,《罗马公约》依然是对录音制品二次使用全面保护的里程碑,此后参加《罗马公约》的国家在未对第12条声明保留的情况下,也都在本国著作权法中规定了对录音制品二次使用的保护,尤其是拉丁美洲国家。[⑥] 1992年,欧盟发布了《知识产权领域中的出租权、出借权及某些邻接权的指令》,从而使欧盟成员基本上在国内著作权法中都对录音制品二次使用进行保护。而且在时隔35年(1996

---

① Stephen M. Stewart, ed., *International Copyright and Neighboring Rights* (2nd ed.), London: Butterworths, 1989, p. 223.

② [法]克洛德·马苏耶:《罗马公约和录音制品公约指南》,刘波林译,中国人民大学出版社2002年版,第36页。

③ 虽然WPPT第15条完全赋予了录音制品二次使用的报酬权,但同时该条约允许对该条进行完全保留。

④ Wilhelm Nordemann, Kai Vinck, Paul W. Hertin, *International Copyright and Neighboring Right Law*, English Version by Gerald Meyer, N. Y.: VCH Publisher, 1990, p. 340.

⑤ 参见《罗马公约》第12条。

⑥ 尤其是拉丁美洲的国家,诸如墨西哥与巴西分别于1964年、1965年加入《罗马公约》时都未声明保留,从而确立其国内的录音制品二次使用权。

年)后所缔结的 WPPT 中,录音制品二次使用亦再次在其第 15 条中得到体现。①

在著作权伴随传媒技术发展的扩张中,对录音制品二次使用的保护虽然历经艰难,但终于以《罗马公约》作为其里程碑而得以诞生。但这种保护同其他扩张的著作权中的财产权一样,已经远远超出当初复制之权的范围。传统意义上的复制权以控制非法复制对权利人复制件的销售市场的竞争而获得了正当性,但这种正当性用以论证已经不再与复制件销售市场直接相关的其他权利的正当性时,却难以获得说服力。为此,需要对录音制品二次使用赋权重新进行正当性论证,尤其是在尚未对其进行保护的中国。

---

① 只是该条的标题不再是"录音制品二次使用"(Secondary Use of Phonogram),而是直接以"广播或向公众传播的报酬权"(Right to Remuneration for Broadcasting and Communication to the Public)作为其标题。

第二章　录音制品二次使用赋权的正当性

传播技术的发展使著作权的扩张成为必然，[①]但利益集团的推动使著作权的扩张过快，导致所扩张的新生权利未能得到充分的正当性论证，或仅得到了复制之权正当性的论证，使著作权成为直接控制消费者、限制创作自由与网络技术发展的工具，而遭遇前所未有的正当性危机。实际上，著作权发展到今天，已经不再是诞生之初的"复制"之权，而是一束权利（a bundle of rights）——基于同一对象而形成的权利束。权利束中各种权利相互独立，完全独自发挥一个权利该有的功能。该权利束中若增加一种新的权利，其正当性并不一定源于"复制"之权的正当性，或者说"复制"之权的正当性并不一定能支持权利束中所增加的权利。为此，著作权新生的权利都应以充分的正当性论证为前提，对于《著作权法》中尚未确立对录音制品二次使用进行保护的中国来说，尤为如此。

第一节　录音制品二次使用赋权正当性论证的必要性[②]

在一种常态的权利正当性环境中，侵权者将受到来自其内心和其道德共同体的谴责。犯罪与侵权之所以是一个社会的异常现象，不仅仅是因为侵权与犯罪要承担法律后果或者说不仅仅在于法律的威慑作用，还源于公众对权

① 比如有学者认为："已经被著作权历史证明的一条屡试不爽的规则是，任何扩大著作权人利益范围的立法举措，都是对新的作品使用方式给著作权人带来的实质性利益损失的补偿。"袁咏：《数字著作权》，郑成思主编：《知识产权文丛》（第 2 卷），中国政法大学出版社 1991 年版，第 136 页。

② 本节的主要观点参见刘铁光：《著作权正当性的危机与出路》，载《法制与社会发展》2010 年第 1 期。

利的尊重，而对权利的尊重又源于权利本身的正当性，著作权自然也不例外。然而，在世界各国日益提高对著作权保护强度的趋势中，著作权侵权却成为一种常态，这就迫使我们审视现代著作权的正当性。对于在著作权伴随传媒技术发展而扩张中所诞生的录音制品二次使用的赋权，其正当性论证显得尤为必要。

一、著作权正当性的养成

著作权从诞生之日起至今天，理论家一直都在为其寻找正当性，寻找受公众尊重的道德基础。论者大多直接将一般财产权的正当性套用到著作权上，但由于著作权本身所具有的限制他人创作自由的个性，使这种挪用性的论证并不成功。著作权只是在诞生过程中对其正当性的争辩，并通过支持方对著作权的不断修剪，才在印刷时代获得较为完满的正当性基础。

（一）权利正当性解释及其对著作权的应用

权利的英文表达“right”本身包含正当之意，权利在某种意义上是一种道德品质，使权利主体拥有某些东西或做某些事情是正当的和正义的。[①] 但这种正当性缘何而来，成为思想者广为探索的主题：“宗教神学家把它归于上帝的规定；自然法学派认为是自然赋予的；分析法学派则顶礼于国家意志。”[②]我国对权利正当性研究的学者认为权利的正当性来源于社会的普遍认同。[③] 确实，权利正当性源于社会的普遍认同，这样对权利的侵权与犯罪才不至于成为社会的一种常态。如果对某项权利的侵权成为一种常态的社会现象，那么这种权利的正当性本身就应受到质疑。虽然，将“社会普遍认同”作为权利的正当性，可以为公众寻求到一种尊重权利的道德基础，但是我们依然需要追问的是社会对权利的普遍认同又源自哪里？或者说什么样的权利才能获得社会的普遍尊重？这个问题依然让我们回到权利的正当性解释——什么样的权利是

---

① ［美］罗斯科·庞德：《通过法律的社会控制》，沈宗灵译，楼邦彦校，徐显明主编：《法学译丛》，商务印书馆2008年版，第41页。

② 北岳：《关于权利义务的随想》，载《法学》1994年第8期。

③ 比如北岳先生认为：权利，作为一种正当的利益，其正当性来自于社会其他成员的一致赞赏、同意、认可。所以，权利的正当性是他评的。参见北岳：《关于权利义务的随想》，载《法学》1994年第9期。强昌文先生亦持该种观点。参见强昌文：《契约伦理与权利的正当性》，载《法学》2006年第5期。这也与格林认为权利包含两个要素的主张一致，这两个要素即个人出于自我意识的本性而对自己行动自由的权利主张以及社会对这种权利主张的普遍认同。转引自余涌：《道德权利研究》，中央编译出版社2001年版，第64页。

正当的？

《斯坦福哲学百科全书》认为权利的正当性是解释权利行为的基础是什么以及这些权利为什么应该得到尊重；并且为探求权利正当性归纳了两种路径：一种是身份理论(status theories)，它认为人类具有的某些权利归属人类的本质属性，对这些正当的权利予以尊重；另一种是工具理论(instrumental theories)，该理论认为对权利的尊重在于权利带来一种利益分配的理想方式。①第一种路径以自然权利理论为基础，其代表人物包括早期的普芬道夫和洛克，比如洛克认为生命、自由和财产的权利是先于政治国家而存在的，这些自然的权利对国家的权力进行限制，并且洛克以劳动为财产权利寻找来源上的正当性。工具理论路径显然是以功利主义为基础的，且功利主义认为权利的最佳分配方式就是促进福利最大化。这种理论下，权利的正当性来源于权利对社会福利最大化的促进。因此，根据身份理论，只有归属人类本质属性的权利才具有正当性；而工具理论认为，只有促进人类福利最大化的权利才具有正当性。虽然自然权利理论框架下的身份理论与功利主义理论框架下的工具理论，在论证权利正当性的孰优孰劣上一直存在争论，但这两种理论都被应用于著作权正当性的探求中。

在自然权利理论框架下，洛克的劳动理论与黑格尔的财产人格理论都被应用到著作权正当性的论证。洛克认为“只要他使任何东西脱离自然所提供的和那个东西所处的状态，他就已经掺进他的劳动，在这上面掺进他自己所有的某些东西，因而它成为他的财产”。② 这句话被广为引用来论证著作权乃至整个知识产权的正当性，因为作品显然掺进了作者的个人劳动，并且这种劳动使作品脱离其自然下所处的状态，其就应该是作者的个人财产。因此，洛克的劳动理论为著作权找到来源上的正当性。黑格尔在《法哲学原理》中认为所有权是自由意志的体现和单个人格的发展。③ 由此推出作品就是打上个人人格印记的财产，是人格的体现，自然应该保护。学者认为这两种理论在论证上相映成趣，因为著作权无论是从劳动方面还是从人格方面进行解说，在道德上都

---

① See *Stanford Encyclopedia of Philosophy*, *Right*, first published on Mon. Dec. 19, 2005; substantive revision Mon. Jul. 9, 2007. http://plato. stanford. edu/entries/rights/ ＃6＃6, 2009-6-12.

② [英]约翰·洛克：《政府论(下篇)》，叶企方译，商务印书馆1964年版，第19页。

③ 参见[德]黑格尔：《法哲学原理》，范扬、张企泰译，商务印书馆1961年版，第50～59页。

是可以接受的。[①]

功利主义模式下的工具主义理论认为如果不给作者创作的作品适当保护，对创作的激励不够就会导致整个社会创作成果的减少，从而影响整个社会福利。这一理念也被写进美国宪法，美国通过判例不时地强调著作权在促进社会公共福利方面的作用。[②] 因此，即使这种著作权保护政策并不符合人们对著作权的道德情感，美国仍以公共福利为著作权的理论基础，推行较强的著作权保护政策。[③]

虽然这两种理论被论者广为引用以论证著作权的正当性，但相比于其他财产权，著作权所具有的独特个性使这种挪用性的论证并不成功。至少基于劳动理论的财产权的确立一般不会限制他人通过劳动获取财产权的自由，一般亦不会与诸如言论与创作自由的基本人权相冲突。然而，著作权的确立则可能会与人的言论与创作自由发生冲突，[④]无论是身份理论还是工具理论都不能使一个限制人的言论与创作自由的著作权获得社会的普遍认同。不过，康德所提出的“权利的普遍法则”则为著作权的正当性提供了非常精确的方向。因为康德认为，“权利的普遍法则可表述为：‘外在地要这样去行动：你的意志的自由行使，根据一条普遍法则，能够和所有其他人的自由并存。’”[⑤]这说明权利只有与所有其他人的自由并存时，才符合权利的普遍法则，才是一种权利该有的品质。反之，如果一种权利不能与所有其他人的自由并存时，则该种“权利”就不符合权利的普遍法则，也就不能成其为权利。著作权同样如此，只有权利人的著作权能与其他所有人的自由并存的时候，才符合“权利人的著

① 吴汉东等：《知识产权基本问题研究》，中国人民大学出版社 2005 年版，第 105 页。

② 比如有学者认为，美国联邦宪法与司法判决似乎承认激励理论/功利主义作为证明知识产权合理性的首要作用。参见[美]罗伯特・P. 墨杰斯、彼特・S. 迈乃尔、马克・A. 莱姆利、托马斯・M. 乔德：《新技术时代的知识产权法》，齐筠、张清、彭霞、尹雪梅译，中国政法大学出版社 2003 年版，第 10 页。

③ 比如美国 2008 年通过《优化知识产权资源和组织法案》进一步提高知识产权保护的民事与刑事强度。

④ 有学者在论证著作权作为一种人权时，就认为著作权会与竞争原则、信息自由与获取信息等权利发生冲突。See Paul L. C. Torrenmans, *Copyright as A Human Right*, (in) Paul L. C. Torrenmans, ed., *Copyright and Human Rights: Freedom of Expression—Intellectual Property—Privacy*, New York: Kluwer Law International, 2004, pp. 10～18.

⑤ [德]康德：《法的形而上学原理——权利的科学》，沈叔平译，林荣远审校，徐显明主编：《法学译丛》，商务印书馆 1991 年版，第 41 页。

作权必须与社会公众的言论与创作自由并存的"的基本法则。因此，虽然自然权利理论与功利主义理论成为著作权的正当性确立的一般基础，但仅有这些理论的支撑，著作权并不能获得社会公众的普遍认同。而只有当立法对著作权的保护范围作出清晰的界定，使其能与其他所有人的言论与创作自由和谐共处时，才能获得社会的普遍认同。而著作权的诞生过程中围绕其正当性的争辩正好体现了著作权正当性的这种需求。

（二）著作权诞生过程的正当性争辩

英国人在著作权确立之初就认识到仅仅将这些一般有体财产权的正当性移植到著作权上是不够的。为此，英国曾经发生了一场关于"文学财产"的争论，这场争论号称"成本高、范围大而又迁延多时，并且在所有地方所有人都在谈论着它"。[①] 虽然这场争论是出版商以作者名义为寻求作品普通法上永久性权利而发动的，[②]但其不可避免地涉及文学财产即著作权的正当性。反对者最先从文学财产无法通过先占获取发难，支持者们认为先占不是财产权取得的唯一依据，洛克的劳动理论在此适时地被作为支持文学财产的来源基础。随后，文学财产的反对者认为文学财产没有确定的边界，对思想的挪用不可能损害其所有人，支持者马上用盗版对所有人利益的损害进行反驳；[③]接着，反对者认为文学财产可导致所有人对思想观念的控制，导致出现思想观念垄断这一非常危险的行为，但支持者认为文学财产只保护思想的表达，而不是思想与观念本身。[④] 在正反两个阵营不断的论辩中，支持者对反对者的观点不断反驳或对己方观点不断修正，著作权的正当性得以逐渐形成。这场论战至少将著作权与思想垄断之间的矛盾解决了，著作权的保护被限制在独创性表达上，而思想则被排除在保护范围之外，使言论自由可以通过不同的表达方式而不被限制。不过，这仍然不能解决著作权人权利与公众获取信息、公众创作自由之间的矛盾。如果著作权限制了公众获取信息与创作的自由，那么这样的权利显然缺乏受公众尊重的道德基础。

---

① ［奥］布拉德·谢尔曼、［英］莱昂内尔·本特利：《现代知识产权法的演进：1760—1911 英国的历程》，金海军译，北京大学出版社 2006 年版，第 9 页。

② Lyman Ray Patterson, *Copyright in Historical Perspective*, Nashville: Vanderbilt University Press, 1968, p. 148.

③ ［奥］布拉德·谢尔曼、［英］莱昂内尔·本特利：《现代知识产权法的演进：1760—1911 英国的历程》，金海军译，北京大学出版社 2006 年版，第 30 页。

④ ［奥］布拉德·谢尔曼、［英］莱昂内尔·本特利：《现代知识产权法的演进：1760—1911 英国的历程》，金海军译，北京大学出版社 2006 年版，第 39 页。

为使著作权符合受公众尊重的道德基础，著作权自诞生之日起就一直没有停止过对自己的修正。英国通过判例在1774年确定著作权并非普通法上的永久财产权，[①]使超过法定期限之后的作品自动进入公共领域，公众可以自由使用。维护公众创作自由、个人使用与公共利益的合理使用制度发端于1803年英国的判例，[②]该制度的确立与完善使著作权受到诸多限制而更符合公众对著作权的道德情感基础。通过著作权期限和著作权限制制度对著作权的修正，那个时代的著作权控制的主要是与权利人进行不正当竞争的营利者，即使英国1842年修订著作权所确立的公开表演权，针对的也是以营利为目的的公开表演，并没有针对普通公众。出于对作者的同情，公众对不正当"搭便车"行为的厌恶与谴责似乎也与日俱增。虽然随着传媒技术的发展，著作权一直处于扩张的态势，但著作权限制与例外制度也逐步得以完善。因此，在数字网络技术被广泛应用之前，著作权依然在合理使用等限制与例外制度的驯服下中规中矩。总之，随着著作权限制与例外制度的不断完善，公众逐渐接受这种虽然有点怪异但既不限制公众言论与创作自由也不直接针对消费者的权利。

经过思想与表达的区分、合理使用与期限等制度的洗礼，"权利人的著作权与所有他人的自由获得了并存"，从而使著作权的正当性逐渐形成。公众的言论、接触作品与创作的自由、不直接针对消费者等构成著作权正当性的应有内涵。在这种著作权的框架下，除制作复制件以外的任何使用作品的方式，如自由阅读、借用、出借等，均在许可范围之内。虽然，相对读者而言，后来的创作者所受的限制要多一些，比如不能抄袭、剽窃、演绎，不过，这些限制从历史的视角看，依然在合理的范围内。而且后来的创作者依然可以在思想与表达二分原则、合理使用等制度的庇护下，进行自由创作。更为重要的是，与作品传播相关的技术发展一般不会成为著作权限制的对象。正因为如此，著作权获得了受公众尊重的道德基础，著作权侵权因为这种普遍的社会认同并未成为当时的常态社会现象。然而，随着数字网络技术的广泛应用，作品使用方式发生了颠覆性的变革，在利益集团过分贪婪的权利诉求中，著作权开始偏离其原本的正当性。

---

① See (1774) 17 Parliamentary History col. 953. 该案例所确立的著作权非普通法上永久财产权的原则最终被规定在1911年英国《版权法》中。

② William F. Patry, *Fair Use Privilege in Copyright Law*, Washington D. C.: The Bureau of National Affairs, Inc, 1986, p. 6.

二、著作权正当性危机及其表现

关于著作权正当性的现今状态，有作者这么描述："著作权侵权遍布你的周围，实际上，你也许就是一个著作权侵权者。我们很少有人会为影印一篇享有著作权的报纸文章或下载一首享有著作权的歌曲而感到良心不安。即使在遵守著作权法时，也不再是小心谨慎。普遍的不遵守著作权法，甚至在对著作权侵权时，没有任何不安的这种更为普遍的感受，表明对著作权法的道德权威存在某种正反感情的并存(ambivalence)。"①

这是一个来自世界公认知识产权保护意识最强的美国的学者所描述的情形。实际上，这是著作权在全球所面临状况的一个缩影，因为该作者所描述的现象几乎成为世界上所有的人尤其是网络用户日常生活的一部分。如前所述，当对一种权利的侵权不再遭受来自侵权者自身与其道德共同体谴责的时候，该权利本身的正当性就应该受到质疑。如今，著作权从原本获得社会的普遍认同到失去或正在失去这种社会的普遍认同，也就是说著作权正遭遇正当性危机。

著作权以不限制公众创作自由、不直接控制消费者作为其正当性，作为公众尊重的道德基础。然而，在步入数字网络时代后，著作权从控制利益的非法竞争者到直接控制消费者，使得公众的创作自由受到了限制。无论是读者、作者，还是与作品传播相关或不相关的技术，都成为著作权的控制对象。这种严重背离康德"权利的普遍法则"的著作权使其失去其原本应具备的正当性内涵，失去了公众普遍认同的基础。

(一)从控制利益的非法竞争者到控制消费者

著作权诞生之后的很长一段时间，法律赋予权利的目的在于控制跟权利人进行不正当竞争的人。复制之权的时代，著作权的目的主要为了防止未经许可的印刷商通过搭便车获取不正当利益，从而免使对作品具有合法权利的印刷商的正当利益受损。甚至英国1842年《文学版权法》所赋予的公开表演权，依然是为了控制营利的公开表演对作者纸面作品销售的影响。在这种著作权框架下，消费者(普通公众)怎么都不会成为著作权直接控制的对象。但利益集团的权利诉求使这种和谐的状态在数字网络时代中彻底改变。

随着数字网络技术的迅速普及与网络用户的快速增长，互联网成为著作

---

① Katie Sykes, Towards a Public Justification of Copyright, *U. T. Fac. L. Rev.*, Vol. 1, 2003, Winter (61), p. 3.

权人宣传其作品不可或缺的平台，娱乐作品尤为如此。但互联网似乎是一个无法控制的海洋，一旦作品被上传网络，便脱离权利人的控制，传播极为迅速。由于著作权人对这种几乎免费的互联网宣传平台的依赖，逐渐使消费者养成一种对互联网作品随手拈来的免费消费习惯。但著作权利益集团似乎猛然醒悟，认为其利益因为网络技术而遭受重大损失。因而希望能通过立法使其利益不受或少受网络技术的影响，甚至不惜减损消费者享受网络技术所带来的福利，以及强行改变消费者由著作权人亲手培养起来的消费习惯。

为了应对数字网络技术对著作权法的冲击，在欧盟的支持下，美国发起签订应对数字革命所创造的新技术环境的新的特别条约。于是，WIPO 在 TRIPS 墨迹未干的 1996 年组织签订了 WCT 和 WPPT。[①] 由于这两个条约应网络技术而生，因此又被称为“因特网条约”。为实施“因特网条约”，美国于 1998 年颁布 DMCA，而欧盟也于 2001 年颁布了 EUCD。[②] 这些立法将复制的概念扩展到在任何形式与技术条件下的复制，这自然包括了网络下载；并通过赋予权利人向公众提供权(make available to the public)以禁止未经许可的网络上传。从而使权利人对消费者网络的上传(侵犯向公众提供权，即我国《著作权法》中的网络信息传播权)和下载(构成对复制权的侵权)进行控制。至此，著作权从对利益的非法竞争者的控制开始走向对消费者的控制，因为以前自由享有的阅读、借阅与出借都构成网络环境下的复制，从而使这些使用方式成为权利人控制的对象。不过因为网络世界使追踪并惩罚侵权者成为一项几乎无法完成的任务，消费者似乎不需要担心被诉侵权，只管惬意地享受数字网络技术所带来的福利。但这将为个人使用目的的下载明确作为对著作权限制的国家中，只是著作权人暂时的施舍。一旦著作权人希望通过个案的威慑作用以对免费使用的消费者杀一儆百，消费者无疑只能吃不了兜着走。美国相关著作权利益集团已经先行一步，根据美国学者 2004 年的统计，美国录音产业已经向 532 个个人消费者提起诉讼。[③] 美国唱片公司通过注册成为文件共享服务系统的用户就可以知道下载其歌曲的用户，再根据 DMCA 第 512 条第(h)项向联邦法院申请获得作证传票，要求特定的网络提供商(IPS)披露下

---

① David Nimmer, Time and Space, *IDEA*, 1998 (38), p. 508.

② 为实施 EUCD，欧盟成员国也都相继修订各自的著作权法，以使其符合 EUCD 的规定。

③ See John Schwartz, Music Industry Returns to Court, Altering Tactics on File Sharing, *N. Y. Times*, Jan. 22, 2004, at C8.

载者的身份，掌握这些个人资料之后，就开始针对个人提起诉讼。据美国学者统计，被诉侵权者从纽约 21 岁的女孩到耶鲁大学的教授，[①]甚至学业甚优名叫布莱恩·罗哈拉的 12 岁女孩。[②] 虽然美国这些案例只是一些极端的例子，其他国家还没有发生这种极端的例子，也许是其他国家的著作权利益集团害怕激怒消费者而未采取这种行动，但各国著作权法却为其提供了作出这种行动的条件。

网络充斥着各种娱乐文件，其中包括违反著作权法的上传与权利人自己上传的娱乐文件。这些网络上的娱乐文件一般对下载使用不会设置任何障碍，鼠标一点就可以享有该文件，但如果突然有人要你赔偿 15 万美金，还有人会尊重这种利益背后的权利吗？也许消费者宁愿网络上不存在任何免费的娱乐文件或者存在下载使用以某种条件为前提（比如说付费使用）的娱乐文件，也不愿意面对这种可以随手拈来但却可能遭受巨额赔偿的局面。著作权利益集团原本要做的是删除网络上非法上传的文件，因为它们才是构成对其利益不正当竞争的罪魁祸首，而不是作为消费者的普通公众。著作权益集团却希望通过放弃对源头的治理而以控制终端的方式来保护其利益，利用著作权从控制非法竞争者转向控制消费者（普通公众），普通公众（至少类似布莱恩·罗哈拉这样的美国人）对著作权产生厌恶之情就不难理解了，而最终导致结果可能是变本加厉的下载与上传。

（二）从创作自由到创作受限

著作权原本的目的是保护作者的权益以促进文化的繁荣和发展，很多国家立法都有类似的规定。[③] 为此，在设置著作权制度时，既要保护著作权人的权利，又要不妨碍后来者的创作自由。从著作权诞生到 1994 年互联网商业化应用这段时间，思想与表达二分原则与合理使用制度比较好地协调了著作权

---

① 这些被诉的侵权人，在面对可能要支付 150000 美元的赔偿额时，绝大多数被告立即屈服和解，赔偿唱片公司 2000 美元至 17500 美元不等的金额，并保证将来不从事类似行为，不公开发表任何与错误认识不一致的言论。参见［美］威廉·W. 费舍尔：《说话算数——技术、法律及娱乐的未来》，李旭译，上海三联书店 2008 年版，第 113～114 页。

② 该案例被美国学者认为是“号称举世瞩目的案例”：一位学业甚优名叫布莱恩·罗哈拉的 12 岁女孩，收到一张法院传票，因为她下载了 1000 多首歌曲，如果 RIAA 不愿意与她母亲达成 2000 美元的和解，她将面临最高可达 15 万美元的罚金。参见［美］约翰·冈茨、杰克·罗切斯特：《数字时代，盗版无罪？》，周晓琪译，法律出版社 2008 年版，第 43 页。

③ 比如我国《著作权法》第 1 条、美国宪法中的版权与专利条款以及日本《著作权法》第 1 条等。

人的权利与公众创作自由之间的平衡，后来的创作者可自由地利用著作权人作品中的思想以及在合理使用制度的庇护下进行自由创作。

互联网普及之后，为了应对数字网络技术对著作权的冲击，就有了上述世界知识产权组织的“因特网条约”。虽然，有学者认为“因特网条约”并不像TRIPS那样让美国惬意，[①]但其中有关技术保护措施的条款还是让著作权利益集团非常惬意，条约的成员国也相继在本国著作权法中确立技术保护措施的规定。[②] 作为这些立法中的典型——DMCA与EUCD，甚至提高了“因特网条约”的保护标准。[③] 它们不仅禁止规避技术保护措施的行为，而且还禁止生产或销售其主要目的是用来规避技术保护措施的设备和服务。DMCA虽然规定了规避技术保护措施的例外，但却只限于法律执行、情报与政府行为与某些特定接触作品的行为。而EUCD干脆没有规定技术保护措施的例外，有人认为这是在自掘版权法的坟墓。[④] 虽然EUCD规定了DMCA所没有的“自愿措施”，并且规定在缺乏自愿措施的情形下，成员国应当采取适当措施促使EUCD规定的权利限制与例外得以实现，不过同时规定，在实现权利限制与例外时，要使权利人得到合理补偿，这与我国通常所理解的合理使用相去甚远。

这样，技术保护措施使作品完全被权利人包裹起来，这就使合理使用发挥保护公众创作自由的功能大受限制。劳伦斯指出：一本数字图书的读者不可能从一本书上复制一小部分内容下来，即使这明显可构成合理使用，技术的设计阻止了读者剪贴文件到另一个文件，也就是说著作权具有控制引用的能力。[⑤] 不仅如此，出版商可以将已经属于公共领域的作品通过对技术保护措

---

① 该学者认为，美国提出的(高知识产权保护标准)数字化议题没有一个是原封不动地出现在谈判中的，数据库公约根本就没出现。转引自[美]苏姗·K. 塞尔：《私权、公法——知识产权的全球化》，董刚、周超译，王传丽审校，中国人民大学出版社2008年版，第27页。

② 比如中国2001年修订《著作权法》时，在第47条中规定规避技术措施是一种著作权的侵权行为。

③ 参见EUCD第6条、美国版权法第1201条的规定(美国DMCA中有关技术措施保护的规定体现为对美国版权法第1201条的修订)。

④ Thomas C. Vinje, Should We Begin Digging Copyright's Grave?, *EIPR*, 2000 (12).

⑤ Lawrence Lessig, Law Regulating Code Regulating Law, *Loy. U. Chi. L. J.* 1, 2003, 35(1), pp. 6～7.

施上锁，从而在公共财产周围安上归私人所有的技术措施栅栏。更为严重的是，技术保护措施的规定还限制科学研究的自由，普林斯顿大学计算机教授爱德华·菲尔登与俄罗斯程序设计师迪米特里·斯盖拉罗夫的遭遇就是很好的例子：爱德华·菲尔登是从事“数字水印”技术的研究者，他成功破解了数字媒体的加密功能，当他准备在一次技术论坛中提交该成果的论文时，却收到了RIAA的警告信，禁止其公开发表论文；①迪米特里·斯盖拉罗夫于2001年夏天参加拉斯维加斯计算机年会时遭到逮捕，控告违反DMCA的规定而撰写了一套可以绕过加密系统的软件程序。因此，他被监禁了3个星期，但最后被宣告无罪，并于2001年12月13日准许回到俄罗斯。② 荷兰密码学专家尼尔斯·菲尔古森在研究中发现Intel公司为防火墙互联网设计的加密方案存在严重的漏洞，但他拒绝将研究成果发表，因为害怕被Intel公司利用DMCA对自己进行起诉。③ DMCA因此臭名昭彰，著名著作权法专家Nimmer甚至认为DMCA“将著作权法丢进废墟”；④DMCA被认为是以公众为代价为相关产业带来意外横财；⑤甚至出现专门的反DMCA的网站。⑥ EUCD在欧盟成员国的实施遭遇了类似DMCA的唾骂，被直接认为不重要和无效的；⑦英国并未在规定期限内实施EUCD，直到2003年12月才开始通过国内法实施指令；⑧

① 参见[美]约翰·冈茨、杰克·罗切斯特：《数字时代，盗版无罪？》，周晓琪译，法律出版社2008年版，第94页。

② See United States v. Elcom Ltd., 203 F. Supp. 2d 1111; 2002 U. S. Dist.

③ [美]威廉·W. 费舍尔：《说话算数——技术、法律及娱乐的未来》，李旭译，上海三联书店2008年版，第86页。

④ David Nimmer, Codifying Copyright Comprehensibly, *UCLA L. Rev*, 2005, 51 (1233), p. 1342.

⑤ Heather A. Sapp, North American Anti-Circumvention: Implementation of the WIPO Internet Treaties in the United States, Mexico and Canada, *Comp. L. Rev. & Tech. J.* 1. 2005, Fall(10), p. 21.

⑥ 详细情况请查阅反DMCA网站：http://www.anti-dmca.org/.

⑦ 有学者认为欧盟由于具有建立著作权世界标准的野心，因此它没有选择在WIPO的水平协调信息社会中的著作权，而是提高了标准。并且该学者认为，在总体上，EUCD缺乏合适的法理基础，因而是无效的。See Bernt Hugenholtz, Why the Copyright Directive is Unimportant, and Possibly Invalid, http://www.ivir.nl/publications/hugenholtz/opinion-EIPR.html, 2008-9-20.

⑧ Aashit Shah, UK's Implementation of the Anti-Circumvention Provisions of the EU Copyright Directive: An Analysis, *Duke L. & Tech. Rev.*, January 2004 (3), p. 21.

意大利法院拒绝适用根据 EUCD 而在其《著作权法》中所增加有关技术保护措施的条款。[①] 虽然,美国著作权利益集团在著作权技术保护方面又冲到了最前面,从而遭到了普遍的唾骂。但欧盟以及其他"因特网条约"成员国[②]的著作权法实际也为著作权获取这些骂名提供了条件,只是相对美国著作权利益集团而言,这些国家的利益集团稍显矜持,但并不表明其不会步美国的后尘。

技术保护措施的规则限制了公众的创作自由与解密有关的技术发展,不仅如此,文件共享技术提供者所承担的帮助侵权责任或"引诱侵权"责任限制了网络技术的发展。Napster 案是美国著作权利益集团试图限制网络分享技术最早的一个案例,也是著作权利益集团全面胜利的一个案例:1999 年,Napster 因为提供 P2P 文件共享软件被美国几家大型唱片公司起诉。2000 年 5 月,加利福尼亚州北区联邦地方法院下令 Napster 停止营运。虽然第九巡回上诉法院于 2000 年 7 月下令允许其继续营运,但 2001 年 3 月该法院要求 Napster 只有在有效过滤掉全部侵权内容之后,才可以营运,否则不得在线。最终于 2002 年 3 月发布最终判决,维持基本关闭网站的原判,同年 6 月,Napster 申请破产。[③] 之后的案例还有 Grokster 案,该案件一直上诉到美国最高法院,最高法院根据普通法中"诱导侵权"理论,认定 Grokster 因有诱导用户进行侵权使用的动机而认定其为非法,并且由该案还催生出 2004 年美国的《引诱版权侵权法案》,该法案甚至摈弃了"非实质性侵权用途",只要存在"故意引诱",就构成侵权。[④] 类似关涉 P2P 文件分享软件的案件还有荷兰 Kazaa

---

① 2003 年 10 月,意大利公诉人根据该国《著作权与相关权保护法》为实施 EUCD 而增加的第 171 条的附录有关著作权技术保护措施的规定,对一个购买并改变 Sony 按键以对游戏系统未经授权的使用的公司发布查封令,于是该公司就向民事法院提起诉讼,要求认定计算机的生产者在多大程度上可以禁止改变机器的按键以适应新的方式。法院认定在该案中有关技术保护的措施的规定不予适用。该案被认为是消费者反对 EUCD 的胜利。Modified Sony PlayStations Allowed in Italy, http://www.edri.org/edrigram/number2.1/playstation. 2009-10-15.

② 欧盟成员国基于对 EUCD 所规定的义务履行以及"因特网条约"成员则为条约义务的履行,基本上都在著作权法中增加了技术保护措施的条款。

③ See AGM Records, Inc. v. Napster, Inc., 284F. 3d 1091, 1099 (9th Cir. 2002). US.

④ See Inducing Infringement of Copyright Act of 2004, S2560, 108th Congress (June 22, 2004). http://www.govtrack.us/congress/bill.xpd? bill=s108-2560, 2010-4-1.

案、澳大利亚 Kazaa 案、日本 MMO 案与 Winny 案、韩国 Soribada.com 案、中国台湾地区 Kuro 案与 ezPeer 案、中国香港地区 BT 侵权案与中国内地 Kuro 侵权案等。这些案件中，除荷兰最高法院在 Kazaa 案中作出有利于文件分享软件提供者的判决外，其他包括中国内地首例 P2P 案件在内的其他案件，都要求作为被告的分享软件提供者承担侵权责任，甚至在日本的 Winny 案、中国台湾地区 Kuro 案与中国香港地区 BT 侵权案中，被告均被判负有刑事责任。所有这些被判承担侵权责任的案件，无疑增加了技术创新的风险，最终会在一定程度上限制技术创新。此外，搜索引擎的发展使消费者能在浩瀚如海的网络资料中迅捷找到自己想要的资料。但著作权利益集团认为搜索引擎构成帮助侵权，虽然与此相关的案例有不同的判决——从原来搜索引擎所应承担的间接侵权责任到合理使用控辩，再到最近通过默示许可使搜索引擎免予承担责任——逐渐认识到搜索引擎所具有的公共利益。[①] 但至少说明著作权利益集团有过限制这种为消费者带来极大便利的网络技术发展的企图。

在现代著作权法的框架下，消费者因成为著作权的控制对象而失去复制时代著作权框架下的诸多自由，诸如自由阅读、借阅与出借，尤其是网络下载。但更为严重的是，作者（创作者）因为技术保护措施的规定使复制时代合理使用对创作的庇护作用大打折扣，因为技术措施可以拒绝引用（至少在付费前）。而避开（除黑客与计算机专业人员外，能避开的普通人还是少数）技术措施甚至提供具有另外用途的规避技术措施的资源也构成侵权，直至从事解密技术的科学研究。复制时代的著作权并不控制作品的传播技术，即使出现那么几个案例，但大多以著作权利益集团败诉而告终，比如美国的 Sony 案。但当今同样作为作品传播技术的文件共享软件，在作为被告的案件中，大多败诉而且有些被告甚至还需承担刑事责任。总之，在当今著作权框架下，著作权控制消费者，限制创作自由与作品传播相关的网络技术的进步，乃至无关作品传播的加密科研成果的发布，这完全脱离了复制时代著作权所具有社会认同的正当性基础，使其自身陷入了正当性危机之中。

---

① 在 Perfect 10 v. Google 中，美国第九上诉法院认为 Google 对原告被侵权作品的链接构成间接侵权；See, Perfect 10 v. Google, Inc., 416 F. Supp. (2nd) 828 (C. D. Cal. Feb. 17, 2006). US. 而在 Field v. Google 中，Google 通过合理使用与默示许可成功抗辩，默示许可即只要相关网站上的权利人没有明确表示不许可搜索链接的，就推定为默示许可链接。See Field v. Google, Inc., 412 F. Supp. (2nd) 1106 (D. Nov. 2006). US.

三、著作权正当性危机的根源

著作权正当性何以面对如此危机？公众为何侵犯著作权而没有任何自责心理？道德共同体何以对这种侵权不加谴责，甚至是不屑一顾？是我们整个世界的道德沦丧吗？答案显然不是，因为公众对著作权以外的其他权利尤其是一般的有体财产权的尊重并未减弱。是我们用了300年历史的著作权该寿终正寝了吗？也不是，至少在世界主流国家的经济对著作权依赖日益加重的当今社会，是不会有国家尝试放弃著作权的。是不该出现当今的数字网络技术吗？更不是，因为包括著作权利益集团在内的所有人都不愿意回到没有网络的时代。诚如论者所言："问题不是技术，也不是一个被称之为'著作权'的东西。问题是著作权的体制不再适合技术。"[①]但为什么会出现这种著作权体制？只有找到著作权正当性危机的根源，才能为著作权正当性寻求出路。

（一）新生的著作权与正当性论证理论的不匹配

在印刷技术广泛应用之前，对手抄复制的控制只是一种道德主张。[②] 印刷技术广泛应用后，权利人开始从道德主张转向经济主张，这里的权利人是书商或者说就是印刷商。在遭遇出版特权被废后，书商曾以作者的名义主张权利。所以，1709年英国《安妮女王法》的提案就是以《鼓励学术法案》(*An Act for the Encouragement of Learning*)名义提出的。1709年英国《安妮女王法》所赋予的著作权只是单一复制之权，在当时古老的印刷技术条件下，权利人也只需要这种权利。不过，即使是这样一种权利也经历了英国1774年发生的"文学财产争论"运动的洗礼，经历了康德1797年在《法的形而上学原理》与黑格尔1821年在《法哲学原理》中所提出的自由意志理论与财产人格理论对其正当性的论证，经历了洛克1689年在《政府论》中的劳动理论对其道德基础的充实，还有边沁1780年《道德与立法原理导论》中功利主义的最大福利为著作权正当性所提供的支持。

然而，著作权从18世纪仅仅控制复制演变为现代控制复制（现代的影印、录制与数字复制甚至网络下载）、表演（公开表演与机械表演）、传播（无线、有

---

① Lawrence Lessig, (Re)creativity: How Creativity Lives, in Helle Porsdam, ed. *Copyright and Other Fairy Tales: Hans Christian Andersen and the Commodification of Creativity*. Northampton: Edward Elgar Cheltenham, 2006. p. 20.

② 参见[美]保罗·戈斯汀:《著作权之道:从谷登堡到数字点播机》，金海军译，北京大学出版社2008年版，第31～32页。

线、电视、卫星与数字网络），所有这些控制方式的正当性没有受到上述复制之权所经历的洗礼、论证、充实与支持。现代著作权法学者对著作权正当性的论证依然是采用17—18世纪经典著作中所提供的人格理论、劳动理论与功利主义，这些理论曾经为复制之权的正当性寻求——但也只是为复制之权的正当性寻求，而不是今天如此扩张的著作权——立下过汗马功劳。时过境迁之后，依然用这些理论支持早已“从一棵小树苗长成参天大树”的当代著作权，适用吗？正如诺奇克所说：“如果我拥有一罐番茄汁并把它倒入大海，以致它的分子（使其具有放射性，从而我可以检验）均匀地混合于整个大海之中，那么我是拥有了这片大海，还是愚蠢地浪费了我的番茄汁？”[①]将诺奇克的这种观点用来批评著作权劳动理论无疑击中要害：任何受著作权保护的作品都是在前人的基础上创作产生的，劳动理论无法将著作权人与前人的劳动分离，保护的界限无法从劳动理论上得到，正如“得到了大海还是浪费了番茄汁”。人格理论是18世纪康德[②]与黑格尔提出的，当时的著作权至少是以作者的名义获得的，理论上把作者放在第一位是可能的，人格理论确实为当时的著作权提供了坚实的正当性支持。而且当时作者确实为倡导著作权的国际保护进行过努力：马克·吐温就曾经于1875年为《大西洋月刊》撰稿主张著作权的国际保护；1878年法国雨果等发起成立“国际文学艺术协会”为《伯尔尼公约》的缔结而努力。不过，当今著作权已经不再以作者作为其主要主体，甚至都不再以作者的名义进行诉求，而是以那些控制传媒的出版公司、娱乐公司、广播电视媒体、软件集团，甚至数据库的收集者等著作权的利益集团为主体，无论是前述美国起诉消费者个人的RIAA、还是诉求在TRIPS获得著作权高度保护的美国、欧盟与日本等私人集团，还是要求在WIPO“因特网条约”中建立技术保护措施规定的美国与欧盟的娱乐传媒集团，都看不到作者的身影，也听不到作者对权利诉求的声音。如果我们再用18世纪的人格理论来论证著作权的正当性，但要求保护的作品明显——就算是利益集团具有人格——也不是这些利益集团人格的体现，那么这种在作品中体现人格的人不再是——至少不主要是著作权的受益者时，人格理论显然不能再作为著作权的基础。功利主义在论证18世纪的著作权正当性似乎可以让人相信，因为当时的著作权还能与消

① ［美］罗伯特·诺奇克：《无政府、国家与乌托邦》，姚大志译，中国社会科学出版社2008年版，第209页。

② 但非常遗憾的是，同样作为康德于18世纪所提出的“权利的普遍法则”，至少在笔者的阅读范围内，却没有被论者用来作为建构著作权的基础。

费者、普通公众的自由和谐并存，那个时代的著作权期限只有14年再加14年，著作权保护可以提高作者创作的积极性从而促进整个社会福利的提高。但现代著作权保护年限在欧洲与美国已经是作者有生之年加死后70年，法人作品已经延长到95年，因而作品进入公共领域都是几代人之后的事情了，如此一来著作权还能激励亡灵进行创作吗？而且各国著作权法中的技术保护措施的规则限制了庇护公众创作自由功能的合理使用制度功能的发挥，甚至因此也限制了数字网络技术的发展。这样一来，现代著作权日益限制普通公众的创作自由时，还能说著作权的保护能促进整个社会的福利吗？谁能肯定地认为后来作者的创作就比其前的著作权人对社会福利的增加会少呢？尤其是著作权的利益集团试图用著作权限制数字网络技术甚至解密科学的发展时，这种正在成为数字网络技术发展障碍的著作权还能促进整个社会的福利吗？

著作权从18世纪复制时代一路走来，到现今数字网络时代，无论从权利束的大小还是保护的期限，无论是对作者个人的保护还是对公众创作自由的保护，著作权都已不再是那个时代的复制之权了。然而，著作权每一个新增的权利，都没有经历18世纪著作权诞生之初论辩的洗礼，就是论证其正当性时，我们依然在用18世纪论证复制之权的理论来论证21世纪新增的权利。因此，如此超现代的著作权却用如此古老的理论去论证其正当性，自然不能获得公众的普遍认同。为此，正当性理论论证的不匹配和不充分导致现代著作权制度背离了其原本的道德基础。

（二）利益集团主导的著作权国际、国内立法

当今著作权正当性论证理论陈旧只是说明当今所新生出的著作权权利没有得到充分的理论论证。而之所以没有得到充分的理论论证，根源于全球范围内，利益集团主导了著作权的立法与修法，使如此迅速扩张的权利都来不及通过正当性论证，就已经是赫然在列的法定权利了。

当今著作权法在世界范围的普及与一体化要归功于有关著作权国际条约的签订。这些条约中，无论是《伯尔尼公约》、TRIPS中有关著作权的规定还是其稍后的WIPO的"因特网条约"，无不体现发达国家著作权利益集团的权利主张。其中尤以TRIPS最为突出。诚如论者指出，"如果行动者（指相关利益集团）没有在这个舞台上竭尽全力——很可能就不会有TRIPS。最有可能的结果就是会有一个更为有限的反假冒法出现"。[①] 并进而认为TRIPS是组

① ［美］苏姗·K. 塞尔：《私权、公法——知识产权的全球化》，董刚、周超译，王传丽审校，中国人民大学出版社2008年版，第38页。

成国际知识产权委员会(IPC)的12个公司为世界制定的公法。[①] IPC中包括诸如时代华纳之类的传媒巨头等著作权利益集团,可想而知,由这些利益集团主导制定的TRIPS中有关著作权的规定自然会反映甚至会主要体现这些利益集团的权利诉求。比如TRIPS第10条将计算机程序与数据库纳入著作权保护以及第14条对录音制品的保护,无不是美国相关企业在世界范围具有统治地位的行业。[②]

而作为主导著作权国际条约的发达国家,其国内的相关立法本身就是利益集团主张的体现。美国最为典型,美国著作权立法体现产业成功寻租的臭名昭彰历来已久。[③] 比如:美国1998年的《桑尼·波诺版权期限延长法案》,就是迪士尼公司等利益集团游说下的结果,该法案将法人著作权保护期限从70年延长到90年,使原本即将到期进入公有领域的米老鼠们得以获得更长时间的保护,民间将其戏称为"迪士尼条款"或"米老鼠法案"。这只是美国著作权法体现利益集团利益的冰山一角。正如论者所言:美国著作权法的改变总是在可能受这种改变影响的"可敬"利益集团的同意下颁布。[④] 欧盟为实施WIPO而制定的EUCD存在同样的问题,纵观EUCD的所有规定,其没有处理当时欧盟成员国的作者所关心的有关保护作者利益的"权利卖尽"合同,因

---

① [美]苏姗·K. 塞尔:《私权、公法——知识产权的全球化》,董刚、周超译,王传丽审校,中国人民大学出版社2008年版,第94页。

② Carlos M. Correa, *Intellectual Property Rights, the WTO and Developing Countries, The TRIPS Agreement and Policy Options*, London and New York: Zed Books Ltd, 2000, p. 12.

③ 有学者这样描述美国版权立法与修法历史:20世纪初,议会面对版权法的更新与修订,但这种工作的神秘与复杂使立法者必须依靠专家的协助。为解决这个问题,国会成员就在国会图书馆召开由对版权感兴趣的不同行业代表参加的一系列会议,在这些会议上达成行业之间的协议,最终这些协议形成了1909年的《版权法》。自此,著作权需要跟上新技术与国际版权条约制度时,国会与版权局就继续依靠这些利益主体之间的谈判对版权法进行定期的修订。近年来,版权产业对版权法修订的介入超过过去的水平与强度,包括1992年的《家庭录音法》、1998年的DMCA的很多条款都是由或者在产业游说者命令下产生的,甚至还包括诸如WIPO"因特网条约"与TRIPS这样的国际条约。See Jessica Litman, *Digital Copyright: Protecting Intellectual Property on the Internet*, New York: Prometheus Books, 2001, pp. 35~63.

④ T. p. Olson, The Iron Law of Consensus: Congressional Responses to Proposed Copyright Reforms Since the 1909 Act, *Journal of the Copyright Society of the USA*, 361989 (36), p. 111.

此有学者认为,“实际上,指令主要是保护信息产业中‘主要表演者(即录音制品制作者、广播组织与制度上的使用者)’的利益,而不是保护提供具有推动产业发展价值的‘内容’的创作者”。①

其他国家为履行体现利益集团主张的国际条约,尤其是 TRIPS 的义务,被迫将体现发达国家著作权利益集团的相关规定纳入其国内著作权法,当然同时使其国内的相关利益集团受益。此外,美国将国内市场作为工具驱使其他国家采纳和执行更严格的知识产权政策。② 至此,无论是国际著作权法条约还是国内著作权法,都体现了著作权利益集团的权利诉求与主张。著作权法成为各大产业利益瓜分的阵地,怎么可能奢望这些主体会考虑著作权应该如何设置才能得到公众的尊重?公众的创造自由怎么会成为这些主体应该考虑的对象?正如论者所言:“当作者不能自由地在前人作品的基础上创作新的作品,当著作权沦为媒体巨头的工具时,著作权中的某些东西(正当性)就被弯曲了。”③

四、著作权正当性的出路

著作权正当性危机是一个全球的问题,自然也是一个中国的问题。虽然我们无法改变其他国家的立法,但我们还是可以通过我国《著作法》对著作权正当性的坚持去影响甚至改变全球著作权法的现有体制,使著作权的保护不至于成为控制消费者的工具、自由创作的桎梏以及数字网络技术的障碍。因此,我们应该在《著作权法》再次修订之前,完成应具正当性的著作权体制构建。我们应该“在更舒心地做正确事情的同时,找到权利获得尊重的道路”。④

---

① Bernt Hugenholtz, Why the Copyright Directive is Unimportant, and Possibly Invalid, http://www.ivir.nl/publications/hugenholtz/opinion-EIPR.html, 2008-9-20.

② [美]苏姗·K. 塞尔:《私权、公法——知识产权的全球化》,董刚、周超译,王传丽审校,中国人民大学出版社 2008 年版,第 38 页。

③ Neil Netanel, Why Has Copyright Expanded, Analysis and Critique, UCLA School of Law Public Law & Legal Theory Research Paper Series Research Paper, No. 07-34, 2008, p. 4.

④ Lawrence Lessig, (Re)creativity: How Creativity Lives, Helle Porsdam, ed., *Copyright and Other Fairy Tales—Hans Christian Andersen and the Commodification of Creativity*. Northampton: Edward Elgar, 2006, p. 20.

（一）以充分的正当性论证作为新的客体与权利纳入著作权保护的前提

传播技术的发展使很多新的客体纳入著作权保护，同时将很多新的作品使用方式纳入著作权进行控制，例如，在国家版权局已经完成的《著作权法》第二次修订的调研中，不乏新提出的保护客体和新的权利。[①] 对新提出的客体和权利应该有充分正当性的论证。美国 DMCA 就是极好的教训，许多学者与国会议员都认为通过 DMCA 之前，应该进行更多辩论与探讨以作出可能的修正，不幸的是，当时并未发生这种情况。[②] 这种论证至少不能仅仅依靠 18 世纪所提出的诸如“劳动理论”以及“人格理论”这些尽管经典但古老的理论。而是需要论证这些新的客体与作品的使用方式是否应该纳入著作权进行保护。如果需要纳入著作权的保护，权利应该如何配置才不至于成为控制消费者的工具，成为自由创作的桎梏，成为数字网络技术的障碍？这种权利在获得保护的同时，是否也考虑了一般公众基于特定社会风俗而对著作权的道德情感？[③]

（二）以维护创作自由、数字网络技术的发展以及不以消费者为直接控制对象为原则构建著作权及其权利限制制度

维护公众的创作自由与不限制网络技术发展是衡量著作权正当性的一个标尺。与公众创作自由相关的著作权制度包括思想与表达二分原则、合理使用制度与技术保护措施条款；而与网络技术发展直接相关的是网络技术提供者的责任制度。

任何著作权作品都是“踩着前人的肩膀上”创作的，接触前人作品与利用前人作品中的闪光思想是创作的前提。思想与表达二分原则在保护著作权的

---

① 曹新民等提出将竞技体育表演纳入著作权保护的客体，参见曹新民等：《关于著作权客体问题的调研报告》，中南财经政法大学知识产权中心 2009 年，第 21 页；单小光等提出应该将复制权扩展到网络下载，参见单小光：《中国著作权法著作权人权利的完善研究报告》，同济大学知识产权学院 2009 年版，第 28 页。

② 美国有学者戏称，当时新闻媒体对 DMCA 基本没有关注，因为当年的克林顿总统与莱温斯基之间的性丑闻占据了所有媒体的头条。参见［美］约翰·冈茨、杰克·罗切斯特：《数字时代，盗版无罪？》，周晓琪译，法律出版社 2008 年版，第 87 页。

③ 比如说：我国 2008 年曾经出现过“哀乐收费”的闹剧，相关报道可参见中音协称播哀乐收费系遭陷害，哀乐著作权人存争议［EB/OL］. http://news.china.com/zh_cn/domestic/945/20081206/15222609.html，2008-12-10；乔志峰：《“哀乐”收费，阎王爷不嫌鬼瘦》，http://guancha.gmw.cn/2008-12/05/content_866320.htm，2008-12-10；张铁鹰：《向哀乐收费是保护著作权非发死人财》，http://www.jxcn.cn/1389/2008-12-6/30078@456015.htm，2008-12-10.

同时为言论、创作自由留下了足够的空间，这也是著作权在18世纪获得保护的前提，后来被直接写进许多国家的著作权法、TRIPS以及WCT中。[①] 而即使有些著作权法没有直接规定，司法判例中也会适用思想与表达二分原则对案件进行处理。我国就是如此，虽然我国《著作权法》[②]中并无思想与表达二分原则的明确规定，但我国已有适用思想与表达二分原则判决案件的实例。[③]思想与表达二分原则为使用他人思想进行创作提供了前提，而合理使用制度为创作自由提供了进一步保障。然而，技术保护措施的规定则有可能使对作品的合理使用也成为不可能。结合我国现行《著作权法》第47条与《网络信息传播权保护条例》第12条规定，适当引用不构成规避技术措施的条件，而适当引用是创作的必要条件。为保护公众的创作自由，技术保护措施的规则应进行重新调整：著作权人对作品所设置的技术措施不能限制合法获得作品的使用者对作品的合理使用，比如不能限制对内容的少量复制；将《网络信息传播权保护条例》第12条规定的可以规避技术措施的情形扩展到合理引用；基于科学研究的目的发表的科研成果，只要未明确提出用于规避具体某种技术保护措施，不构成对技术保护措施的侵害。只有这样，著作权才不会成为创作自由与相关的科学研究的障碍。

数字网络技术的发展与著作权保护的关系纠结在一起，斩不断理还乱。一方面，没有数字网络技术，著作权作品的宣传就不会有如此无疆界的网络平台；另一方面，数字网络技术的发展使著作权人一旦将其作品上传网络，著作

---

① 比如美国版权法第102条之b项、巴西《著作权法》第8条、TRIPS第9条第2款以及WCT的第2条，这些规定可能表述不完全一致，但基本都是著作权只保护独创性表达，不延及思想、程序、操作方法等。

② 我国只是在《计算机软件保护条例》第6条中规定了思想与表达二分原则。

③ 在“黄朝相诉何力平”一案中，该案中的原告为丰都县包鸾镇撰写了《丰都大鬼项目可行性报告》，其中关于大鬼的描述为：“在包鸾小峨嵋白岩千峰巅灰岩绝壁上雕塑一高80米、宽30米的大鬼，并在大鬼身上雕塑鬼文化的全部内容和雕成一部活生生的鬼文化的百科全书……”，原告试图委托被告创作，协商不成，但次年被告受树人镇委托，为该镇完成鬼王雕塑，原告诉被告侵犯其著作权，法院认为可行性报告对鬼王的描述过于笼统，只构成一种设想与构思，被告行为不构成侵权。参见邹廷清：《本案是否侵犯改编权》，载《人民法院报》，2001年3月29日。在“孟澄明诉石家庄棉纺四厂”一案中，法院也用“原告论文中所反映的技术思想，为关于‘吊综装置’这种织布机部件构造及其设计的说明，这种技术思想并不为著作权法所保护”。作为判决不构成侵权的理由。参见中国应用法学研究所：《孟澄明诉石家庄棉纺四厂等利用其作品中表明的技术思想绘制图纸后制作装置侵犯著作权案》，http://www.chinalawedu.com/news/2003_10/5/1609527694.htm，2010-4-1.

权人将无法控制他人对该作品的使用。数字网络技术与著作权保护问题在现阶段主要集中在两个问题上：首先，文件共享技术提供者是否需要为网络非法下载承担共同侵权责任。我们应该坚持文件共享软件只要具有侵权之外的其他用途，文件共享软件就一般无须承担侵权责任；并且坚持《网络信息传播权保护条例》第 14 条与第 15 条所规定的"通知—删除"规则。这种规定的目的在于要求著作权人应该妥善管理自己的作品，或不上传网络，或通过技术措施使上传网络的作品不提供整体下载；如果不采取任何措施将作品上传网络，就应该承担被下载的风险。然而，我国司法实践中的案例已经开始偏离"通知—删除"规则，在北京慈文影视制作有限公司诉广州数联软件技术有限公司一案终审判决中，提供文件共享软件 POCO 的广州数联软件技术有限公司被判承担共同侵权责任，理由是虽然被告无法判定海量的分享文件中哪些是侵权文件，但原告同样存在无法跟踪海量的上传用户，如果采取"通知—删除"规则，对原告不公平，而被告作为专业性网站，承担这种责任更为公平。[①] 该判决显然偏离了"通知—删除"规则，它将一项被告无法完成的任务（法院也承认）强加给被告，这样就会导致只要文件分享软件中有侵权作品，而由于起诉用户不大可能，其提供者实际上就必须承担侵权责任。当提供者无力承担这种责任时，就会退出市场，当所有的文件共享软件提供者都退出市场时，那将意味着消费者再也不能享受到网络技术发展本该有的福利。这样，著作权就成为限制网络技术发展的障碍。要避免出现这种情况，还是要坚持"通知—删除"规则，只有这样才能督促著作权人改变营销模式或采取技术措施限制其作品的上传与下载。其次，搜索引擎是否应为其链接受著作权保护的作品而承担共同侵权责任。网络搜索引擎可以让消费者短时间内在浩瀚如烟的资料中找到自己所需的材料，因此搜索引擎对网络用户来说已经必不可少。由于搜索引擎的提供者不可能去判断每一个被链接的内容是否为权利人所禁止，因此，如果权利人禁止搜索引擎链接其内容，其应该通知搜索引擎断开其链接的地址。因此，我们应该同样坚持"通知—删除"规则，只有搜索引擎在收到通知之后，仍未断开链接，才承担共同侵权责任。

在数字盗版中，盗版源头是著作权利益集团应该打击的重点对象。比如：软件盗版中，普通消费者自身不可能做盗版，盗版一般只有专业性的非法牟利者才能大量制作。即使消费者明知是盗版产品而购买，但毕竟营利者并非消费者，消费者只是一种消费选择行为。遏制数字盗版的源头才是最为有效的

① 参见（2006）粤高法民三终字第 355 号。

办法，就像是一条被投毒的小河，有罪的是投毒的人，而不是喝水的人。网络娱乐作品同样如此，而且娱乐作品的著作权人对其作品上传网络本身具有一定的可归责性：比如自己上传网络以宣传自己的娱乐文件。因此，虽然我们可以将复制权扩展到对网络下载行为的控制，但依然应该坚持我国《著作权法》第22条所规定"个人使用"作为合理使用，具体到网络下载行为，同样应该将"个人学习、研究或者欣赏"的网络下载行为规定为合理使用，只要不再将作品放在共享软件的共享区域中提供下载，就无须承担任何侵权责任。从而彻底切断著作权利益集团从法律层面上控制消费者的可行性。

至于音乐公开表演的收费问题，无论收费权利的主体是否应该扩张至表演者与录音制作者，①这种权利应该在《著作权法》修订时规定权利限制，首先不能把任何公开播放都纳入收费范围，应该将与公共利益直接相关的教育、慈善等活动中使用纳入合理使用的范围；其次，应该将一些特定民俗诸如葬礼、婚礼中对音乐的播放排除在外，以免伤害公众对著作权的情感。

总之，公众的创作自由与网络技术的发展都不是著作权应该打击的对象。著作权每新加一项权利或受保护的客体，都应该仔细斟酌这种增加对公众创作自由的影响，如何对新增加的权利进行限制才不至于影响公众的创作自由和网络技术的发展。这是著作权法应该坚持的一项原则，只有这样，著作权才能坚持其应有的正当性。此外，无论是数字盗版问题，还是音乐公开播放的收费问题，著作权人的权利都不能直接针对消费者。只有这样，才能维持公众对著作权的情感，才能使公众保持对著作权的尊重。美国利益集团所主导的著作权法的修订给了我们足够的警示，虽然我国利益集团在著作权立法中作用有限，②但对利益集团在《著作权法》修订中的要求保持适当的警惕是必要的，以免著作权法成为利益集团寻求利益的庇护所。

五、小结：录音制品二次使用赋权正当性论证的必要

伴随利益集团的权利主张与利益诉求，著作权在数字网络时代得以疯狂

---

① 学者刘晓海、张今等提出应该赋予表演者与录音制作者对录音制品公开播放的收费权。参见刘晓海：《完善我国邻接权制度的若干思考》，载《中国新闻出版报》2008年11月13日第7版；张今：《录音制品制作者权利需要更新和扩张》，载《中国新闻出版报》2008年11月13日第7版。

② 比如我国《著作权法》第一次修订时，围绕第43条修订所产生的争论以及最后的结果也体现了著作权人与广播组织利益集团之间的权利诉求。相关的详细论证可参见韦之：《试论著作权法第43条》，载《知识产权》2002年第4期。

扩张,但这种扩张并未得到充分与合适的正当性论证,从而导致著作权将消费者作为直接控制对象并成为创作自由、网络技术发展的障碍,而使公众对自己或他人从事的著作权侵权行为心安理得或漠然视之,使著作权已经步入或至少正在步入正当性危机。中国公众与著作权之间的关系虽然不像欧美那样剑拔弩张,但著作权正当性危机在中国也已经开始显现,况且在发达国家知识产权高度保护意识形态的渗透下,我们尤其应该警惕。因此,我们应该坚持著作权符合康德的“权利的普遍法则”原则,著作权应该与其他所有人自由并存。应该坚持著作权每新增加一个客体与权利,都应该进行充分的正当性论证。并使权利的确立与限制并行,坚持权利不直接控制消费者,不障碍创作自由与网络技术的发展。此外,需要对利益集团的权利诉求保持适当的警惕。当然,在设置这些制度时,我们应该依然坚持保护著作权,遵守相关国际条约的义务。只有这样,才能使设置出来的著作权具有正当性,才能让公众充分尊重著作权,最终能更好地保护著作权。

当今著作权正当性处于危机之中,著作权每一种新生的权利,都应该坚持进行著作权正当性的检验与论证。录音制品二次使用的赋权针对录音制品的广播与表演,针对的是利用以录音制品的播放为销售对象、装饰消费环境的经营者以及播放录音制品的广播组织者。首先,录音制品二次使用赋权后,它不可能针对个别的消费者而只能是针对上述经营者;其次,这种赋权不限制任何私人使用,不会干涉后来者的创作自由;最后,亦不会针对任何录制技术与网络技术的发展,不会成为技术进步的障碍。因此,录音制品二次使用权与著作权正当性内容完全契合。不过,这种正当性内涵的契合只是完成了第一步,录音制品二次使用赋权的正当性论证还应放到著作权中财产权的本质以及关涉主体之间的利益格局中加以考虑。首先,录音制品二次使用赋权应该在整个著作权的体系中进行考虑,其是否符合著作权整个体系制度的内涵;其次,在著作权与邻接权二分的国家中,录音制品二次使用赋权是使两者之间的权利配置得到平衡还是会打破原有的平衡;最后,录音制品二次使用赋权对关涉主体之间的利益平衡是否有不利影响。只有对这些问题作出肯定回答后才能最终确定录音制品二次使用赋权的正当性。

第二节 正当性之一:权利客体公开使用控制的必然反应

当今著作权不是一个单一的权利,而是以权利客体为连接点的权利束。

随着国际条约的推进和各国对国际条约义务的履行，世界各国的著作权基本上都包括人身权与财产权。[①] 纵观著作权从印刷时代一直到数字网络时代的发展历程，人身权相对稳定地保持在发表权、署名权与保护作品完整权等几种权利上，而财产权随着传媒技术的发展不断扩张，从单一复制之权发展到当今几乎对可能的使用方式都进行控制的众多权利的庞大体系。如果反观著作权从诞生之初的“复制”之权到当今庞大的权利束，审视这个庞大财产权体系的赋权过程，可以发现这是一个从作品的竞争性使用到公开使用的控制过程。录音制品二次使用落入公开使用的范围，无法证明其他使用方式的控制比录音制品二次使用的控制更具正当性的条件下，对录音制品二次使用的赋权无疑是一种正当的选择。

一、著作权中财产权的本质

著作权诞生之初的目的在于控制未经许可的复制，因为未经许可的复制会对合法的复制件的销售构成竞争，基于成本的优势使合法的复制遭受损失。而其后对公开表演权的赋予，开创了著作权对公开使用的控制，也造就了当今著作权庞大的权利束。

（一）竞争性使用的控制

在印刷时代，印刷商要求著作权保护的主要目的，在于禁止非法竞争者印刷出版其获得许可印刷的书籍。英国书商的出版特权随着1695年《许可法》的废止而寿终正寝，出版特权废止后，出版商没有了出版特权与盗版执法的权利，只剩下根据其自身所围绕登记的惯例所享有的复制之权。[②] 这样，盗版者由于无须获得作者的许可，相对于经过作者授权的书商来说，具有价格竞争优势。正如论者所言“出版审查制度的废除使‘书商公司’这个既得利益者在饱受盗版之苦时，无计可施。而真正的盗版使未经专利人许可而重印专利图书

---

① 即使一直不保护著作权人身权的美国，在1988年加入《伯尔尼公约》时，颁布了与公约相一致的《伯尔尼公约实施法案》，用一个“最低要求”路径保护人身权，不过还是没有专门人身权条款。See Graig Joyce, William Patry, Marshall Leaffer, Peter Jaszi. *Copyright Law* (5th ed.), New York: Lexis Publishing, 2000, p. 626. 美国2003年新修订的《版权法》第106A条所规定了保持作品完整权；英国也在1988年《版权、外观设计与专利法》中确立了比较完善的人身权保护制度。参见《版权、外观设计与专利法》第77条至第85条。

② W. R. Cornish, *Intellectual Property: Patents, Copyright, Trademarks and Allied Rights* (4th ed.), London: Sweet & Maxwell, 1999, p. 340.

的情况更加恶化”。[①] 在这种情况下，书商开始游说要求恢复其出版特权，在遭受盗版之苦后的书商的真正目的在于阻止盗版夺取其经济利益，而不是出版审查特权。在诉求恢复出版特权几经失败之后，书商虽然在为其复制之权寻求法律支持的基本要求未变，但策略发生了改变，他们要求对从作者购买或保留给作者的财产权给予保护，侵犯了这种财产权，最终挫伤了这些有学问的人撰写对公众有巨大益处作品的积极性。[②] 就这样，书商从安妮女王那里再次获得了权利，不过这次所获得的权利不再是出版特权，而是一定期限的财产权即禁止他人未经许可的复制权——并且是一个副产品——作者的复制权，而不是出版商的复制权。[③] 作者可以用这种权利来对抗剽窃，但这显然不是作者的主要目的，对作品的剽窃在著作权诞生以前就是一种道德主张，而且这种道德主张一直延续到今天。[④] 作者的目的在于阻止他人未经许可就复制发行其作品，这显然也是一种经济利益的主张。不过这种权利的主要行使者是书商，而且其主要目的在于阻止盗版者的直接竞争，盗版以其竞争的价格优势使书商失去某一种书籍的一定市场，从而遭受经济利益的损失。简单地说，复制之权的目的是对直接竞争的这种使用方式的控制，因为盗版是其书籍销售市场的直接竞争者。自此，著作权就在控制对作品的直接竞争性使用中诞生了。在作品的竞争性使用下，对经过许可的书商和作者来说，这种损害已经是真实存在的，书商与作者寻求权利的目的就在于阻止他人的竞争性使用。对盗版的不耻与对正当竞争的保护使复制之权的正当性无可非议。不过，随着传媒技术的发展，著作权人开始不再满足于对竞争性使用的控制了。

（二）公开使用的控制

《安妮女王法》颁布后不久，英国剧作家、作曲家及其相关的商业合作者发现，对其剧本与音乐作品公开表演的利用所获取的利益，甚至超过他们对

---

① John Feather, *Publishing, Piracy and Politics: A History Study of Copyright in Britain*, London: Mansell Publishing Limited, 1994, p. 21.

② Lyman Ray Patterson, *Copyright in Historical Perspective*, Nashville: Vanderbilt University Press, 1968, p. 142.

③ Lyman Ray Patterson, *Copyright in Historical Perspective*, Nashville: Vanderbilt University Press, 1968, p. 151.

④ 作品的剽窃与盗版不完全是一回事，剽窃一般体现为观点或成果挪用，而盗版是直接的复制。所以，由于著作权保护思想不保护表达，所以很多学术上剽窃不构成著作权法上的侵权。就学术剽窃而言，完全依靠著作权法的控制是不能解决根本问题的。参见方流芳：《学术剽窃和法律内外的对策》，载《中国法学》2006 年第 6 期。

纸面复制件的销售收入。这些主体开始寻求对公开表演这种使用方式的控制，终于在英国1833年的《戏剧版权法》(*Dramatic Copyright*)中获得了对戏剧作品每一次公开表演的使用权，这种权利在1842年的《文学版权法》(*Literary Copyright*)中扩展到音乐作品。[①] 剧作家、作曲家与相关出版商寻求对公开表演这种使用方式的控制，与对上述竞争性使用的控制的不同在于：其一，竞争性使用对作者与书商的损害已经发生，而公开表演这种使用方式对作者与书商的损害并不一定已经存在。因为对于戏剧作品的公开表演会促进还是减少书面作品的销售，在经济学上并未有肯定的答案。支持者认为因为观众观看了表演，所以就不会再去看剧本了，当然会减少剧本的销售；但反对者认为因为观众观看了表演，从而吸引更多的人去阅读剧本，自然会增加剧本的销售量。音乐作品亦同样如此。因此，剧本与音乐作品销售量的增加或减少完全取决于观众观看表演之后的态度，而不同的观众有不同的态度。因此，公开表演是否影响书面作品的销售量并无定论。既然不能说公开表演一定会导致作者与书商的书面作品的销售量会下降，那么公开表演对作者与书商的损害就不一定存在。其二，作者与书商对公开表演权利诉求的初始目的并不在于禁止他人对作品的公开表演，而是希望从这种公开表演中获取利益。控制这种公开表演的目的，在于通过许可他人公开表演以获取许可费。而且实际上由于免费使用通常在合理使用的范围内，因此权利人并不控制那些没有任何收益的使用。

随着录音、摄影与电影技术的发展，使“过期不候”的表演可以改变观看的时间与地点，表演者获取回报的表演机会因此大大减少。此时，表演者作为希望获取著作权保护的群体开始出现。与此同时，专业录音与电影的制作者随着这些传媒技术的发展也希望得到著作权的保护。表演者通过对表演的公开传播、录音录像、制品的复制与发行以及网络信息传播的控制，以控制其对这些可能剥夺其现场表演机会的竞争性使用。也许在录音技术开始普及之时，录音制品的复制与发行会导致表演者表演机会的减少。而当今娱乐界的经验表明，唱片的销售量与表演者的表演机会成正比，周杰伦的唱片销售量与其表

---

① W. R. Cornish, *Intellectual Property*: *Patents*, *Copyright*, *Trademarks and Allied Rights* (4th ed.), London: Sweet & Maxwell, 1999, p. 342.

演机会就是很好的例子。① 这说明当今表演者对录制其表演的复制件的发行已经从控制竞争性使用转化到控制公开使用。

著作权中财产权的发展经历了对权利客体从对竞争性使用到公开使用的控制过程,形成竞争性使用与公开使用并行控制的态势。当然,这只能用以描述与论证这种赋权的过程。这些使用方式被赋权之后,就成为一种权利,权利人可以自己行使,也可以授权他人行使,而未经许可的行使就剥夺了权利人自己行使或授权他人行使的机会,自然构成侵权。② 对竞争性使用的控制是著作权诞生的基础,而对公开使用的控制则成为著作权扩张的起点。现代著作权法中的放映权、广播权、网络信息传播权、摄制权、改编权与汇编权等,在成为权利之前,放映、广播、网络信息传播、摄制、改编与汇编这些使用方式并没有肯定地对著作权人造成现实的财产损害,但都是权利人希望控制这些公开使用以获取许可他人使用的费用为目的而产生的权利。自英国 19 世纪 30 年代到 40 年代相关著作权法对公开表演赋权之后,作者与相关出版商就开始随着传媒技术的发展,对每出现一种公开使用方式都试图加以控制。因此,在多年的不断努力下,形成了当代著作权中财产权对权利客体的竞争性使用与公开使用并行控制的庞大体系。

二、竞争性使用与公开使用的控制在著作权中的体现

如上所述,无论是一元结构的版权体系国家,还是著作权与邻接权并行的二元结构的作者权体系国家,沿着毕昇的印刷技术到现代的网络技术的传媒发展之路,其著作权都从单一复制之权发展到现今庞大的权利束。而当今各国著作权中财产权的庞大体系,基本上形成了竞争性与公开使用控制权利的二元格局。

虽然在知识产权一体化的潮流中,各国著作权法仍保持一定程度上的差异性,但从各国对作者、表演者与录音制作者所规定的权利来看,其财产权都表现为对复制、演绎、发行、表演、展示与传播等作品使用方式的控制。所有这

① 最近,上海周立波的“海派清口”的经纪公司负责人在一个谈话节目表示,根据该公司的调查数据,周立波表演音像制品的发行,并未减少去剧场观看周立波现场表演的人数,反而是增加了观众的数量。

② 著作权侵权在很多情况下,并没有实际财产损失。比如将作者作品拍摄成电影,作者无法证明拍摄成电影会造成其书面作品销售量会减少多少,这里只能是一种机会的损失。

些作品的使用方式都是在复制权基础之上进行赋权的，发行是对作品的一种竞争性使用，因为未经许可的发行显然会影响权利人作品复制件的销售，从而导致权利人的利益遭受损失。而演绎、表演、陈列与传播则并不必然导致权利人复制件销售量的减少，权利人诉求对这些使用方式赋予权利的目的，在于避免被剥夺其对该作品进行公开使用的机会。为此，实际上，现今大部分国家著作权法中所规定的财产权，其中大部分权利在赋权之前，权利人希望掌控的是公开使用，并希望能从这种公开使用中分享利益。当然，一般国家著作权法通过权利例外与限制制度，将私人使用与非营利性使用排除在著作权控制之外。

三、录音制品二次使用赋权的正当性：权利客体公开使用控制的必然反应

录音制品二次使用是指对初始使用（primary use）目的的违反，初始使用是指在家庭中使用，是指只有少数听众的私人使用，而二次使用是指在具有成百上千观众的公共场所或具有上万上亿人的空中传播，则不在初始使用所设定的范围内。[①] 录音制品二次使用是指对录音制品的广播与表演，这种广播与表演但并不必然导致录音制品销售量的减少。在特定条件下，甚至会增加录音制品的销售量。而无论是广播组织对录音制品的广播，还是以录音制品的播放为主要销售对象的诸如我国 KTV 的经营者，甚至为营造消费环境的诸如饭店等经营者，对录音制品的这种使用无疑都是一种公开使用。公开使用是现代著作权中众多权利控制权利客体的使用方式。无论是演绎、表演、展览还是传播等等都是对权利客体的公开使用，只要这种使用不属于合理使用，诸如免费表演，就属于著作权的控制范围。既然录音制品二次使用属于著作权中财产权所控制的公开使用，并且不属于合理使用的范围，那么著作权法就应该对这种使用进行赋权。如果拒绝对录音制品二次使用赋予权利，那么则意味着作品的演绎、表演、展示与传播同样不应该被赋予权利。如果所有这些公开使用的控制权利都被取消，则著作权只剩下对复制与发行这种竞争性使用方式进行控制的权利，也就意味着著作权面对传媒技术的发展未作出任何回应，也就意味着在数字网络环境中，现代著作权制度土崩瓦解。虽然当今著作权制度遭受各方面的抨击，即使没有诸如 TRIPS、《伯尔尼公约》等国际公约约束，恐怕也没有一个国家愿意作废除著作权的尝试。为此，在实际上无法证明演绎、展览与录音制品二次使用等所有公开使用中，对哪一种公开使用赋

---

① Stephen M. Stewart, ed., *International Copyright and Neighboring Rights* (2nd ed.), London: Butterworths, 1989, p. 238.

予权利比其他公开使用赋予权利更具有合理与正当性之前，[①]不偏袒任何一种公开使用是最为明智的选择。这也符合立法赋权所应该坚持的“技术中立”原则。为此，在承认著作权继续存在的前提条件下，在著作权竞争性使用控制与公开使用控制二元格局的基础上，录音制品二次使用的赋权则为必然。

第三节　正当性之二：著作权与邻接权之间权利平等配置的必经之路

正如印刷技术促使著作权的诞生一样，录音技术促使了邻接权的诞生。如果表演者、录音制作者与广播组织利用他人享有著作权的作品进行传播与再现活动时，一个作品上就会产生著作权与邻接权共存的现象。录音制品二次使用涉及通过录音制品的广播与表演，如果赋予表演者与录音制作者对录音制品这种使用方式进行控制，则会与作者通过录音制品的广播与表演的权利产生冲突。这种冲突实际体现了著作权与邻接权之间的冲突，为协调这种冲突，在《罗马公约》的缔结过程中形成了著作权与邻接权之间的等级关系理论，而这成为了各国著作权立法的航标。这种理论认为，著作权与邻接权之间是相互冲突的，而为协调这种冲突关系，邻接权就必须让步于著作权。在这种理论的指导下，作为邻接权家族中的录音制品二次使用赋权自然会向著作权让步，表现为录音制品二次使用只是部分地获得某些国家著作权法的保护——即使是日益强调保护知识产权的美国，甚至完全得不到某些国家著作权法的承认——比如中国。而在创作与传播不存在依附关系的文化生产领域，著作权与邻接权之间冲突关系的协调不应是等级原则，而应是平等原则。权利的平等配置就是这种平等原则应有的内涵，录音制品二次使用赋权正是著作权与邻接权之间进行权利平等配置的必经之路。

一、著作权与邻接权之间原本的统一

邻接权作为作者权体系国家著作权法接受的一个概念，理论上根源于邻接权是对作品传播的“劳动与资金”投入的保护，作品的传播与作品的创作是泾渭分明的对立概念。但著作权保护作品的唯一条件是作品是独创性的表达，这是基于对作品结果的判断而不是对创作过程的判断。因此，无论是表

① 况且，对作者所赋予的表演权与广播权已经表明这种使用方式应在著作权的控制之内。

演、录音制作还是词曲的创作，只要其结果是一种具有独创性的作品，就应该受到著作权法的保护。词曲的创作如果完全是抄袭，同样因不具独创性而不受著作权保护，而表演与录音制作只要其产生了具有独创性的作品，也应该受著作权保护。同是《懂你》，满文军的演唱就比解晓东的演唱更为听众所喜爱，这就说明同是一首歌曲，不同表演者会产生具有不同独创性的作品。正如论者认为，“享有邻接权的本质原因，是从事了演绎创作，从而使原作品获得了新的表现形式”。[①] 因此，邻接权下对作品的传播中包含了作品新的表现形式的创作，这与将作品翻译、改编、摄制成电影没有根本区别。而作者权体系国家著作权法的历史也说明在 1961 年《罗马公约》签订前，著作权与邻接权也曾经不那么泾渭分明：德国 1910 年[②]、奥地利[③] 1936 年的著作权法将表演者视为对作品的改编给予保护，而日本 1920 年的著作权法也将“演奏歌唱”作为作品进行保护。[④]《罗马公约》直接推动各国邻接权制度的建立，也使邻接权与著作权得以区分，并使其为作者权体系国家立法所接受。也正因为如此，有学者认为这是“国际公约终结著作权与邻接权划分的理论追问”。[⑤] 而《罗马公约》作为作者利益代表，拒绝将表演、录音制品纳入《伯尔尼公约》的直接结果，也说明邻接权与著作权的划分更多的是利益妥协的结果，而不是作品的创作与传播概念本质上的对立。这也直接导致了邻接权“内容始终含糊不清”，只是“约定俗成”而被人们所接受。[⑥] 即使是作者权体系国家的著作权法，还是有很多仅命名为“著作权法”而非“著作权与邻接权法”，[⑦]而且大部分论著对著作权相关理论的论证一般以著作权涵盖邻接权，而不是对著作权与邻接权分别进行论证。所有这些都说明，著作权与邻接权原本可以统一在著作权的保护之下，但由于受国际条约的推动而从著作权中分离出来。

---

① 刘春田主编：《知识产权法》，中国人民大学出版社 2009 年版，第 502 页。

② Stephen M. Stewart, ed., *International Copyright and Neighboring Rights* (2nd ed.), London: Butterworths, 1989, p. 434.

③ 参见[西班牙]德利娅・利普希克：《著作权与邻接权》，中国对外翻译出版公司、联合国教科文组织 2000 年版，第 271 页。

④ [日]半田正夫、纹谷畅男：《著作权法五十讲》，魏启学译，法律出版社 1990 年版，第 394 页。

⑤ 参见李琛：《论知识产权法的体系化》，北京大学出版社 2005 年版，第 93 页。

⑥ 参见[西班牙]德利娅・利普希克：《著作权与邻接权》，中国对外翻译出版公司、联合国教科文组织 2000 年版，第 271 页。

⑦ 诸如日本、法国、中国等。

二、等级关系理论的形成

表演者、录音制作者与广播组织寻求国际保护的最初努力，是希望将其基于特定活动的成果直接纳入《伯尔尼公约》的保护。这种努力的最后失败直接促成了《罗马公约》的缔结。在《罗马公约》的缔结过程中，为协调著作权与邻接权之间的冲突，作者利益代表者迫使《罗马公约》形成了著作权与邻接权之间的等级关系理论。

（一）邻接权客体纳入《伯尔尼公约》的失败历程：冲突关系的确立

如前所述，表演者、录音制作者与广播组织者希望将其创作的成果纳入《伯尔尼公约》的保护范围。但历经《伯尔尼公约》1908 年的柏林修订会议、1928 的罗马修订会议以及 1948 年的布鲁塞尔修订会议后，结果都被《伯尔尼公约》以或这或那的原因排除在公约之外。即使 1948 年《伯尔尼公约》的修订将翻译权、汇编权纳入保护，但还是将表演者权、录音制作者权与广播组织权拒之门外。

因此，邻接权纳入《伯尔尼公约》的最终失败，其根本原因在于《伯尔尼公约》修订的主导者们认为邻接权与著作权相互冲突，不可能相容于一个公约之中。为维护《伯尔尼公约》保护“创造性”客体的纯洁性，《伯尔尼公约》无法容纳这些非“创造性”的客体，著作权与邻接权之间的冲突关系也就此形成，邻接权最终被排除在《伯尔尼公约》之外。专门的邻接权公约也许是一种不得已而为之的选择。正如学者对《罗马公约》诞生的艰辛所作的描述：“不同于《伯尔尼公约》——从构想到谈判会议只经历了几年；也不同于《录音制品公约》——仅仅只用了 18 个月的时间，而《罗马公约》的孕育时间超过了半个世纪。进程如此之慢，有两个主要的原因：其一，录音技术与后来发展的广播与电视技术过分新奇，没有人能够完全评价其将对文学和音乐作品的利用所产生的影响；其二是代表作者利益的人初始忧虑：如果该领域有其他人成为权利主体，他们艰难获得的权利将遭受影响。虽然时间证明这种忧虑是没有根据的，但这种观点是作者集团强力坚持的，并且在一些国家得到有力的维护。”①

因而，这些权利被《伯尔尼公约》拒之门外，使著作权与邻接权冲突关系得以最终确立。

---

① Stephen M. Stewart, ed., *International Copyright and Neighboring Rights* (2nd ed.), London: Butterworths, 1989, p. 221.

（二）《罗马公约》的缔结：等级关系理论的形成

邻接权纳入《伯尔尼公约》保护的失败历程确立了著作权与邻接权之间的冲突关系，而《罗马公约》的缔结历程与《罗马公约》的最终文本则表明了协调这种冲突关系的基本立场。在《罗马公约》的缔结过程中，代表作者利益的相关协会表示对邻接权保护的某些忧虑，这些忧虑主要体现在三个方面：其一为有些国家由于没有著作权法，在加入《罗马公约》之后可能会出现保护邻接权人而不保护作者的情形。其二是需要获取多个许可才能使用作品，包括获取作者与邻接权人的许可，当作者许可而邻接权人拒绝时，可能会剥夺作者获取许可费的权利，比如一个在音乐会演奏著作权作品的钢琴家拒绝将其演奏录制或唱片，这样就剥夺了曲作者获取销售录音费用的权利。其三也是三者中最为严重的忧虑涉及表演权，如果使用者必须为同一表演支付两个使用费，即一个给作者，另一个给邻接权人，这样使用者就会向作者支付一笔较少的使用费，这就是所谓的“蛋糕理论”。该理论认为同一作品表演权的使用费只有一个“蛋糕”，如果邻接权人拿走一块，作者的那一块就会变小。[①]

尽管这个三个忧虑不一定能经得起推敲，但《罗马公约》还是为消除作者权利代表们的忧虑作了很多努力。对于第一个忧虑，《罗马公约》对著作权作出了让步。根据公约第 23 条、第 24 条的规定，一个国家必须是《伯尔尼公约》或《世界版权公约》的成员国才能参加《罗马公约》，这种规定表明《罗马公约》为避免出现只保护邻接权而不保护著作权的情形所作出的努力。由于《伯尔尼公约》与《世界版权公约》缔结的时间较早，实际上形成了一种只允许保护著作权而不保护邻接权的情形，却不允许出现相反的情况。这使《罗马公约》在协调著作权与邻接权之间的冲突时，采取的是著作权优于邻接权的立场。而这种立场在《罗马公约》第 1 条中得到更为充分的体现。

《罗马公约》第 1 条规定“本公约下的保护不触动和不影响文学艺术作品的著作权保护。因而，本公约的条款不能做出有违这种保护的解释”。该条被 WIPO 所公布的文本称之为“著作权固有的保障”(Safeguard of Copyright Proper)。学者在解释《罗马公约》第 1 条的背景时认为，绝大多数邻接权保护的客体都涉及著作权保护的作品，使《罗马公约》所保护的客体与作者的权利相冲突，从而导致这些新权利会冲击作者已经享有的权利；为维持著作权的完整性，消除作者利益集团的顾虑，《罗马公约》的正式文本保留了先前三个草案

---

① Vincent Porter, *Beyond the Berne Convention: Copyright, Broadcasting and the Single European Market*, London: John Libbey & Company Ltd, 1991, p. 17.

即 1956 年日内瓦、1957 年摩纳哥与 1960 年海牙草案的规定。① 在拒绝法国与意大利所提出更为激进的保障著作权的提案后,《罗马公约》最终接受现行的著作权保障条款的内容。②

在解释该保障条款时,学者所持观点不一。WIPO 出版的《罗马公约和录音制品公约指南》的作者克洛德·马苏耶认为:"它并没有规定邻接权在内容和范围上不得超出作者享有的权利,以此宣布著作权的优势地位。"

该作者进一步解释:"这一基本条款在某种程度上构成缔约国为改进国内邻接权保护状况而进行立法的准则。公约不准许它们以影响著作权保护的方式保护邻接权,例如,国内法中存在与这一条有关的两类专有权的竞争。《罗马公约》规定表演者或录音制品制作者或二者对录音制品的公开传播享有的一种获得报酬权。如果国内法将这种权利转化为专有权,就会导致与作者的专有权发生冲突,从而妨害了这类专有权。根据某一派的观点,如果立法者这样做,就会违背第 1 条有关保障著作权的规定。"③

该作者进一步的解释表明必须在不影响著作权的条件下保护邻接权,邻接权不能影响著作权,但并不表明著作权不可以影响邻接权。而在公开表演权与传播权的赋予上,作者独享的专有权与邻接权人(表演者与录音制作者)共享的报酬权的制度安排,表明著作权高于邻接权,这种解释与此前的著作权不具优势地位的解释相互矛盾。

与这种相互矛盾解释不同的是,大部分著作权法学者都认为《罗马公约》第 1 条所确立的是著作权与邻接权之间的等级关系。西班牙著作权法学者德利娅·利普希克直接指出该条所表明的是著作权高于邻接权的等级立场,并且她认为公约第 1 条的声明使人认为"如果表演、录制和广播的作品的作者的专有权的行使受到了《罗马公约》规定的权利的障碍,作者权利的保护应优先

---

① 参见[法]克洛德·马苏耶:《罗马公约和录音制品公约指南》,刘波林译,中国人民大学出版社 2002 年版,第 11 页。

② 根据法国与意大利代表团的提案,表演者不能阻止传播其音乐表演,将其表演复制在录音制品上以及通过无线广播和电视转播,大会拒绝该提案,认为这会导致邻接权变异为作者的授权,或至少可能使表演艺术家、录音制品制作者与广播组织成为一个附属主体。See Wilhelm Nordemann, Kai Vinck, Paul W. Hertin, *International Copyright and Neighboring Right Law: Commentary with Special Emphasis on the European Community*, English Version by Gerald Meyer, N. Y. :VCH Publisher, 1990, p. 348.

③ [法]克洛德·马苏耶:《罗马公约和录音制品公约指南》,刘波林译,中国人民大学出版社 2002 年版,第 12～13 页。

考虑”。[①] 学者弗纳茨将该条形象地解释为“著作权与邻接权位处同一艘船，而更好的位置属于著作权”。[②] 法国著作权法学者克洛德·科隆贝也认为，“如果对著作权和邻接权的地位的高低不确定，就不能排除争议。当然，只能肯定著作权凌驾于邻接权之上……”[③]这与美国著作权学者保罗·戈尔斯坦认为《罗马公约》第1条所确立的是一种著作权与邻接权的等级关系的观点基本一致。[④] 有学者甚至认为《罗马公约》为献媚于作者，将自身附属于著作权公约。[⑤] 所有这些论证都表明《罗马公约》第1条的著作权固有保障条款的规定使著作权凌驾于邻接权之上，使原本应为公约权利宣言的第1条变成了向著作权让步的“检讨条款”，充分体现了《罗马公约》在协调著作权与邻接权之间的冲突时所持的等级关系理论。

三、等级关系理论对各国与国际著作权立法的影响

《罗马公约》政府间委员会的报告认为《罗马公约》并未建立一个对邻接权保护的国际标准，其作用主要表现为对世界各国有关邻接权立法的推动。[⑥]这种推动不仅体现其对各国邻接权制度建立的促进作用，也包括公约所确立的著作权与邻接权之间的等级关系理论对各国著作权立法与国际著作权条约的影响。

(一)各国立法与国际条约照抄《罗马公约》的“著作权固有的保障条款”

如前所述，《罗马公约》第1条即“著作权固有的保障条款”直接体现了其在协调著作权与邻接权冲突关系时所持的等级关系立场。这种理论随同《罗

---

① [西班牙]德利娅·利普希克:《著作权与邻接权》，中国对外翻译出版公司、联合国教科文组织2000年版，第650页。

② 转引自Wilhelm Nordemann, Kai Vinck, Paul W. Hertin, *International Copyright and Neighboring Right Law: Commentary with Special Emphasis on the European Community*, English Version by Gerald Meyer, N. Y.: VCH Publisher, 1990, p. 349.

③ [法]克洛德·科隆贝:《世界各国著作权和邻接权的基本原则——比较法研究》，高凌瀚译，联合国教科文组织、上海外语教育出版社1995年版，第188页。

④ 参见[美]保罗·戈尔斯坦:《国际版权:原则、法律与惯例》，王文娟译，中国劳动社会保障出版社2003年版，第32页。

⑤ 转引自Wilhelm Nordemann, Kai Vinck, Paul W. Hertin, *International Copyright and Neighboring Right Law: Commentary with Special Emphasis on the European Community*, English Version by Gerald Meyer, N. Y.: VCH Publisher, 1990, p. 345.

⑥ See Report of the Intergovernmental Committee of the Rome Convention 1979, Annex I Para 15.

马公约》对各国邻接权制度建立的推动一起根植于这些国家立法以及国际条约之中。

法国在1986年生效的《作者权利以及表演者、录音(像)制作者以及视听传播企业权利法案》中比较详尽地规定了邻接权人的权利。但该法第15条与《罗马公约》第1条的规定完全一样,“邻接权不应该损害作者权利,该部分的任何规定都不能做对著作权利用的限制解释”。[①] 这种规定表明对邻接权的规定可能减损著作权人利益使其心存芥蒂,同时也说明法国著作权立法在著作权与邻接权关系上采取的是《罗马公约》所确立的等级关系理论。类似的立法还有1996年《墨西哥联邦著作权法》第6条、1995年《日本著作权法》第90条、1995年《韩国著作权法》第62条、1998年巴西《著作权与邻接权法》第89条等。这种立法模式在《哥伦比亚著作权法》第257条的规定中发展到了极致,其规定“本法下的条款适用产生争议或疑问时,这些条款应该作优先保护著作权的适用”。[②]

至于《罗马公约》之后的邻接权条约,几乎都深受该公约第1条的影响。学者认为,《罗马公约》第1条所确立著作权与邻接权的等级模式,成为以后邻接权条约遵从的模式,这些条约包括:《录音制品公约》、《卫星公约》、WPPT以及TRIPS中关于邻接权的规定。[③] 以最近WPPT为例,WPPT第1条(2)的规定的措辞与《罗马公约》第1条的规定完全一样,论者也将其称为是著作权的保障条款。[④] 不过,该条的议定声明书则澄清了这种保障条款曾经在《罗马公约》中的疑问与争议,该议定声明:当录音制品涉及本公约下权利与嵌入制品中作品的著作权关系时,在涉及获取录音制品中作品作者与表演者或制作者授权时,不因表演者与制作者的授权而停止获取作者的授权,反之亦然。对该条进一步的理解不能解释为成员国不能为表演者或录音制作者赋予超出本公约规定的专有权。[⑤] 因此,尽管WPPT的第1条之二的措辞与《罗马公约》完全一样,其议定声明则明确表明成员国可以规定与著作权同等强度的专有权,相比《罗马公约》中的保障条款,这无疑是一个进步。不过,这种保障条

---

① 该条被直接复制到《法国知识产权法典》的第L.211-1条。

② 参见1982年《哥伦比亚著作权法》第257条的规定。

③ [美]保罗·戈尔斯坦:《国际版权:原则、法律与惯例》,王文娟译,中国劳动社会保障出版社2003年版,第32页。

④ 参见[德]约格·莱因伯特、西尔克·冯·莱温斯基:《WIPO因特网条约评注》,万勇、相靖译,郭寿康审校,中国人民大学出版社2008年版,第308页。

⑤ 参见WPPT第1条的议定声明。

款的存在本身就体现《罗马公约》所确立著作权与邻接权之间等级关系理论的影响。

(二)广播权与表演权对著作权的偏重与对邻接权的歧视

表演权问题成为作者反对建立邻接权制度"蛋糕理论"的基础。为此,《罗马公约》只在第12条规定了表演者与录音制作者在录音制品广播与向公众传播时共享一个报酬权,并且允许缔约国批准公约时可以保留,WPPT亦照搬了《罗马公约》的保留规定。① 而《伯尔尼公约》对作者的公开表演权却不允许保留,②这表明国际公约在对待作者、表演者与录音制作者表演权时,对作者权利的偏重。

自1833年作者被赋予公开表演权之后,③在《伯尔尼公约》与TRIPS的推动下,世界上几乎有著作权法的国家都规定了作者的表演权。而表演者与录音制作者对录音制品的广播与表演所共享的报酬权,也只是由于受欧盟著作权指令的推动,才在欧洲大陆国家得到较为普遍的规定。倡导著作权高保护标准的美国至今未完全赋予表演者与录音制作者这种共享的报酬权,但早在1856年、1879年的著作权法分别将戏剧作品与音乐作品的公开表演权赋予了作者。④ 即使在1995年修订《美国版权法》时所增加的录音制品的公开表演权只限于数字传播。⑤ 英国表演者获得这种报酬权都是在作者获得专有权160多年后的1996年。⑥ 由于邻接权制度是在1961年《罗马公约》之后才开始在世界部分国家的著作权立法中得以规定,⑦所以我们可以估算位处邻

① 参见WPPT第15条之三。

② 参见《伯尔尼公约》第11条。

③ 英国于1833年所颁布的《戏剧版权法》赋予了剧本作者对每一次公开表演都享有控制权。

④ Alan Latman, Robert A Gorman, Jane C. Ginsburg, *Copyright for the Nineties: Cases and Materials* (3rd ed.), Virginia: The Michie Company Law Publishers, Charlottesville, 1989, p.520.

⑤ 论者认为这是新权利诞生中各方利益的政治妥协。See Graig Joyce, William Patry, Marshall Leaffer, Peter Jaszi. *Copyright Law*(5th ed.), New York: Lexis Nexis, 2000, p.574.

⑥ See W.R. Cornish, *Intellectual Property: Patents, Copyright, Trademarks and Allied Rights* (4th ed.), London: Sweet & Maxwell, 1999, pp.550~551.

⑦ 由于只有很少国家建立了邻接权制度,因此,《罗马公约》在缔结时,被认为是不成熟的。Stephen M. Stewart, ed., *International Copyright and Neighboring Rights* (2nd ed.), London: Butterworths, 1989, p.255.

接权制度中的表演者与录音制品制作者所共享的，并且《罗马公约》允许保留的报酬权在各国著作权法中完全确立的时间了。

（三）对中国著作权立法的影响

我国1991年颁布的《著作权法》经过2001年的修订后完善了对著作权与邻接权[①]的保护。对邻接权的规定中，虽然没有法国著作权法等“邻接权不应作有损著作权的解释”之类的规定，但却规定了应“取得著作权人许可，并支付报酬”。[②] 未获许可自然构成侵权，侵权人需要承担侵权责任。因此，这种规定表面上看显得多余，物权法中显然不会出现“使用财产需要得到所有权人许可”的废话。是立法者因为疏忽而在此浪费笔墨吗？显然不是，这种规定体现了立法者对邻接权人可能减损作者利益的担心。而表演权唯独赋予作者而不赋予邻接权人的做法，也说明著作权与邻接权的地位差别。因而，《罗马公约》的等级关系理论所产生的影响在我国著作权立法中都有所体现。

四、等级关系理论的基础及其证伪

在《罗马公约》所确立的著作权与邻接权之间的等级关系理论下，邻接权与著作权处于一种紧张的对峙关系，而且在立法中让著作权处于优势地位。邻接权则在著作权“创作”的光环下，要么在所谓“著作权固有保障”的条款下沦为劣于著作权的非专有权，要么被排除在保护之外。[③] 著作权顶着作品创作的光环，把仅需要“劳动与投资”的邻接权压在其下。《罗马公约》的缔结过程中，在作者利益代表三个忧虑的直接推动下，形成了著作权与邻接权之间的等级关系理论。然而，等级关系理论赖以形成的三个基础，即“邻接权保护的仅仅是传播、传播附属于创作以及作者利益代表的三个忧虑”并未得到充分检验，无法得到相应论证支持，如果这三个基础本身都没有存在的根基，那么《罗马公约》所确立的等级关系理论无异于空中楼阁。

（一）邻接权人仅仅只是对作品的传播吗

通说理论认为，著作权与邻接权之间的划分是以保护对象的不同为标准的，著作权保护独创性作品，而邻接权保护的只是作品的传播。德国著作权法

① 我国著作权法并未出现邻接权概念，而是用邻接权所涉及的作品传播活动将之称为“出版、表演、录音录像、播放”。参见《著作权法》第4章标题。

② 我国《著作权法》第37条、第40条、第43条都有类似的规定。

③ 比如在表演权的设置方面，作者有专有权，而表演者与录音制作者只有报酬权，或直接将表演者与录音制作者排除在公开表演权之外。

学者将邻接权人的活动看做是相关的劳动投入。[①]"创作"的崇高性与"传播"的普遍性形成鲜明对比，因为"创作"崇高，著作权得到更好的保护似乎理所当然。从本质上看，这种划分关注的是产生作品的过程中是否包含创作性劳动，而不是作品结果本身。实际上，对作品创作性劳动的大小无法得到非常精确的判断，正如论者所言，"很难论证把《阿伊达》的凯旋游行的管弦乐曲转换成钢琴曲比对该乐曲的录制更具有艺术创造性，也不能证明把来自《卡门》的西班牙斗牛士进行曲转换成铜管乐曲比创作一个广播节目更具艺术创造性"。[②]正因为对"创作"判断力的担忧，现代知识产权不再关注作品的创作性痕迹，而是关注作品所作出的贡献。[③]再者，表演、录制与广播也可能产生独创性的作品。美国的汉德法官认为，音乐的和谐与配音都不能显示在乐谱上，而表演者则可以根据自己的天赋进行广泛的选择，这使表演在一定程度上是一种对乐谱的具有的"独创性"的"再创作"、"安排"或"改编"，因此其可以受到版权保护。[④]"表演、录音与广播的过程中，往往会伴有一定的选择与取舍，'传播'与'创作'并不是对立的概念"。[⑤]因此，邻接权本身对作品的传播过程中也包含了作品的新表现形式的创作，"邻接权人既是作品的传播者，又是新作品的创作者"。[⑥]这就说明《罗马公约》所确立的著作权与邻接权之间的等级关系理论赖以存在的第一个基础，即邻接权人的活动仅仅是对作品传播活动的劳动与投入，而没有任何创作成分，并不真实地存在。正如论者所言"邻接权及其相关权利的客体不具备版权和作者权保护对象所要求的作者的创作性，这只是法律上的一种假设"。[⑦]

(二)传播与创作是一种附属关系吗

尽管邻接权人的活动仅仅只是对作品的传播并不成立，但著作权保护作

---

① 参见[德]M. 雷炳德：《著作权法》，张恩民译，法律出版社 2005 年版，第 57 页。

② Stephen M. Stewart, ed. *International Copyright and Neighboring Rights* (2nd ed.), London: Butterworths, 1989, p. 191.

③ 详细论证参见[奥]布拉德·谢尔曼、[英]莱昂内尔·本特利：《现代知识产权法的演进：1760—1911 英国的历程》，金海军译，北京大学出版社 2006 年版，第 206～229 页。

④ 转引自王迁：《知识产权法》，中国人民大学出版社 2007 年版，第 211 页。

⑤ 李琛：《论知识产权法的体系化》，北京大学出版社 2005 年版，第 92 页。

⑥ 金海军：《论著作邻接权》，中国人民大学 1998 年硕士论文，转引自李琛：《论知识产权法的体系化》，北京大学出版社 2005 年版，第 92 页。

⑦ [美]保罗·戈尔斯坦：《国际版权：原则、法律与惯例》，王文娟译，中国劳动社会保障出版社 2003 年版，第 208 页。

品的创作而邻接权保护作品的传播的观念还是被各国立法不约而同地接受。版权体系国家虽然没有接受“邻接权”概念，但却接受了“邻接权人只是对作品的传播”的观念。作品的传播附属于作品的创作成为《罗马公约》等级理论的又一根基。法国著作权法学者 H. 德布瓦认为涉及邻接权的活动是文学与艺术创作的附属活动，并认为邻接权是涉及临近著作权的权利，因为文学或艺术创作的辅助人员都在围绕创作活动，这种临近关系要求尽量保持协调关系，辅助人的权利不得建立在作者权利的废墟上。[①] 根据该学者的观点，涉及邻接权的活动即作品的传播活动，附属于著作权所涉及的活动即文学与艺术的创作活动，从而认为辅助人的权利应该以作者的权利为基础，这与《罗马公约》第23条、第24条规定必须是《伯尔尼公约》或《世界版权公约》的成员国方可成为《罗马公约》成员的立场一致。既然作品的传播活动附属于作品的创作活动，保护作品传播活动的邻接权自然就附属于保护创作的著作权。但如果作品的传播活动与作品的创作活动并非是一种附属关系，那么著作权与邻接权的等级关系理论就失去其存在的又一基础。

随着现代社会分工日趋精细，口耳相传的传播方式除了在学校课堂教学之类的场所小范围存在之外，已不再是当今社会的主导传播方式。虽然作品作者自身对作品的传播方式依然存在，但这种传播方式逐渐从现代传播方式中淡出。因此，现代社会的作品主要依靠他人及现代传媒中介进行传播。在依赖他人对作品进行传播的条件下，大陆法系将传播者对传播活动的权利纳入邻接权的范围。这样，以同一作品的两种人类文化活动就产生了两种权利。论者认为“受提出著作权要求的启示而要求邻接权本身就包含了两者之间冲突的可能性”。[②] 著作权与邻接权共存于同一客体时，它们之间主要体现为一种财产利益的冲突，也就是财产权之间的冲突。传统民法理论中，基于同一客体上的财产权通常是通过合同解决权利之间的冲突，比如所有权与承租权，不同的主体依据权利的不同来源行使权利，一般不会产生所谓的权利冲突，更不会产生一个权利优越于另一个权利的可能性。在著作权领域，当不同主体的权利共存于不同表现形式的同一客体时，权利行使之间的冲突才真实存在。

---

① 转引自[西班牙]德利娅·利普希克:《著作权与邻接权》,中国对外翻译出版公司、联合国教科文组织2000年版,第279页。

② 转引自[西班牙]德利娅·利普希克:《著作权与邻接权》,中国对外翻译出版公司、联合国教科文组织2000年版,第278页。

比如：将小仲马《茶花女》的中文译本拍摄成电影，[①]制片人需要分别获得小仲马、中译本林纾的同意，如果两个主体之间意见不一，这样两者之间的权利行使就产生了冲突。再如：词曲作者陈小奇创作的《涛声依旧》，由毛宁演唱，并由新时代影音公司录制成唱片，如果在作者与邻接权人都享有专有表演权的框架下，对该唱片的公开播放，就需要取得陈小奇、毛宁与新时代影音公司三个主体的许可，而如果他们之间的意见相左，则意味着该唱片就不可能被公开表演。在这种真实冲突面前，需要权衡这两种主体之间权利赖以存在的基础即作品的创作与传播，以使这种冲突得以协调。

作者创作作品的主要目的在于其作品能被他人知悉，而且希望其作品被知悉的人越多越好。作者的创作不可能仅仅为了满足其自身的自娱自乐，当然不排除个别作者有自娱自乐的嗜好。因而作品创作完成之后，作者即希望其作品能通过各种方式传播出去，比如：书籍的出版、翻译、改编成剧本、拍摄成电影、词曲的表演、录制唱片后的销售、唱片的公开播放直至现代的网络传播。根据经典传播学学者哈罗德· D. 拉斯韦尔（Harold D. Lasswell）对传播功能的解说，传播具有环境监测、协调社会与传递文化遗产的功能。[②] 创作必须在前人留下的文化遗产的基础上进行，没有传播，创作就失去了其赖以存在的前提。因此，如果没有传播，就不会有当今的人类文明，更遑论创作了。如果书面作品创作后，不通过出版商进行传播，也就没有出版商，没有出版商，也就不可能有英国 18 世纪的著作权。从这个视角看，无传播就无著作权。如果词曲作者未许可他人表演，对芸芸众生而言，该作曲没有任何意义；或者许可他人表演但未许可他人录制，完全依赖该表演者的现场表演，亦会影响其广泛传播。因此，音乐作品的表演、录制与音乐作品本身互为前提。为此，创作与传播孰重孰轻，正如鸡与蛋的先后问题一样，不可能有一个确定的答案。虽然，在现行的法律框架下，邻接权所涉及的活动只是作品传播方式的一部分，即一般国家著作权立法只涉及作品的表演、录制与广播，但既然属于作品传播方式的一部分，就与该部分的作品创作在孰重孰轻方面，同样形成鸡与蛋的先后难题。

---

① 假设《茶花女》依然处于著作权的保护期而小仲马依然健在，尽管这种假设如同著作权凌驾于邻接权上一样荒谬。

② 哈罗德·D. 拉斯韦尔（Harold D. Lasswell），the Structure and Function of Communication in Society，熊澄宇编：《西方新闻传播学经典名著选读》，中国人民大学出版社 2004 年版，第 366 页。

现代著作权法普遍接受"著作权与邻接权分别保护不同的主体，以激励不同主体进行作品的创作与传播活动"的观点。尽管著作权的激励作用遭受到诸如"没有著作权的年代依然创作出大量经典之作"的反驳，但在现代社会，似乎没有一个国家愿意作废除著作权的尝试。这两种不同主体的不同活动，成为人类社会文明得以发展与延续的要素之一。在作品的创作与传播之间没有孰轻孰重的定论的条件下，要对著作权与邻接权判断出孰重孰轻，亦如同对鸡与蛋之间先后问题的判断一样困难。在著作权与邻接权的基础即作品的创作与传播不存在附属关系的情况下，著作权与邻接权之间的等级关系理论失去了其存在的又一根基。

（三）作者利益代表的三个忧虑成立吗

《罗马公约》的缔结过程中，作者利益代表者以三个忧虑为基础，希望邻接权人能在三个忧虑上作出让步，保证其与邻接权冲突关系中处于优势地位。对于第一个忧虑，《罗马公约》用第 23 条、第 24 条的规定作出让步，排除了只保护邻接权而不保护著作权的情形出现。而对于第二个与第三个忧虑，《罗马公约》的缔结者用论证进行了反驳。对第二个由于邻接权人拒绝许可他人使用从而导致作者使用费收入减少的忧虑，支持《罗马公约》缔结的学者认为这种情况被证明是很少出现的，实际上，钢琴家只有在其害怕录制条件很差的情况下才会反对录制，这种情况下，作者同样会遭遇钢琴家一样的名誉之害。①至于第三个"蛋糕理论"的忧虑，《罗马公约》政府间委员会于 1979 年发布的调研报告表明："从委员会的几个成员国的证据与委员会可获取的证据得出非常确定的结论，没有任何证据支持'作者的收入因为邻接权而减少'，进一步认为相比没有录音制品的二次使用权，词曲作者的收入甚至会增加。邻接权的设立会减损著作权的观点从来没有被证实，本质上也不可能被证实。另外，委员会认为对作者许可费可能带来的不利影响，无论如何都不能成为反对《罗马公约》规定邻接权的理由，因为正义要求表演者与录音制品制作者应该获取录音制品二次使用的报酬。"②

对第二、三个忧虑的反驳论证表明这些忧虑并不存在。而如果从本质上

---

① Stephen M. Stewart, ed., *International Copyright and Neighboring Rights* (2nd ed.), London: Butterworths, 1989, p. 192.

② WIPO, etc, Recommendations of the Intergovernmental Committee of the Rome Convention 1979. Annex 1 of the document ILO/WIPO/UNESCO/SCI/IMP/5, Para 28—reprinted in Copyright, April 1979. 105.

审视这三个忧虑,结合上述对邻接权人既是传播者也是创作者以及作品的传播并不附属于作品创作的论证,可发现这些忧虑的荒谬。第一个忧虑表明,不保护邻接权而保护著作权是可以的,而不保护著作权却保护邻接权是绝对不可以的。在创作与传播并不对立、至少同等重要的当代社会,这种忧虑何以成立?第二个忧虑说明著作权人只关注到著作权人许可而邻接权人拒绝对著作权人利益的影响,却未看到邻接权人许可而著作权人拒绝对邻接权人利益的影响。第三个忧虑更是表明,通过录音制品的广播与表演的报酬形成了一个"蛋糕",而该"蛋糕"凝结了作者、表演者与录音制作者的共同努力,一个大家都有贡献的"蛋糕",著作权人却希望独享。实际上,著作权人可以自己表演与录制唱片,这样就可以独享"蛋糕"了,可既然是他人表演与录制唱片,这种要求对"蛋糕"的分享自然理所当然。为此,从本质上看,三个忧虑何其荒谬?

五、著作权与邻接权之间冲突关系的平等协调原则

虽然,著作权与邻接权之间的区分只是一种法律上的假设,但这种假设已经约定俗成地为作者权体系国家所接受。因此,在等级关系理论被证伪之后,著作权与邻接权共存于同一客体所产生的权利行使之间的冲突,需要一种的新关系理论加以协调。从著作权及其经济利益实现对邻接权的依赖中,可以找到协调这种冲突的原则。

(一)著作权实现的途径之一:依赖邻接权所涉及的作品传播活动

现代著作权法赋予作品创作者诸多权利,几乎涵盖每一种作品可能的使用方式——从原始的复制直到现代的数字网络传播。面对如此之多的使用方式上的权利,一般而言,作者没有亲为全部使用方式的可能性。而如果这些使用方式没有得到充分利用,法律对这些使用方式所赋予的权利就会成为一种太过珍贵的"瓷器",可观看而不可享用。在这种情况下,作者只能以授权的方式将某种或某些作品的使用方式许可他人使用。许可他人使用的方式包括对作品的复制、发行、各种方式的演绎以及数字网络的传播。所有这些作品的使用方式,都可能成为授权许可的对象。这些被许可人如果是表演者、录音制作者与广播组织者,在作者权体系国家的现行著作权法的规定下,就成为邻接权人。比如:一个嗓音不好的词曲作者创作了一首歌曲,依据我国现行的《著作权法》,该词曲作者对该首歌曲享有表演权。要实现表演权,该词曲作者就需要授权许可一个嗓音很好的演唱者对这首歌曲进行演唱。如果该词曲作者希望实现其歌曲通过录音制品广播与表演进行传播,就必须许可他人将其歌曲录制成唱片。否则,该词曲作者的表演权就仅仅是一种法律摆设。在这种情

况下，作者权利的实现就必须依靠邻接权人对作品的传播。[①] 这已充分表明，邻接权所涉的作品传播至少是著作权实现权利的途径之一，音乐作品更是如此。

（二）著作权利益实现的条件之一：邻接权的确立与保护

如上所述，在特定情形下，邻接权所涉及作品的传播活动是著作权权利实现的一种路径，尤其对音乐作品来说，这往往是最为主要的路径。作者通过将其著作权授权给邻接权人利用，以许可费的方式获得这种使用方式许可的回报。邻接权人对作品的利用产生了邻接权。在当代传媒技术的条件下，邻接权人的利益必须依赖法律对邻接权制度的确立与保护。如果当今社会不给予表演者以录制权、发行权、传播权等权利，难以想象表演者的生存状态会何等糟糕；如果不赋予录音制作者复制权与发行权，同样难以想象现代音乐产业会是怎样的一种状况；如果不赋予广播组织权利，亦难以想象有谁还愿意面对广播组织的巨额投资。因此，邻接权的设置与保护直接决定了邻接权人的生死存亡。在邻接权人的传播活动作为著作权的实现方式的情况下，著作权利益来源于其对邻接权人收取的许可费用。如果没有邻接权，邻接权人就无法收回其对作品传播活动的投入，在其自身对作品传播活动的投入都无法收回的情况下，邻接权人更不可能有足够的能力向著作权人支付作品许可使用费。这样，著作权利益的实现与邻接权人收回投入之间就形成了一种依存的链条关系，著作权利益的实现依赖于法律对邻接权所赋予的权利，依赖于法律对所赋予权利的保护。

（三）著作权与邻接权之间冲突关系的平等协调

在作品依赖邻接权人进行传播时，著作权及其利益的实现依赖邻接权人对作品的传播与法律对邻接权的保护。当然，在创作与传播相互依存的条件下，没有著作权对创作的保护，就会导致对创作的激励不够，从而导致邻接权所涉的传播活动无作品可传播的局面，自然就无所谓邻接权了。因此，著作权与邻接权在涉及作品依赖邻接权人进行传播的情形下，尽管共存于同一客体之上的著作权与邻接权在权利行使上仍存在冲突。但在作品创作与传播之间的依存关系、著作权及其经济利益的实现依赖邻接权人对作品的传播与法律对邻接权的保护的基础上，著作权与邻接权之间这种冲突关系应通过平等原

① 当然，邻接权所涉作品的传播只是著作权实现的途径之一，因为实现著作权还可以有许可他人复制、发行、翻译、公开展览、拍摄成电影等其他方式，这些使用方式并不构成作者权体系国家著作权法框架下邻接权所涉的作品传播活动。

则加以协调。正如论者在论证著作权与邻接权之间的关系时所言:“我们隐隐约约看到的是这两种权利之间的类似关系和并行关系,但绝非是相关关系——此种关系意味着事实上不存在的从属关系。”[①]在不是从属或附属关系的前提下,协调这种冲突就应该是在平等的关系上进行,而不是著作权上邻接权下的等级关系。正如论者所言“邻接权总是类似演绎作品上的权利,并认为那种对这些权利——由于其作为演绎作品——其仅需要技术而不是‘艺术’技巧,低一等的看法没有任何益处”。[②] 因为对邻接权的偏废不仅损及邻接权本身,同时也是对著作权的一种减损。总之,著作权与邻接权之间的冲突关系应以平等原则加以协调,而权利的平等配置正是这种平等协调原则的必然体现。

六、录音制品二次使用赋权的正当性:著作权与邻接权之间权利平等配置的必经之路

录音制品二次使用是指通过录音制品的广播与表演。对这种使用方式的赋权相当于作者的机械表演权、广播权与通过其他方式向公众传播权。作者的公开表演权在英国 1833 年的《戏剧版权法》中得以确立。[③] 世界各国基于 TRIPS 的强制性义务,都在其立法中确立了作者的广播权与表演权。[④] 然而,由于邻接权制度是在 1961 年《罗马公约》之后才开始在世界部分国家的著作权立法中得以规定。[⑤] 而且对于《罗马公约》第 12 条规定的报酬权允许各公约成员加入公约对其进行声明保留。[⑥] 因此,迄今为止,这种报酬权并未在全

---

① 转引自[西班牙]德利娅·利普希克:《著作权与邻接权》,中国对外翻译出版公司、联合国教科文组织 2000 年版,第 280 页。

② See Stephen M. Stewart, ed., *International Copyright and Neighboring Rights* (2nd ed.), London: Butterworths, 1989, p. 191.

③ W. R. Cornish, *Intellectual Property: Patents, Copyright, Trademarks and Allied Rights* (4th ed.), London: Sweet & Maxwell, 1999, p. 342, Footnote 25; p. 343, 26.

④ 根据 TRIPS 第 9 条之二的规定,《伯尔尼公约(1971 年)》第 1 条至第 21 条及其附录的规定成为成员必须遵守的实质性规定,而《伯尔尼公约》第 11 条、第 11 条之二、第 11 条之三规定的表演权与广播权自然成为各国著作权法必须承认与保护的权利。

⑤ 《罗马公约》缔约时,只有很少国家建立了邻接权制度。See Stephen M. Stewart, ed., *International Copyright and Neighboring Rights* (2nd ed.), London: Butterworths, 1989, p. 225.

⑥ 根据《罗马公约》第 16 条第(a)款第(i)项的规定,成员国可以在加入公约时宣告其不适用第 12 条的规定。

球所有国家的著作权立法中得以确立。这显然是受《罗马公约》所确立著作权与邻接权冲突关系下等级理论的影响所致。

既然“作品创作与作品传播活动同等重要”、“著作权的实现依赖邻接权人的传播活动与法律对邻接权的保护”，著作权与邻接权之间的冲突关系必须在平等基础上加以协调。在以平等关系为原则的协调中，对著作权人与邻接权人的权利配置不应偏袒任何一方。在音乐作品被表演与录音形成录音制品后，录音制品的广播与表演上涉及三个主体。而录音制品的广播与表演在作者的表演权与广播权控制之下，且在未赋予表演者与录音制作者二次使用权的立法中，表演者与录音制作者显然遭受了不平等对待。在著作权与邻接权冲突关系的平等协调原则中，同样对录音制品诞生作出贡献的表演者与录音制作者对通过录音制品的广播与表演同样应具有权利。也只有对录音制品二次使用进行赋权，著作权与邻接权之间的权利配置才能在录音制品的广播与表演的领域中获得平等地位。虽然这可能导致两种权利在行使上会产生冲突，比如说三个主体之间有一个主体不同意授权许可这种广播与表演，那就可能导致其他两个主体的这种表演权无法实现。但这种冲突，不应该以拒绝赋予表演者与录音制作者这种权利为代价。至于如何具体配置权利，使这些主体之间的权利得以协调，法定许可或强制许可都是可以考虑的选择。为此，总的说来，只有对录音制品二次使用赋予权利，著作权与邻接权才能在录音制品的广播与表演时，获得平等的权利配置。因此，录音制品二次使用的赋权作为著作权与邻接权之间平等权利配置的必经之路，获得了正当性。

第四节　正当性之三：利益格局平衡维持的有效路径

利益平衡是在相互联系的利益格局中，各关涉主体之间的利益处于相对稳定、平和与均势的状态，法律的根本目标在于维护既已平衡的利益或使被打破平衡的利益重新平衡，从而被誉为“利益平衡”之器。[①] 知识产权法尤为如

① 利益平衡(balancing of interests)在美国是指一项司法原则，指法院在审查有关州际商业的行为与涉及州际商业的联邦法律相互关系时采用的一项宪法原则，如果存在合法的州利益，并且国会没有明显的意图要主导该领域，那么州的行为将被维持。这种司法原则主要在于平衡州际以及州与联邦之间的利益。薛波主编：《元照英美法词典》，法律出版社2003年版，第129页。

此,"知识产权法是以利益平衡为基础的法,利益平衡构成知识产权法的基石"。[①] 为此,知识产权法中的利益平衡在我国受到热切关注。[②] 一般认为,知识产权法中的利益平衡是协调知识产权私人利益与公共利益之间的平衡以及知识产权所涉不同利益主体之间的平衡;[③]国外学者亦认为"知识产权保护在传统上平衡了两类集团的利益:公众——具有获取新的创造思想与发明的利益,作者或发明者——为其创造性思想与发明以有限的垄断或报酬作为回报的利益"。[④]

作为知识产权领域中的一个部分,著作权法制度的设计同样需要达到利益平衡的目标。如果作品的公共产品特性使该领域产生市场调节的失灵,导致利益失衡,立法的干预就成为必要。从经济学的视角看,著作权也因此而生。录音制品二次使用所涉的主体在录音制品广播与表演时,形成了一个独特的利益格局,在没有权利干预的情况下,会出现利益失衡的现象。而如果录

---

① 冯晓青:《知识产权法利益平衡理论》,中国政法大学出版社 2006 年版,第 63 页。

② 以"利益平衡"为关键词在中国期刊网搜索,可以搜出 400 多篇文章,绝大部分是以知识产权法为视角进行论证的。笔者认为利益平衡并非知识产权法的专利,从"法律为利益平衡之器"的视角看,任何法律都涉及利益平衡,也有学者在公司法、侵权法等领域论述"利益平衡"。只不过,"利益平衡"在知识产权方面受到的关注程度远远超过其他法律。国外对知识产权法中"利益平衡"的问题很少进行专门论述,以"balaning of interests"在国外法学专业数据库搜索,有关知识产权的文章只有几篇关于商标、著作权的文章。国外将知识产权法中不同的利益平衡分别论述,比如有从表达自由与著作权的视角论证著作权保护与表达自由之间的利益平衡;从知识产权的专有与公共领域的视角论证知识产权私有与公共信息之间的平衡;从著作权的例外制度阐述著作权人利益与公众创作自由之间的平衡。See Lucie Guibault, Bernt, P. Hugenholtz, ed s. *The Future of the Public Domain: Identifying the Commons in Information Law*, New York: Kluwer Law, International 2006; (in) Paul L. C. Torrenmans, ed., *Copyright and Human Rights: Freedom of Expression-Intellectual Property-Privacy*, New York: Kluwer Law International, 2004; Robert Burrell, Allison Coleman, *Copyright Exceptions: The Digital Impact*, Cambridge: Cambridge University Press, 2005.

③ 冯晓青:《知识产权法利益平衡理论》,中国政法大学出版社 2006 年版,第 63 页。还有学者认为知识产权利益平衡包括本权与他权、私益与公益之间的平衡,本权与他权主要涉及不同主体之间的利益平衡,因此,本质上,这种观点中的"利益平衡"也包括私人利益与公共利益以及不同主体之间的利益平衡。参见吴汉东等:《知识产权基本问题研究》,中国人民大学出版社 2005 年版,第 108～109 页。

④ Antoinette Vacca, The Architectural Works Copyright Protection act: Much Ado about Something? *Marq. Prop. L. Rev.*, 2005, 111(9), p. 118.

音制品二次使用赋权能使该领域的利益格局趋于平衡，则该赋权就具有正当性，因为“权利的法律赋予需要正当性，而利益平衡也是一个提供正当性方法论的原则”。[①]

一、著作权法中利益平衡的基本内涵及其实现

著作权的保护为著作权人提供激励之外，还需为公众提供自由创作的空间，为传播者提供有利于作品传播的制度安排，为经营者在特定条件下提供宽松的使用条件，为消费者提供可接受的版权产品消费。著作权领域中就涉及作者、传播者、经营者与消费者之间的利益平衡。为此，著作权法需要通过制度设计实现这些主体之间的利益平衡。

（一）著作权法中利益平衡的基本内涵

著作权法作为知识产权法家族中的一员，自然不能脱离利益平衡精神。不仅如此，利益平衡在著作权法中似乎具有更为重要的意义，美国有学者认为著作权法寻求对创作作品的激励与鼓励创造性作品的传播之间的平衡，根植于司法判决与学术评价中。[②] 国际著作权法公约甚至 TRIPS 条文都出现“平衡”的字眼。[③] 我国亦有学者认为著作权法具有双重价值目标，一方面著作权法保护权利人权利；另一方面，还需要保护其他主体以及公共利益。[④] 因此有学者认为著作权法是“协调创造者、传播者、使用者权利的平衡法”。[⑤] 虽然版权体系与作者权体系国家的著作权法对作者的范围界定不同，比如：有些主体可以成为版权体系著作权的主体，但在作者权体系中只能是邻接权的主体，不过，两大体系国家的著作权法将两种界限模糊不清的主体都涵盖在内了。而

---

① 冯晓青：《知识产权法利益平衡理论》，中国政法大学出版社 2006 年版，第 63 页。

② Norman Siebrasse, A Property Rights Theory of the Limits of Copyright, *Univ. of Toronto L. J.*, 1 winter, 2001, 51(1), p. 1.

③ WCT 在序言言中表明“成员国认识到保持一种反映在《伯尔尼公约》中的作者权与公共利益尤其是教育、研究和获取信息之间的平衡”，WPPT 重复了该规定，TRIPS 规定确保“保护与执行知识产权应该继续维持权利与义务的平衡”。

④ 吴汉东：《著作权合理使用制度研究》，中国政法大学出版社 2005 年版，第 14～16 页。另见冯晓青：《知识产权法利益平衡理论》，中国政法大学出版社 2006 年版，第 93～106 页。

⑤ L. Ray Patterson, Stanley, W. Linberg, *The Nature of Copyright: A Law of Users' Right*. Georgia: The University of Georgia Press, 1991, p. 2. 另见吴汉东：《著作权合理使用制度研究》，中国政法大学出版社 2005 年版，第 14 页。

使用者主要指使用作品的一般公众，包括消费者与利用著作权或邻接权客体的经营者。因此，著作权法中的利益平衡是指著作权的关涉主体即作者、传播者、消费者与经营者之间的利益处于相对均衡的态势。

（二）利益平衡实现的路径

毫无疑问，同所有“利益平衡之器”一样，利益平衡是著作权法实现的根本目标。纵观著作权法整个体制，如下原则或制度的主要目标是为实现著作权法中利益平衡的目标而设立的：其一，思想与表达二分原则（idea/expression dichotomy）。该原则在英国著作权诞生之初的“文学财产”论战中，支持者为反驳将“思想”据为己有的观点，提出文学财产只保护作品的表达而不保护作品所包含的思想。[①] 美国经判例逐渐将其发展成著作权法的一项基本原则，后经各国立法与国际著作权条约的发展而成为著作权法上一个公理。虽然思想与表达被批评在具体适用上问题重重，[②]基于思想与表达的二分并不能消除著作权与自由表达之间的冲突。[③] 但该原则支持自由使用思想和原理，将著作权保护什么与不保护什么之间的原则上划了一条界线，使公众的创作自由与著作权人的权利保护达到一种大致的平衡。其二，权利配置制度。实现法律目的之利益平衡，首先需要“承认某些利益”。罗斯科·庞德认为“一个法律制度通过下面一系列办法来达到，或无论任何力图达到法律秩序的目的：承认某些利益；由司法过程（今天还要加上行政过程）按照一定权威性技术所发展和适用的各种法令来确定什么限度内承认与实现那些利益；以及努力保障在确定限度内被承认的利益”。[④] 虽然知识产权在正当性来源上可以寻求自然法的支持，但只有制定法的赋予才能获取权利，也就有了所谓的“知识产权

---

① 参见[奥]布拉德·谢尔曼、[英]莱昂内尔·本特利：《现代知识产权法的演进：1760—1911 英国的历程》，金海军译，北京大学出版社 2006 年版，第 39 页。

② Noam Shemtov, Circumventing the Idea/Expression Dichotomy: the Use of Copyright, Technology and Contract to Deny Access to Ideas, in Guido Westkamp, ed., *Emerging Issues in Intellectual Property, Trade, Technology and Market Freedom: Essays in Honor of Herchel Smith*, Cheltenham Edward Elgar, 2007, p. 88.

③ Robert Burrell, Allison Coleman, *Copyright Exceptions: The Digital Impact*, Cambridge: Cambridge University Press, 2005, p. 21.

④ [美]罗斯科·庞德：《通过法律的社会控制》，沈宗灵译，楼邦彦校，商务印书馆 2008 年版，第 33 页。

法定主义”,[①]著作权法同样如此。因此,著作权法中首先需要通过对主体配置不同的权利以使“承认某些利益”得以实现,比如对作者赋予表演权,则为作者通过表演获得利益提供可能性。权利的配置包括对何种客体、哪类主体赋予何种权利,这种权利赋予本身包含利益平衡的考量。比如,对作者、传播者该赋予什么样的权利才能使这两者之间利益达到平衡,在作者权体系国家则体现为对著作权与邻接权之间如何配置权利。再如,通过对作者、表演者、录音制作者配置公开表演权,以实现这些主体与广播组织之间的利益平衡。其三,例外与限制制度。著作权法中,为防止所赋予权利的绝对行使导致公众对知识接触、创造以及诸如教育等具有公共利益活动的受限,在赋予权利的同时,对权利规定了例外与限制制度。[②] 这些例外与限制制度包括合理使用、法定许可与强制许可等制度。通过这些例外制度的设置,保证基于公共利益的使用、文化领域的多样性以及作品的正常传播获取便利和可能,平衡了权利人私人利益与公共利益。

利益平衡作为著作权法中的基本精神,其实现自然是著作权法制度设置的首要目标。在当今各国著作权法中,思想表达二分原则、权利配置及其例外制度成为著作权法利益平衡实现的三个路径:思想表达二分原则是著作权法利益平衡的基础,为著作权在保护与不保护之间划了一条界线;例外制度是对具体权利行使的限制,为正当性目的对作品的使用提供保障;而权利配置通过对不同主体赋予不同权利,使著作权关涉主体之间的利益达到平衡。三种利益平衡的路径为不同领域的平衡提供了制度基础。录音制品二次使用赋权作为著作权法中的一个领域,自然不能脱离利益平衡的基本精神。不过,在录音制品二次使用涉及不同的利益主体之间的利益格局,利益平衡还是需要通过权利配置才能得以实现。

---

① 知识产权法定主义认为:知识产权的种类、权利以及诸如获得权利的要件及保护期限等关键内容必须由成文法确定,除立法者在法律中特别授权外,任何机构不得在法律之外创设知识产权,即“法律在先,权利在后,没有权利就谈不上运用权利的社会实践”。郑胜利:《论知识产权法定主义》,载《中国发展》2006 年第 3 期。

② 对于著作权法中例外与限制制度,学理与立法上的称呼并不一致,有称之为“例外”、“抗辩”、“允许的行为”以及“使用者权利”等,但内涵上基本一致,体现为对著作权行使的限制。See Robert Burrell, Allison Coleman, *Copyright Exceptions: The Digital Impact*, Cambridge: Cambridge University Press, 2005. p. 1.

二、录音制品二次使用中各主体之间的利益格局

利益平衡是一定利益格局中的平衡，是具有某种利益联系的不同主体之间的利益处于一个相对均衡的态势。录音制品二次使用中的利益平衡，是指录音制品二次使用中所涉的主体之间的利益处于一种均衡的态势。因此，需要首先了解录音制品二次使用中所关涉的主体及这些主体之间的利益格局。

（一）利益格局中的关涉主体

除首次将某种非自然人表演的声音固定下来的录音制品之外（现实生活中很少），以他人作品为基础的录音制品一般凝聚了作者、表演者与录音制作者三种主体的劳动。但由于作者通过已有的表演权与广播权控制通过录音制品广播与表演其作品，已经可以获得许可费用。因此，录音制品二次使用赋权与否，对作者在录音制品二次使用时的收益没有影响。为此，不再将该主体列为录音制品二次使用所涉及利益主体格局主体，而只将表演者与录音制作者纳入考察主体。录音制品二次使用的关涉主体还包括使用录音制品播放的经营者，这种经营者主要有：播放录音制品以营造消费环境的各种经营者，录音制品公开播放为主要消费对象的歌厅以及对录音制品进行广播的电台与电视台等；此外，还有这些领域中的消费者。因此，录音制品二次使用的利益格局中的关涉主体包括表演者、录音制作者、经营者与消费者。

（二）关涉主体的利益格局

录音制品二次使用关涉表演者、录音制作者、经营者与消费者，这些主体因为录音制品二次使用所产生的利益联系而形成一种利益格局。其一，作者所完成作品的纸面文本只是对阅读人群才有意义。对于通过声音表现的作品而言，最为重要的是将这些作品进行表演。表演者需要投入大量的时间与金钱进行专业培训，才能达到观众所喜爱的专业水准。为此，表演者的表演同样需要回报。其二，表演者的现场表演稍纵即逝、过期不候，为了观看表演，观众必须亲临现场。为此要改变观众欣赏的时间与场所，就需要录音制作者予以录制。录音制作者必须进行专业设备、支付作者与表演者许可费用以及专业人员培训等投入，才能获得音质效果颇佳的录音制品。从而，录音制作者也需要回报。其三，经营者通过播放录音制品以营造其经营环境，而广播组织甚至无时无刻都在使用录音制品。因此录音制品的播放为吸引消费者、提高消费价格以及为广播组织增加广告收入作出了贡献。此外，消费者在上述使用者的环境中进行消费，录音制品的播放为其提供了一个优雅的消费环境。

三、录音制品二次使用赋权的正当性：利益格局平衡维持的有效路径

录音制品二次使用的关涉主体因为录音制品的广播与表演形成一种独特的利益格局。原本，市场机制本身对市场主体之间的利益具有一定的调节作用，但市场对于具有公共产品性质的知识产品来说，会出现调节失灵。[①] 因此，要维持该利益格局的平衡，就需要法律对这些主体的利益进行调整，经济学认为调整失灵市场的有效手段是赋予产权。[②] 为此，录音制品二次使用关涉主体之间利益格局的调整需要通过法律的赋权。当然，对于这种赋权能否使该利益格局呈现平衡态势，需要对赋权前后的利益格局进行比较，才能知道这种赋权是否对该利益格局平衡的实现具有调整作用。

（一）赋权前的利益格局

在对录音制品二次使用所涉主体之间的利益格局中，如果法律不作任何干预、任由市场调节的情况下，关涉主体会形成这样的利益格局：首先，表演者与录音制作者无法获得任何经济回报；其次，经营者不需为此支付任何费用，可以免费地利用录音制品为其经营进行服务，零成本为其赚取最大利益提供了空间；最后，由于经营者使用录音制品的零成本，本无这方面的成本可转嫁给消费者。虽然成本是决定消费价格的一个因素，但消费价格的高低并不单纯地取决于使用录音制品是否免费，还取决于经营者产品或服务本身的市场供求关系、经营者与消费者的博弈以及政府对价格的控制等因素。因此，消费者并不必然能从这种免费使用中获得更低的消费价格。从该利益格局来看，表演者与录音制作者在录音制品二次使用上没有任何回报，进而影响其向作者支付许可费的能力；消费者并不必然受益，而经营者则只需购买一张 CD 或者只需要到网络免费下载一首数字形式的歌曲，就可无数次地免费使用以改善其经营环境。而经营者中的广播组织更是离开录音制品就无法正常运转，

---

① 经济学的一般原理都认为，市场失灵可以因为垄断、外部性、公共产品与严重的信息不对称四个原因引起的，而知识产品几乎具有造成市场失灵的全部原因。因此，完全依靠市场对知识产品进行调节，其间所涉及的利益平衡是无法实现的。

② 参见［美］曼昆：《经济学原理》（上册），梁小民译，机械工业出版社 2006 年版，第 197 页。

广播组织获得巨额的广告收益不能完全埋没录音制品的贡献。[①] 因此,经营者拿走了录音制品二次使用利益格局中的所有利益。

不过,在这种未赋权的利益格局中,表演者与录音制作者依然可以从其他赋权的使用方式中获取回报:表演者可以从收费的现场表演获取报酬以及许可录音制作者对其表演的录制即通过复制权许可获取许可费,而录音制作者可以从制品的销售中收回投入和获得利润。[②] 因而,即使是在未赋权的录音制品二次使用的利益格局中,在数字网络技术到来之前,表演者与录音制作者依然可以从其他权利的实现中获取利润。不过,其他权利的实现并不改变这个利益格局的失衡,只是使表演者与录音制作者从其他权利的实现中获得了收益,使其在没有录音制品二次使用赋权的条件下,能继续生存与发展。也正因为如此,欧陆国家在数字网络时代到来之前对录音制品二次使用的赋权就是很好的例证。[③]

但数字网络技术的到来完全改变了表演者与录音制作者的生存环境。数字技术的发展使复制一份与原件同质的录音制品得以瞬间完成,而网络共享技术甚至使全世界的人同时分享某个录音制品成为可能,转换技术又可以让录音制品转换成多种可播放的介质。这样,录音制品的获取几乎是唾手可得,这对其销售的影响非常大:根据 IFPI 2008 年的年度报告,意大利 Luigi Einaudi Foundation 在 2007 年调查发现 30%的网络共享音乐者购买更少的 CD 与 DVD,只有 6%的人认为会购买更多;澳大利亚 ARIA 2007 年的调查表明 57%的音乐共享者很少或从不购买其下载的音乐。该年度报告总结认为不同市场的调查研究表明非法下载对 CD 销售的打击是致命的。[④] 这样依靠录音

---

① 需要注意的是,在我国现行《著作权法》的框架下,理论上经营者需要向词曲作者支付许可费。但实际上这种收费没有全面铺开,现行只是针对 KTV 等歌厅开始收费,而针对广播组织的《广播电台电视台播放录音制品支付报酬暂行办法》也是在 2010 年 1 月 1 日才开始生效。为此,实际上,大部分经营者依然处于完全免费的状态。

② 当然这必须以录音制作者所具有的复制权与发行权为前提,因为如果没有复制权与发行权,录音制作者所发行的录音制品立即会被盗版的录音制品所淹没。

③ 欧陆国家对录音制品二次使用全部或部分赋权的时间是:意大利为 1941 年、法国为 1985 年、英国为 1988 年。拉丁美洲的国家相对更早一些,而法国录音制作者更是在 20 世纪 30 年代就通过合同从广播组织那里获得了报酬。所有这些,都是在数字网络时代完全到来之前就已实现了。

④ IFPI, Digital Music Report 2008, p. 18. http://www.ifpi.org/content/library/dmr2008.pdf, 2009-7-29.

制品销售收入维生的表演者与录音制作者，其生存发展环境发生根本转变。原以为通过对数字网络复制与下载的赋权可以扭转这种态势，但“网络不仅实现了几乎不需要任何成本就能对数字化作品进行高质量的复制，而且使法律的实施（追踪并惩罚侵权者）成为了一项几乎无法完成的任务”。[①] 即使是技术保护措施与著作权管理信息的立法[②]以及美国对个别消费者的诉讼：比如RIAA为遏制非法下载音乐，提起针对个别消费者的诉讼，从12岁女孩到耶鲁大学的教授，希望通过这些诉讼达到“杀一儆百”的效果，[③]也未使这种局势得到好转。美国创新政策局研究报告认为“世界范围内的非法下载对美国录音公司的损失是37亿美元”[④]，这就是很好的例证。总之，在数字网络技术的影响下，词曲作者、表演者与录音制作者获取回报的链条上的连接点即录音制品的销售收入受到极大冲击，而经营者甚至都不需要支付正版CD或DVD的对价——直接从网络上免费下载——就可以获得其无数次广播与播放的录音制品了。同数字网络技术到来之前一样，消费者并不必然从这种免费的录音制品二次使用中获得利益。

总之，原本表演者与录音制作者通过复制权与发行权的实现，能在没有录音制品二次使用赋权的环境下继续生存与发展，而数字网络技术的到来完全改变了他们原本的生存与发展环境，使原本没有录音制品二次使用赋权已经失衡的利益格局更加恶化。

（二）赋权后的利益格局

录音制品二次使用在赋权之前，表演者与录音制作者原本可以通过其他诸如复制权、发行权的实现，维持其生存与发展的环境。数字网络技术使录音制品的销售遭受重创，并无法通过数字网络领域中作品使用方式的赋权得到改善这销售环境。

---

① ［美］劳伦斯·莱斯格：《代码：塑造网络空间的法律》，李旭译，中信出版社2004年版，第154页。

② 美国的DMCA、欧盟的EUCD以及WCT与WPPT都规定禁止规避技术保护措施与破坏著作权管理信息，尽管这种规定因为触动代表公共利益的合理使用制度，而饱受批评，但对“数字盗版”问题并未起到预想的遏制作用。

③ RIAA为遏制非法下载音乐，提起针对个别消费者的诉讼，从12岁女孩到耶鲁大学的教授，希望通过这些诉讼以“杀一儆百”。参见［美］威廉·W. 费舍尔：《说话算数——技术、法律及娱乐的未来》，李旭译，上海三联书店2008年版，第113～114页。

④ Stephen E. Siwed, *The True Cost of Sound Recording Piracy to the US Economy*. The Institute of Policy Innovation, Policy Report. Washington, D.C. August, 2007.

录音制品二次使用赋权后，表演者与录音制作者可以向录音制品二次使用者收取费用，使其因数字网络技术冲击所导致的经济损失得到某种程度的缓解。学者研究表明英国自1988年对录音制品二次使用赋权[①]后到1996年，该项收入是英国录音制品销售收入的174%。[②] 而经营者虽然依然可能免费从网络上下载音乐，但却需要依照规定向表演者与录音制作者支付报酬。表面上，使用者的经营成本增加，势必会通过提高消费价格将该成本转嫁给消费者，但价格除成本影响之外，市场供求、货币价值、国家经济政策、国际市场价格以及竞争与垄断亦是决定价格的因素，因此，消费者支付的价格不一定会提高。[③] 这样，表演者、录音制作者、经营者与消费者基于录音制品二次使用的利益格局在数字网络技术的冲击下，仍能维持大致平衡。赋予录音制品二次使用权是欧陆国家唱片业之所以能在数字网络技术的冲击下——相对于美国等没有或没有完全设立录音制品二次使用权的国家的唱片业而言——缩水速度慢、维持现状甚至能有所上升的主要原因。虽然有学者认为这种权利会导致“赢者通吃”(winner-take-all)，即少数著名表演者与录音制作者拿走该报酬的绝大部分，从而对表演者的激励依然不够，认为该制度并未达到激励表演者的预期效果。[④] 不过，“赢者通吃”是市场经济所有领域中初次分配的必然反映，即使不在录音制品二次使用领域，比如现场表演市场依然同样如此。[⑤] 而且，如果考虑表演者可以通过现场表演获得报酬、许可录音制作者录制以及发行获得许可费；而录音制作者收回投资只是依靠录音制品二次使用的收费

---

① 英国在1988年《版权、外观设计与专利法》中只赋予录音制品的版权人即录音制作者享有公开表演权，英国版权法用公开表演权涵盖广播、现场表演、机械表演等任何其他方式向公众传播的权利。因此，1988年的英国版权法上录音制品二次使用权中的主体并不包括表演者。参见《1988年英国版权、外观设计与专利法》第19条。

② Ruth Towse, *Creativity, Incentive and Reward: An Economic Analysis of Copyright and Culture in the Information Age*, Camberley: Edward Elgar Publishing Limited, 2001, p. 104.

③ 中国广东K厅与音集协协议缴费之后，表示不会将费用转嫁给消费者，也表明经营者并不必然将该费用转嫁给消费者。参见《广东K厅版权交费之争画句号，200家K厅签约交费》，载《法制日报》2009年7月15日。

④ See Ruth Towse, Richard Watt, *Recent Trends in the Economics of Copyright*, Camberley: Edward Elgar Publishing Limited, 2008, p. 247.

⑤ 调节这种收入差距只能依靠二次分配去实现。

与录音制品的销售，再考虑其在文化产业中的高风险，[①]录音制作者在录音制品二次使用上获取较多的报酬也无可厚非。

总的来说，录音制品二次使用赋权之后，表演者与录音制作者因此获得报酬；经营者为此支付了许可费，音乐的播放本来就与经营者所提供的消费服务融为一体，[②]因此经营者为此支付许可费亦属正当；而消费者的消费成本并不一定会因此增加。因此，录音制品二次使用赋权对已经失衡的关涉主体之间的利益平衡具有重要的校正作用，它亦增强了表演者与录音制作者应对数字网络技术冲击的能力。

从著作权法的发展历史看，在每一种新的传媒技术改变原有平衡时，著作权法的反应就是对这种新的传媒技术所带来的客体使用方式进行赋权。从印刷技术使作者的道德主张向经济主张的改变促使著作权法的诞生，到数字网络时代著作权法的不知所措，无不反映出著作权领域中利益格局从平衡的打破，再到通过赋权使平衡复归。在录音制品二次使用所涉主体的利益格局中，如果没有对录音制品二次使用进行赋权，表演者与录音制作者在该领域没有任何回报，经营者免费使用获取收益，消费者并不必然获得低价格的好处，从而形成利益失衡的格局。在数字网络技术的冲击下，这种利益失衡的格局更加恶化，使表演者与录音制作者的发展环境完全改变。经营者甚至不需再支付 CD 与 DVD 等物理介质的使用费，即可免费播放录音制品。而录音制品二次使用赋权后，表演者与录音制作者在录音制品被广播与表演时获得报酬，经营者为此支付许可费，从而使对录音制品二次使用未赋权而失衡，并在数字网络技术冲击下更加恶化的利益格局得到校正。因此，录音制品二次使用赋权能使相关的利益格局趋于平衡，“‘平衡’字眼本身就已经带着某些‘正当性’的概念”，[③]录音制品二次使用赋权通过对利益格局平衡的维持，获得了正当性。

---

① 录音制作者必须依靠好卖的唱片来弥补销售很差的唱片的损失，在无法预知哪个唱片会有好的销售的情况下，只有多发行唱片，这样，录音制作者的风险相对较大。

② 正如霍姆斯在 Herbert v. Shanley Co. 中认为，音乐不是唯一的消费对象，而食物也不是唯一对象，而是特定环境中的一次就餐，该就餐使消费者得到一种在没有音乐的环境中所得不到的愉悦感。如果音乐没有一点儿作用，那么餐厅早就不播放音乐了。See Herbert v. Shanley Co.，242 U.S. 591，594～595 (1917). US.

③ Robert Burrell，Allison Coleman，*Copyright Exceptions：The Digital Impact*，Cambridge：Cambridge University Press，2005，p. 189.

第三章 录音制品二次使用在我国赋权的证成

录音制品二次使用赋权契合著作权的正当性内涵，而且符合著作权中财产权对权利客体公开使用控制的本质，还是作者权体系中著作权与邻接权之间权利平等配置的必经之路，更是维持关涉主体之间的利益格局平衡的不可或缺的有效路径。不过，世界各国知识产权的立法对权利的赋予历来不遵循权利设定的应有规律，也不是该权利具有正当性就一定能在法律中得以规定。而是根据本国的经济社会发展状况，以本国利益为中心进行的政策选择。因此，尽管有国际公约的约束使世界知识产权法呈一体化趋势，但世界各国无不利用国际公约的弹性规定和义务空间进行知识产权立法，从而使各国知识产权制度在一体化的进程中依然存在差异性。其原因在于知识产权法在现阶段依然作为一种公共政策选择的结果。知识产权公共政策性表明，权利正当性本身只是知识产权法设立该权利的一个充分条件，而不是必要条件。因此，录音制品二次使用在我国的赋权问题，仅有正当性的论证是不够的，还必须以我国利益为中心论证我国相关产业发展对该权利的需要。

第一节 录音制品二次使用在我国赋权的多视角分析

知识产权法是一个国家公共政策选择的结果。当今世界各国无不在遵循国际条约义务的条件下，以自身经济、技术与文化的发展状况进行量身定做地知识产权立法。作为知识产权法组成部分的著作权法同样如此，而作为著作权法构成部分的录音制品二次使用的赋权亦是如此。我国没有加入《罗马公约》，而且在加入 WPPT 时，根据条约的允许对其中第 15 条声明保留。这说明在是否规定录音制品二次使用权的问题上，我国并没有国际条约义务，因此我国对录音制品二次使用是否赋权享有完全自由的公共政策选择。

一、正反观点概述

我国唱片业与表演者已提出要求赋予录音制品二次使用权：唱片业在2007年提出该权利诉求，国内17家唱片公司发出《呼吁书》，希望我国法律能赋予录音(像)制作者广播权和表演权，改变录音录像制品被免费使用的现状；[①]2008年6月2日，全国政协委员、新闻出版总署原副署长、中国音像协会会长于永湛在政协十一届全国委员会第一次会议提出《关于尽快修改著作权法，赋予录音制作者广播权和表演权的提案》。[②] 在2007年两会中，歌唱家吴雁泽发起，41名文艺界委员联合提出提案，要求“音乐作品表演者应该与音乐作品作者一样，享有收取二次使用费的权利”。[③] 表演者们打着千万表演者利益的旗号，似乎让人觉得应该同情；而录音制作者则以其制品被免费使用而让人甚觉不公平。不过，这些利益集团可能基于利益的考虑，会打着公共利益的幌子进行立法游说。正如学者所言：“专业知识以及信息的控制使其在决定知识产权体制范围时居于特权地位，并且使私人领域作出美国公共利益的定义。”[④]因此，知识产权立法被私人游说集团左右的教训告诉我们，对于权利人自身的权利诉求，立法者必须持谨慎态度。况且，知识产权立法一般不以权利的正当性作为必然前提。与权利主体要求权利呼声高涨相比，我国著作权法学界对这种权利要求的呼声并无多大反应，只有少数学者关注录音制品二次使用赋权问题。[⑤] 尽管关注的学者甚少，但还是形成了完全对立的两个阵营。

---

① 白炜：《17家唱片公司呼吁尊重广播权和表演权》，http://www.cipnews.com.cn/showArticle.asp? Articleid=5050，2009-9-6.

② 相关支持的报道还有：百欣：《法学界人士支持唱片公司争取广播权和表演权》，2007-7-6，http://www.ccdy.cn/pubnews/480394/20070706/522273.htm，2009-9-6。

③ 《文艺界大腕呼吁保护“表演权”》，http://news.sohu.com/20070313/n248681579.shtml，2009-9-6.

④ 转引自[美]苏姗·K.塞尔：《私权、公法——知识产权的全球化》，董刚、周超译，王传丽审校，中国人民大学出版社2008年版，第49页。

⑤ 关注录音制品二次使用赋权的学者有：刘晓海：《完善我国邻接权制度的若干思考》，载《中国新闻出版报》2008年11月13日第7版；张今：《录音制品制作者权利需要更新和扩张》，载《中国新闻出版报》2008年11月13日第7版；张伟君：《录音制作者的广播权和表演权应该缓行》，载《电子知识产权》2007年第10期；张伟君：《维权还是扩权：这是个问题——再论录音制作者的广播权和表演权》，载《电子知识产权》2008年第1期。

(一)反对录音制品二次使用在我国赋权

明确反对我国《著作权法》对录音制品二次使用赋权的是同济大学的张伟君先生,其在《电子知识产权》2007年第10期与2008年第1期,分别发表《录音制品制作者的广播权和表演权应该缓行》与《维权还是扩权:这是个问题——再论录音制作者的广播权和表演权》。其反对的论证可归纳如下:其一,由于我国没有加入《罗马公约》,以及虽然加入WPPT但其对中规定"录音制品二次使用权"的第15条作了保留。因此,在没有条约义务的情况下,没有必要在著作权保护方面与国际潮流亦步亦趋。其二,在我国大众对著作权法中众多权利都不熟悉的情况下,更为重要的是要保护权利人现有的权利,并以作者的广播权没有得到实现为由否定录音制品二次使用赋权,因此,对于录音制作者的广播权与表演权,我国著作权法是要规定,但为时尚早。不过,一个主体权利的难以实现显然不能成为拒绝赋予另一主体权利的理由,正如"别人矫正牙齿不成功并不必然导致我的牙齿也矫正不成功"。① 其三,唱片业的萧条是受盗版与网络非法下载的挤压造成的,那么现在的任务是保护好现有的权利,而不是扩张权利。如果赋予新的权利无法实施,"又会使一些国际人士多了一个我国对知识产权保护执行不力的口实"。其四,即使是WPPT也只赋予了广播权,而对录音制作者的表演权,更是"闻所未闻"。不过,这是由于该作者没有认真阅读和真正理解WPPT的第15条所涵盖的权利客体的使用方式。WPPT第2条定义条款将"向公众传播"(communication to the public)界定为:通过除广播之外的任何媒介传输固定在录音制品上声音或表演或声音与表演的表现物。基于第15条的目的,"向公众传播"包括使公众能够听到录音制品上录制的声音或声音表现物。② "包括公众能够听到录音制品上录制的声音或声音表现物"的解释显然包括录音制品机械表演。权威解释亦

① 参见马春茂:《矫正牙齿与争取权利》,载《中国新闻出版报》2007年11月2日第7版。

② 参见WPPT第2条第(g)项,英文原文为:"communication to the public" of a performance or a phonogram means the transmission to the public by any medium, otherwise than by broadcasting, of sounds of a performance or the sounds or the representations of sounds fixed in a phonogram. For the purposes of Article 15, "communication to the public" includes making the sounds or representations of sounds fixed in a phonogram audible to the public.

认为“向公众传播”包括向公众播放商业性录音制品。[①]

当然，由于该作者是针对2007年国内17家唱片公司发出《呼吁书》所发表的文章，其中对表演者的广播权与表演权没有涉及，但似乎也可以将该作者的反对观点推广到表演者权利。[②] 此外，笔者在对中国音乐著作权协会调研中，工作人员在回答对表演者与录音制作者的表演权与广播权的诉求的看法时，认为设立这种权利应该考虑我国市场的承受能力问题，其言外之意是我国市场无力支付表演者、录音制作者基于表演权与广播权的报酬。

（二）支持录音制品二次使用在我国赋权

支持在我国《著作权法》中规定录音制品二次使用权，先来自马春茂先生反对张伟君先生观点的文章——《矫正牙齿与争取权利》。[③] 其观点可归纳如下：作者广播权未能实现是因为作者的势单力薄，基于录音制作者相对强大的集体行动，其表演权与广播权实现的可能性更大；而且我国加入WPPT时所做的保留是因为我国《著作权法》当时没有该权利，如果不作保留将会导致延误我国加入WPPT的时机，而加入本身就表明我国向世界著作权规则看齐的愿望与努力；而且唱片业的困境也是权利寻求的一个很好的支持，唱片业正面临着盗版和传播方式变化带来的双重挑战，不少小型唱片公司已经走到生死边缘。总之，该作者认为录音制作者高调要求该权利无论从正当性，还是从时势的判断或胆识方面，都应该得到肯定与支持。[④] 当然该作者只是针对反对建立录音制作者的广播权与表演权进行反驳的，并没有涉及表演者的相关权利。

以学术性表达全面支持我国对录音制品二次使用进行赋权的学者是同济大学的刘晓海教授，其在《完善我国邻接权制度的若干思考》一文中提出我国应该赋予录音制品二次使用权的立法建议，论证的观点为：其一，《著作权法》完善邻接权制度的总体思路是“应该进一步平衡著作权人和邻接权人的权益，平衡不同邻接权人之间的不同权益”。免费广播与表演，对表演者、录音制作

---

① 参见[德]约格·莱因伯特、西尔克·冯·莱温斯基：《WIPO因特网条约评注》，万勇、相靖译，郭寿康审校，中国人民大学出版社2008年版，第486页。

② 该作者更为详尽的论证可参见张伟君：《维权还是扩权：这是个问题——再论录音制作者的广播权和表演权》，载《电子知识产权》2008年第1期。

③ 参见马春茂：《矫正牙齿与争取权利》，载《中国新闻出版报》2007年11月27日第7版。

④ 详细论证参见马春茂：《矫正牙齿与争取权利》，载《中国新闻出版报》2007年11月2日第7版。

者不公平，因此录音制品二次使用赋权是平衡的一种路径；[①]其二，赋权并不一定会增加消费者负担；其三，对录音制品二次使用赋权是一种国际趋势，世界大部分发达国家与发展中国家都赋予录音制品二次使用权，与大多数国家保持一致也是我国应该确立录音制品二次使用权的理由；其四，广播电视以及其他使用录音制品直接或间接营利机构的免费使用，对表演者与录音制品制作者是不公平与不合理的，而唱片业的困境要求我们必须改变这种不合理的现状。[②]

支持录音制作者对录音制品二次使用赋权的学者还有中国政法大学的张今教授，[③]其在《录音制品制作者权利需要更新和扩张》一文中主要从正当性、我国音乐产业的需求等方面进行论证，认为录音制作者的权利需要更新与扩张至通过录音制品的广播权与公共表演权；认为"二次使用的报酬"具有法理上的正当性。

在支持录音制品二次使用赋权的观点中，还有一种观点认为现行《著作权法》未赋予录音制品二次使用权，而我国于 2006 年已经加入了 WPPT，WPPT 第 15 条非常明确地规定了录音制品二次使用权，再根据《民法通则》第 142 条的规定，就导致出现缔约国的表演者与录音制作者本应享有录音制品二次使用权，而我国公民却不能享有该权利的局面，并认为该问题的解决只能依赖《著作权法》的修订。[④] 不过，该观点显然忽略了《民法通则》第 142 条第 2 款最后的表述——"但中华人民共和国声明保留的条款除外"，而我国加入 WPPT 时恰好对该条约的第 15 条声明了保留，[⑤]为此我国并不受 WPPT 第 15 条的约束，自然没有义务为缔约成员国国民提供该条约第 15 条所规定的

---

① 该作者并没有使用"录音制品二次使用权"，而是用表演者与录音制作者的"广播报酬权、表演报酬权"的文字表述。

② 其观点的详细论证请参见刘晓海：《完善我国邻接权制度的若干思考》，载《中国新闻出版报》2008 年 11 月 13 日第 7 版。

③ 其观点的详细论证请参见张今：《录音制品制作者权利需要更新和扩张》，载《中国新闻出版报》2008 年 11 月 13 日第 7 版。

④ 参见王迁：《知识产权法教程》，中国人民大学出版社 2007 年版，第 219、223 页。

⑤ 在 WIPO 的文件中对有关中国加入 WPPT 的细节问题作如下记录：Pursuant to Article 15(3) of the Treaty, the People's Republic of China will not apply the provisions of Article 15(1). Treaties and Contracting Parties, Contracting Parties 〉WIPO Performances and Phonograms Treaty 〉 China 〉 Details. http://www.wipo.int/treaties/en/Remarks.jsp?cnty_id=1990C, 2010-1-20.

保护。

二、录音制品二次使用在我国赋权的经济学视角

自波斯纳《法律的经济分析》被引进我国后，掀起了一个对法律进行经济分析的热潮，这种分析几乎涵盖了所有部门法领域。每一种法律上的制度安排都可以从成本与效益分析出其中的优劣。自然，每一种权利的确立也可以从成本效益视角加以分析，以权衡利弊。在上述反对观点中，我国市场的承受能力（中国音乐著作权协会工作人员的观点）与消费者负担加重成为反对录音制品二次使用赋权的论据。为此，需要在经济学视角下对录音制品二次使用赋权进行论辩。

从表面上看，录音制品二次使用权的确立使各种使用者在给著作权人支付使用费后，还需向表演者与录音制作者支付一次报酬，确实加重了使用者的负担，但是否已经到其无力承担的程度还需要实践的检验。如果仅仅在理论上假设我国市场无力承担，显然缺乏说服力。至少广播电视的巨额收入使其承担录音制品二次使用的报酬费用应该不成问题。而全球各国市场对录音制品二次使用报酬费用的承受力也预示着中国市场具有这种承受能力，法国20世纪30年代录音制作者就开始通过协议向使用录音制品的广播组织收费，我国现今市场的承受能力难道不能与法国20世纪30年代的市场承受能力相比？答案显然不言而喻。而与我国经济发展水平较为相似的印度，也成功地撑起了录音制品二次使用权的市场，而且取得了让人瞩目的成就。[①] 而且，权利确立后，如果市场真是无力承担，那么该权利自然会退出市场。而且，要是说录音制品二次使用权的确立导致消费者负担增加，这也不能成为反对权利确立的依据。因为在知识产权领域，专利、商标等任何一种权利的确立都有可能导致消费者负担增加，但这并不意味着这些权利本身就不应该确立。而且录音制品二次使用的赋权并不必然会导致消费者负担增加，正如学者所言："一方面，谁承担费用，取决于市场的竞争环境、经营者和消费者博弈。经营者不可能无条件地转嫁这一负担。当竞争是充分的，经营者让利销售是很正常

① IFIP 2006年、2007年、2008年与2009年的统计年报表明，随着印度表演权的收益的增加，其唱片业的收益在国际唱片业整体下滑的大环境下保持稳定的上升趋势。具体参见后文关于印度案例的具体分析。

的现象。"[①]当然，无论是市场承受能力问题还是消费者负担问题，都需要我国市场的检验。仅从理论上以此为论据对录音制品二次使用赋权加以反对并不具有足够说服力。

三、录音制品二次使用在我国赋权的法律全球化视角

虽然著作权法学界对录音作品二次使用赋权的关注甚少，但还是形成了完全对立的两个阵营，甚至还引发过一次小范围内的争论。[②] 不同阵营的观点似乎都有一定的道理，但如果将知识产权法放到全球化视野来看，这些支持或反对的论证都不足以"支持"或"反对"。

如果以国际条约作为我国《著作权法》是否应该进行录音制品二次使用赋权的参照标准，那么必然绕不过法律全球化问题。由于国际条约为成员国建立了一个普遍遵循的通则，从而成为法律全球化的一种具体表现方式。邓正来先生在综合评价我国有关法律全球化的支持派、反对派以及中间派的观点后，其认为，"全球化不是一个只有客观维度的发展进程，更不是一个绝对正确的甚或是正确本身的历史进程，而是一个在'复数'全球化之间展开的反复博弈的进程"。[③] 那么，面对全球化中国近期的任务就是："一是积极参与全球化进程及其方向的重塑或重构；二是尽快完成'民族国家'的建设。"[④]如果把全球化看作一种动态过程的话，知识产权法因为 TRIPS 的达成，可以说是整个法律领域全球化程度最高的法律部门。在知识产权法全球化进程中，我国曾以"被动"的姿态接受美国等发达国家所构建的知识产权法全球化的图景。在知识产权立法起步时期，我国知识产权法基本上是在美国的起步初期就是如此制定、调整与修改的：中国自 1991 年知识产权立法的变化与中美知识产权争端的关系很好地说明了这个问题。[⑤] 在我国加入 WTO 之前，我国知识产权立法基本上遵照国际条约的义务对相关立法进行调整与修正，我国 2000 年

---

① 参见刘晓海：《完善我国邻接权制度的若干思考》，载《中国新闻出版报》2008 年 11 月 13 日第 7 版。

② 即张伟君与马春茂之间的争论。

③ 邓正来：《谁之全球化？何种法哲学——开放性全球化观与中国法律学建构论纲》，商务印书馆 2009 年版，第 155 页。

④ 邓正来：《谁之全球化？何种法哲学——开放性全球化观与中国法律学建构论纲》，商务印书馆 2009 年版，第 154 页。

⑤ 参见魏森：《法律文化帝国主义研究——以中国知识产权立法为中心》，载《法商研究》2009 年第 3 期。

知识产权法的修订就是使我国相关立法符合国际条约，以消除2001年入世的法律障碍。加入WTO就意味着中国基本接受了以美国等发达国家根据其理想法律图景所构建的全球化的知识产权法，因为代表美国参与TRIPS制定游说的美国知识产权委员会主席戈林曾经说过他们在TRIPS中得到其想要的95%的东西。[①] 美国的这种打击仍然在继续，比如美国2007年就以盗版的刑罚门槛过高以及我国《著作权法》第4条违反TRIPS规定等理由将中国诉至WTO。其中WTO专家组判定我国《著作权法》第4条违反TRIPS的规定，从而直接致使我国于2010年对《著作权法》第4条进行修订。[②] 尽管如此，我国在入世时对知识产权立法的修订与调整，基本上已经符合我国所承诺的条约义务。将邓正来先生有关法律全球化的观点应用到知识产权法中，中国应该以一种主体的姿态积极地参与知识产权法的全球化型构，不能因为美国一打压，我国就一定修订知识产权法。南非因为药品专利强制许可与美国抗争的胜利为中国作出了很好的榜样。[③] 因为即使中国的知识产权立法完全同美国一样，美国照样会因为其国内的贸易赤字而在中国知识产权法上大做文章。一如学者所言："通过同意对知识产权保护实行更高的多边标准，许多国家希望使301条款的压力消退。……但实际上这一压力不可能消失。"[④]

对法律全球化表现形式的国际条约而言，在国际条约的制定过程中，我国就应该利用在知识产权法全球化进程中的话语权，对条约的签订施加积极的有利于中国的影响。甚至在条约签订后，亦可通过我国的积极努力，影响条约的修订方向。不过，在加入国际条约之后，应该遵守国际条约。因为只有这

---

① [美]苏姗·K. 塞尔：《私权、公法——知识产权的全球化》，董刚、周超译，王传丽审校，中国人民大学出版社2008年版，第54页。

② 新修订的《著作权法》将第4条修改为："著作权人行使著作权，不得违反宪法和法律，不得损害公共利益。国家对作品的出版、传播依法进行监督管理。"

③ 1997年12月，南非总统签署了《南非药品和医药器械规范权限法案》，法案允许对药品专利进行比较广泛的强制许可，美国药品制造商协会要求撤销该法案，当地获得美国药品商授权的39个药品制造商成员提起要求撤销该法案的诉讼，南非政府拒绝撤销法律，美国政府中止对南非的普惠制优惠进行施加压力，但南非政府依然拒绝，并在美国支持AIDS的行动组织帮助下，美国政府被迫撤销对南非法律为期2年的反对。详细论证可参见林秀芹：《TRIPS体制下专利强制许可制度研究》，法律出版社2006年版，第105～111页。

④ [美]苏姗·K. 塞尔：《私权、公法——知识产权的全球化》，董刚、周超译，王传丽审校，中国人民大学出版社2008年版，第120页。

样，我国才能进入法律全球化的话语系统，才能在知识产权法全球化的进程中，以自己的理想图景构建全球化的知识产权法，如果我国不遵守所参与的国际条约，就很有可能被踢出该话语系统。因此，以国际条约为参照论证我国《著作权法》是否应该对录音制品二次使用进行赋权，首先需要明确的是我国是否有条约义务规定这种权利。其一，TRIPS 并没有规定录音制品二次使用赋权是成员国必须履行的义务；其二，我国并没有加入规定了录音制品二次使用报酬权但允许保留的《罗马公约》；其三，我国虽然已经加入了 WPPT，但对其中有关录音制品二次使用报酬权的第 15 条声明了保留。因此中国确实没有国际条约上的义务必须赋予录音制品二次使用以权利，以中国加入了 WPPT 支持我国《著作权法》对录音制品二次使用进行赋权为依据，显然不成立。在没有国际条约义务的情况下，若只因以国际条约与其他国家的立法规定，我国就应该赋予录音制品二次使用权，那么依然表明我国只是被动地接受知识产权法的全球化。同样的道理，以我国没有对录音制品二次使用赋权的国际条约义务就认为没有必要在我国赋权同样值得商榷。这种观点同样还是把我国放在一个被动接受“法律全球化”的位置。在知识产权法全球化进程中，中国应以“中国自己的法律理想图景引领中国法律/法制的建设或指导中国主动参与的‘世界结构’重构进程”，[①]我国自己的法律理想图景应该以自身的经济文化发展的需要为基础。那么我国经济文化的发展需要这种权利吗？如果需要，应该按照我国的实际去构建比世界其他各国更为先进的录音制品二次使用权，从而得以影响该种制度全球化的图景。

四、录音制品二次使用在我国赋权的公共政策选择视角

有学者认为，“从国家层面看，知识产权是政府公共政策的选择。是否保护知识产权，对哪些知识赋予私权，采取什么水准保护知识产权，是一个国家根据现实发展状况和未来发展需要而作出的公共政策选择和安排”。[②] 也可

① 邓正来：《中国法律哲学当下基本使命的前提性分析：作为历史性条件的“世界结构”》，载《法学研究》2006 年第 5 期。

② 吴汉东：《国际变革大势与中国发展大局中的知识产权制度》，载《法学研究》2009 年第 2 期。

以说知识产权是各国经济发展的一种政策工具。[①] 世界各国相关知识产权战略的风起云涌也说明知识产权的公共政策性。[②] 作为公众政策工具之一的录音制品二次使用在我国的赋权问题，同样是一个需要进行公共政策考量的问题，需要以我国相关产业的利益为基础，进行公共政策的选择。

（一）知识产权法作为国家公共政策选择的根源

虽然，法律工具论在理论界颇受争议，知识产权作为一种政策工具也遭受学者的质疑，[③]但各国知识产权立法差异的真实存在及这种差异与立法中的政策选择的关联表明，至少在现阶段，知识产权依然是一个国家进行公共政策选择的工具。正如英国知识产权委员会所认为，无论怎样称呼知识产权，最好将它视作公共政策的一种手段，通过授予个人或机构一些经济特权，实现更大的公共利益，而这些特权本身只是一种实现目标的手段，并非要实现的目标。[④] 而造成这种公共政策选择的根源，主要在于世界知识财产的不平衡格局以及知识产权国际保护与国家利益的关联。

当今世界处于发展极度不平衡的格局中，有人住在纽约富人区享受现代科技所带来的一切便利时，依然有人在非洲的贫民窟为生存而苦苦挣扎。这不仅体现在生活水平上，在知识产权领域中亦同样如此。WIPO 2008 年《国际专利制度年度报告》表明美国、日本与德国三个国家专利申请总量占世界总

---

① 如果将法律工具论界定为服务目的的工具，那么知识产权政策工具论与法律工具论的含义基本相同。法律工具论的观点在国内外遭受质疑：国外有学者认为在法律工具论中，立法与行政规章被看作是一个空瓶，任何可欲目的的东西都可往瓶里装，从而认为与法治背道而驰，无法树立法律的权威。从而，法律工具论的泛滥成为一种危险。详细论证参见 Brain Z. Tamanha, The Perils of Pervasive Legal Instrumentalism, *Montesquieu Lecture Series*, Tilburg University, Vol. 1, 2005. 国内学者认为法律工具论是人治理论的基础，在法律工具论下无法建立法律的权威。参见蔡玉霞：《论法律工具主义》，载《理论观察》2004 年第 4 期。

② 比如印度 2000 年的《知识大国的社会转型战略》、日本 2002 年的《知识产权战略大纲》、韩国 2004 年的《知识产权行政展望与目标》等等。

③ 学者李琛认为知识产权法是知识市场化的结果，知识产权法与激励创新无关，知识产权法只是民事法律体系中的一部分，不应沦为政策工具，从而对知识产权战略问题提出批评。参见李琛：《又来了》，载《电子知识产权》2007 年第 2 期。

④ 英国知识产权委员会：《知识产权与发展政策相结合委员会关于知识产权的报告》，2002 年中文版，第 6 页，http://www.iprcommission.org/papers/pdfs/Multi_Lingual_Documents/Multi_Lingual_Main_Report/DFID_Main_Report_Chinese_RR.pdf, 2009-8-7.

量的61%。[①] 这就意味着世界其他所有国家的专利申请量总和都比这三个国家总量少。在商标领域,根据世界品牌实验室2008年评选出的世界品牌500强中,美国、法国、日本、德国、英国、荷兰与意大利七个国家就达438个,占近90%,而其他所有国家相加不到10%。[②] 即使没有这些数据,生活中发达国家品牌的无处不在,也足以说明发展中国家、不发达国家与发达国家之间在品牌领域的巨大鸿沟。美国版权产业在2005年就占到美国GDP的11.2%,并且成为出口的领头羊。[③] 世人对美国好莱坞以及欧洲大片耳熟能详,但绝大部分人却对一般发展中国家的电影一无所知,这说明在版权产品数量与质量上的巨大差距。因此,知识产权所涵盖的主要三类财产即版权产品、专利产品以及商标品牌在发展中国家及不发达国家与发达国家的两大阵营之间存在着巨大的差距。

如果各国保护各自的知识产权,那么并不与国家利益相关联。比如:中国只保护具有中国国籍的主体(甚至将外国投资但依中国法律设立的法人都排除在外)所拥有的知识产权,原本跟外国没有任何关系,也不会影响中国的利益。并且依据知识产权激励理论,中国相关的知识产权主体会因得到更好的激励而创造出更多的知识产权产品。然而,一系列知识产权国际公(条)约将各国知识产权所产生的利益链接起来。其中TRIPS更是将对知识产权保护与国际贸易相联系,将对知识产权的保护从保护范围、保护的水平乃至权利的执行以及争端解决都提高到前所未有的高度。[④] 公(条)约的成员基于公(条)约的义务,必须对外国的知识产权给予保护,这就使知识产权保护与国家利益得以联系起来:首先,就发展中国家而言,对国际知识产权的保护可能意味着以本国利益为代价保护外国利益:(1)由于发达国家占据了世界专利技术的绝大部分,发展中国家基于国际公(条)约的义务,必须保护发达国家的专利技

---

① WIPO, The International Patent System, Yearly Review: Developments and Performance in 2008. http://www.wipo.int/export/sites/www/ipstats/en/statistics/pct/pdf/yearly_review_09.pdf, 2009-8-7.

② 该数据来源于世界品牌实验室网站:http://brand.icxo.com/summit/2008world500/brand.htm. 2009-8-9.

③ International Intellectual Property Alliance, Copyright Industries in the U.S. Economy: the 2006 Report, Washington, D.C. Report issued on January 30, 2007.

④ See Carlos M. Correa, *Intellectual Property Rights, the WTO and Developing Countries: The TRIPS Agreement and Policy Options*, London and New York: Zed Books Ltd., 2000, pp. 1～3.

术，这样就意味着发展中国家未经专利权人许可，不能复制与利用发达国家的专利技术。这样保护发达国家的专利技术就意味着限制发展中国家的技术发展，依靠模仿起家的日本特例在当今社会不再可能出现。更为严重的是，有些发展中国家依靠发达国家的专利技术生产药品。在专利保护下，发展中国家既无法未经许可进行生产，又无力支付高昂的专利许可费后再进行生产，亦无力购买价格高昂的专利药品，发展中国家某些病人的健康乃至生命因此得不到基本的救治。艾滋病药品专利对南非的影响就是最好的例证，正如论者所言："尽管现有的专利药品延长着美国等发达国家艾滋病患者的生命，但大多数南非病人却因无力购买而只能'望药感叹'。"[①]因此，专利主要保护的是专利强国的利益，有时甚至以牺牲本国的利益为代价保护外国的利益。(2)商标的保护意味着假冒的非法，在品牌由发达国家占据的格局中，发展中国家对商标的保护实际也主要保护的是外国(发达国家)的利益。版权的保护同样如此。(3)对知识产权的保护意味着知识产品的价格会上涨，意味着本国消费者的消费支出会增加，而发达国家的知识产权权利人拿走了知识产权收益中的绝大部分。其次，对发达国家而言，如果不对知识产权进行国际保护，无论专利所保护的发明，版权保护的作品还是商标所保护的商誉，都需要大量的人力与物力的投入，那么作为知识产权强国的发达国家，对这些投入不仅在国际市场无法收回，随着国外低成本复制的对应产品进入国内市场，通过国内市场收回成本也会受到影响。发达国家把这种现象归咎为发展中国家的"搭便车"。实际上，知识产权的国际保护对于发达国家而言，能满足其知识产权产品在国内外的利益最大化。再次，无论是发达国家还是发展中国家，都需要知识产权制度对发明的创造者、作品的创作者与传播者以及商品商誉的投入者进行保护。知识产权保护对这些主体的激励作用虽然饱受质疑，但依然是各国知识产权立法的首要理由，从而被学者誉为"制度文明的典范"。[②] 但根据国际知识产权公(条)约尤其是 TRIPS 所规定的国民待遇，其所给予本国国民的知识产权保护必须同等地给予成员国的国民，这样对本国知识产权主体的保护意味着同时对国外知识产权对应主体的保护。对发达国家而言，由于在知识产权产品方面的强大优势，这种保护自然是对国内相关主体有利，不仅保护这些主体的本国市场，而且保护这些主体的国际市场；而对于发展中国家而言，这

① 林秀芹：《TRIPS 体制下专利强制许可制度研究》，法律出版社 2006 年版，第 107 页。

② 刘春田主编：《知识产权法》，高等教育出版社 2000 年版，第 19 页。

种保护还有可能意味着牺牲本国利益。因此，对于作为国际知识产权公(条)约成员的发展中国家而言，本国知识产权制度就成为一把双刃剑，一方面，国内相关知识产权人确实需要知识产权制度保护，以收回其对相应领域的投入，并可以继续进行投入；而另一方面，知识产权制度保护意味着以牺牲国内的部分利益为代价，但实际上保护的却是国外相关主体的利益。为此，发展中国家需要权衡这两种利益的轻重，以确立合适本国利益的知识产权保护制度。从而，对于什么应该成为知识产权的保护对象，保护到什么程度，就成为一个国家公共政策的选择。当然，这些公共政策的选择必须在遵循国际公约义务的条件下进行。

（二）知识产权作为公共政策选择工具的前提条件

众所周知，一个戴手表的人到国外旅行，无论那人到哪个国家，在没有物权法国际公约的情况下，该手表的所有权都能得到保护。这是因为有体物为法律保护提供了一个权利的天然范围，所有国家有关保护有体物所有权的法律都只是对这种天然权利范围的确认。这种固有的权利范围，也使世界上任何国家的法律都无法脱离这种公认的权利范围，而重新构建一个新的保护范围。作为无体物财产权主要形式的知识产权，由于其客体无体，因而并没有为法律提供一个权利的天然范围，不能依靠法律对权利范围的确认解决问题，必须依靠法律对权利范围划定才能使知识产权的权利保护范围得到确定。所以，一般国家的法律对有体物所有权的保护都采取确认权利的方式，对于具体哪些行为是侵犯所有权的行为通常不予规定，比如不会规定偷窃、抢劫等具体侵犯所有权的行为。而知识产权法则是通过规定某些具体的行为构成对权利的侵犯来划定权利的范围：专利通常是规定制造、销售、许诺销售以及进口专利产品构成对专利的侵权；而著作权法通过赋予作品使用方式以权利，未经许可采用权利控制下的使用方式使用了权利客体就构成侵权，比如未经许可将作品翻译、改编成剧本、公开表演、拍摄成电影等都构成对作品的侵权；同专利法一样，商标权也是通过对某些具体行为构成商标侵权来确定商标的权利范围，比如那些构成商标的假冒与混淆等非常具体的侵权行为，通过对这些具体侵权行为的规定构建商标权的权利范围。除传统专利、著作权与商标三种知识产权外，其他种类的知识产权的权利范围同样是由法律划定的。而法律是有国家制定的，国家在制定知识产权法时，就可以根据其自身的经济社会发展情况，在遵循国际条约的前提下，为知识产权划定合适的范围。

因此，知识产权客体的无体使其权利范围必须由法律划定，必须由法律重新构建权利的保护范围。而与无体物财产权不同的是，有体物财产权中法律的任务是对权利范围的确认对进行公共政策的选择。有体物权利的立法只能是对权利范围的确认，不可能对其进行公共政策的选择，一个汽车很少的国家不可能在法律上规定只保护汽车的轮胎而不保护汽车的车身。有体物的保护范围的天然确定，使各国也无法通过对有体物保护范围的大小进行公共政策选择。知识产权权利范围由法律划定与重新构建，这使国家将知识产权作为公共政策的选择成为可能。一个国家可以根据本国知识产权产品的实际情况，决定将某些知识产品纳入知识产权的保护范围，每一种知识产权的保护范围有多大，具体可表现为哪些行为构成专利与商标的侵权，著作权控制哪些作品的使用方式，所有这些都是一个国家根据其本国知识财产的状况通过立法加以选择的结果。

（三）知识产权法作为公共政策选择的表现

知识产权的无体特性导致权利范围必须由法律划定，这样就为知识产权作为国家公共政策选择的工具成为可能。而世界知识产权财产极度不平衡的格局，使知识产权的国际保护与国家利益联系起来，各国完全有必要对知识产权立法进行公共政策选择。政策是由政治主体或行动主体、团体在特定的情境中制定的一组相关的决策，包括目标选择与实现目标的手段。[①] 而知识产权政策实现目标的手段就是各国的知识产权立法，正如论者所言，公共政策是由政治国家，即具有立法权者制定的，并由行政人员执行的法律与法规。[②] 各国为实现其知识产权立法的公共政策选择，不同国家根据其所拥有知识产权的不同，对不同的知识产权采取不同的保护态度；而发展中国家与发达国家都会根据本国知识财产的优势，利用国际条约所允许的立法差异性空间以维护本国的利益。

1. 各国根据其知识产权的情况调整知识产权政策的实践

体现知识产权法的公共政策性之一的是发达国家根据本国知识财产的不同情况，确定其在不同时期对不同的知识产权进行国际保护的推动策略。美国对著作权国际保护的态度就很好地说明了这一问题：美国在 1891 年前，未为外国作品提供任何保护，美国出版业在未经授权即“盗印”英国畅销书的基础上得到欣欣向荣的发展，直到“知名”美国出版业开始感受到来自印刷英国

① 转引自［美］迈克尔·豪利特、M. 拉米什：《公共政策研究：政策循环与政策子系统》，庞诗等译，三联书店 2006 年版，第 8 页。

② 转引自伍启元：《公共政策》（上册），台湾商务印书馆 1985 年版，第 4 页。

书籍的不规范竞争的经济压力，版权法才开始修订。[①] 而 1891 年的修订也仅仅是为外国作者给予对等保护。直到 20 世纪 50 年代，当美国作为版权作品的主要出口国时，美国真正加入国际著作权一体化制度的需要才开始凸显，于是在 1955 年加入《世界版权公约》。虽然从总体保护水平上看，《世界版权公约》比《伯尔尼公约》略低，而美国也没有成为真正意义上的国际著作权一体化制度的成员，但其加入《伯尔尼公约》的政治意愿却被强化了，并最终于 1988 年加入了《伯尔尼公约》。[②] 美国对著作权国际保护的态度转变历程，充分说明了美国根据本国著作权作品的实际情况调整其对著作权国际保护的态度，从而调整其立法。与美国不同的是，欧洲部分国家早在 1886 年就签订了《伯尔尼公约》，并为成员国提供著作权的国际保护。这种较早的国际著作权保护与欧洲国家具有相对古老的传统文化，以及版权产业的兴盛发达是分不开的。TRIPS 的签订被公认为是发达国家尤其是美国对知识产权高保护水平推动的结果。也有人认为 TRIPS 是北方技术集中型企业以其在南方国家因为知识产权侵权损失成亿美金抱怨的主张与游说的结果。[③] 签订 TRIPS 之后，美国又在欧盟的支持下，主导签订了 WIPO"因特网条约"。而发达国家与发展中国家对药品专利强制许可条件的松紧之间的争论，同样表明知识产权法的公共政策性。TRIPS 之后发达国家推行其知识产权国际保护的策略，从签订国际条约转向与不同国家签订《自由贸易协定》(FTA)，[④]以协议的方式使其他国家接受其超 TRIPS 的保护标准，学界称其为"TRIPS-plus"。[⑤] 在对传统知识的知识产权保护问题上，发达国家中美国反对在 TRIPS 框架内保护传统知识，而欧盟及其成员则支持建立传统知识法律保护的国际模式，只是在国际

---

① Graig Joyce, William Patry, Marshall Leaffer, Peter Jaszi. *Copyright Law* (5th ed.), New York: Lexis Nexis, 2000, p. 33.

② Graig Joyce, William Patry, Marshall Leaffer, Peter Jaszi. *Copyright Law* (5th ed.), New York: Lexis Nexis, 2000, p. 34.

③ See Alierza Naghavi, Alireza, Strategic Intellectual Property Rights Policy and North-South Technology Transfer, NOTA DI LAVORO 2005 (18).

④ 比如美国与约旦(2000 年 10 月)、智利(2004 年 1 月)、澳大利亚(2004 年 5 月 18 日)、摩洛哥(2004 年 6 月)、巴林(2004 年 9 月)、秘鲁(2006 年 4 月 12 日)都签订了 FTA，欧盟与摩洛哥签订的 FTA 中都有知识产权的保护内容。

⑤ 有关 TRIPS-plus 的论证参见林应钦:《"TRIPS-plus"扩张的法律分析》，载《电子知识产权》2008 年第 8 期。

保护模式建立后，应该研究如何将其纳入 TRIPS 保护的问题；[①]而发展中国家中，非洲国家集团和委内瑞拉强调在 TRIPS 的框架下建立有约束力的保护传统知识的国际规则，这些国家认为，“除非建立 TRIPS 框架内的国际体制，否则任何有关遗传资源和传统知识的保护措施都是无效的”。[②] 不同国家对待传统知识国际知识产权保护的不同态度的根本原因在于，美国过短的历史使其传统知识相对匮乏，而支持的国家中，无论是非洲还是欧洲的国家，相对美国而言，其传统知识都非常丰富。

2. 各国知识产权法的差异

虽然以 TRIPS 为首的国际知识产权公约规定了最低的保护标准，以使知识产权制度向国际一体化发展，但包括 TRIPS 在内的知识产权国际公约并不禁止高于条约的保护标准出现，而且公约中的弹性条款为各国知识产权立法提供政策选择的空间。正如学者所言，TRIPS 的“建设性模糊”使成员方在执行协议时存在“回旋余地”或“政策空间”。[③] 再如卡洛斯(Carlos)所言：“在履行 TRIPS 协议所规定的义务时，发展中国家可以利用条约在许多领域所留下的空间来设计立法，使立法与其自身发展水平及其经济、技术政策相融合。”[④]从而使知识产权立法在国际一体化进程中，不同国家在知识产权保护方面依然呈现出差异性。一如学者所言：“尽管趋同性在国际版权历史起初阶段处于主导地位，但在这些年中，差异性一直伴随趋同性。”[⑤]各国正是在高出国际公约的条约义务以及在国际公约允许的“政策空间”内，通过各自的知识产权立法实现其知识产权政策目标，其表现为尽管在知识产权法国际一体化的大趋

---

① 参见 Carlos M. Correa：《传统知识与知识产权——与传统知识保护有关的问题与意见》，国家知识产权局条法司译，http://www.biodiv.ip.gov.cn/，2009-8-23.

② Taking Forward the Review of Article 27.3 (b) of the TRIPS Agreement, IP/C/W/404, 2003, 3. http://www.wto.org/. 2003, 2009-8-23.

③ J. H. Reichman, From Free Riders to Fair Followers: Global Competition Under the TRIPS Agreement, *N. Y. U. J.* Int'l L. & Pol. 1997, 29(28).

④ See Carlos M. Correa, *Intellectual Property Rights, the WTO and Developing Countries: The TRIPS Agreement and Policy Options*, London and New York: Zed Books Ltd., 2000, p. 8.

⑤ F. Willem Grosheide, Globalization, Convergence and Divergence in International Copyright Law: A Question of Expediency or of Right, in Fiona Macmillan, ed., *New Directions in Copyright Law*, Volume 2, Northampton: Edward Elgar, Cheltenham UK, MA, USA, 2006, p. 40.

势下，世界各国的知识产权立法依然表现出较大的差异性。

其一，发达国家根据本国相关产业需要推出超国际条约的保护标准，而发展中国家一般会以国际条约的最低要求为标准进行立法。这样就导致发达国家与发展中国家之间在知识产权立法方面存在差异。比如，美国与欧盟均将著作权中财产权的保护期限延长至作者死后 70 年，而发展中国家一般规定作者死后 50 年以达到 TRIPS 的最低期限要求。其二，在超 TRIPS 标准上，发达国家之间知识产权的产业发展同样不均衡，因此在超国际条约保护标准上，形成发达国家之间的立法差异。比如计算机软件的专利保护，TRIPS 第 10 条之一要求作为《伯尔尼公约》下的文学作品获得保护，即采用著作权法对计算机软件进行保护。但著作权只保护作品表达，而不保护思想，而专利则保护思想。因此，专利对计算机软件的保护具有著作权保护所不具有的优势。美国作为计算机软件的领头羊，通过判例承认计算机软件的可专利性，从而使美国计算机软件申请量成倍增加。[①] 而欧盟则于 2005 年 7 月 6 日，通过对《由计算机执行的发明的专利性指令》草案(*Directive on the Patentability of Computer-Implemented Inventions*)的否决，否决了计算机软件的可专利性。[②] 当然这种否决，并不意味着欧盟成员都否认软件的可专利性，但欧盟否决该草案的原因不能排除欧盟软件产业相对美国而言所存在的劣势。其三，无论发展中国家还是发达国家，都会根据本国知识产权财产的优势进行量身定做地进行立法。比如，我国《著作权法》在 2001 年修订时，就将杂技艺术作为著作权的客体加以保护，这与我国杂技艺术的繁荣发展是分不开的。比如，巴西所制定的《保护生物多样性和遗传资源暂行条例》也是基于这方面的丰富资源而立的法。其四，不同国家根据自身的实际情况，对知识产权的限制采取不同的态度。比如，美国专利强制许可的条件相比非洲与其他发展中国家而言，更为严格与苛刻；而非洲及其他发展中国家对专利强制许可的条件则更为宽松，比如南非、巴西针对药品专利的强制许可就是例证。[③]

---

① 参见申红旭：《计算机软件专利的实用性审查》，周林主编：《知识产权研究》(第 18 卷)，知识产权出版社 2007 年版，第 299 页。

② Patentability of Computer-implemented Inventions, http://www.europarl.europa.eu/sides/getDoc.do?query=INTERV&detail=3-100&language=EN&pubRef=-//EP//TEXT+CRE+20050706+ITEM-007+DOC+XML+V0//EN, 2009-8-23.

③ 美国曾就南非《药品和有关物质管理法》中的专利强制许可的规定以及巴西《工业产权法》中当地实施要求而将南非与巴西告上 WTO。详细论述参见林秀芹：《TRIPS 体制下专利强制许可制度研究》，法律出版社 2006 年版，第 105～124 页。

总之，知识产权因 TRIPS 而被套上贸易的帽子，从而得以作为“世界标准”受到强行推广。然而，即便如此，上述论证表明，世界各国依然根据其知识产权财产的不同情况，在超出条约标准或在条约允许的空间内进行公共政策选择，使各自的知识产权立法表现较大的差异性。而这种差异性，正是不同国家在知识产权立法上作出不同公共政策选择的结果。

（四）中国知识产权法：公共政策的策略选择

我国作为 WTO 成员的发展中国家，必须在相关条约的框架下制定相关的知识产权法。在法律的制定与修订时，可以根据中国所拥有的知识产权的实际情况，根据中国的国情“量身定做”相关的法律制度。

在技术领域，虽然我国科学技术的长足进步有目共睹，但在科学技术方面与发达国家相比还有显著的差距：根据国家知识产权局公布的 2007 年专利统计年报显示，从 1985 年到 2007 年，国内发明的专利授权量占总授权量的 8.1%，而国外发明的专利授权量则高达 73.6%。[①] 而根据 WIPO 2008 年专利统计年报，中国 2006 年发明专利授权量仅占世界总量的 3.6%，如果除去外观设计，该百分比不到 1%。[②] 这些数据表明我国不是专利强国，尤其不是发明专利的强国。我国高科技产品主要依靠进口，我国企业不得不将每部国产手机售价的 20%、计算机售价的 30%、数控机床售价的 20%至 40%支付给国外专利持有者。[③] 专利保护虽然对技术进步具有促进作用，但过强的专利保护会限制本国的创新与技术的传播。因为要求过严或保护范围过宽的知识产权肯定意味着成本会因许可费和其他费用而增加，这样就会减少本国对研发的投入，自然就降低了本国的创新能力。[④] 有学者在总结了专利制度对外资直接投资、创新与技术转移的相关经济学研究后认为，“尽管新的有关知识产权的国际规则对发展尤其是外资直接投资、创新与技术转让所起的作用难以预见，在缺乏其他因素时，没有迹象表明知识产权能够自动和正面地影响外

---

① 国家知识产权：《国内外三种专利申请授权年度状况》，http://www.sipo.gov.cn/sipo2008/ghfzs/zltjjb/jianbao/year2007/b/b1.html，2010-3-19.

② WIPO, The International Patent System, Yearly Review: Developments and Performance in 2008,10. http://www.wipo.int/export/sites/www/ipstats/en/statistics/pct/pdf/yearly_review_09.pdf, 2009-8-7.

③ 知识产权局：《我国仅0.17%企业获发明专利权》，http://www.china.com.cn/policy/txt/2007-05/29/content_8313582.htm，2009-8-31.

④ See E. Skolnikoff, New International Trends Affecting Science and Technology, *Science and Public Policy*, 1993, 2(3).

资直接投资、创新、获取国外技术以及与其他与发展相关的活动”。[①] 为此，在我国现行科学技术水平的情况下，专利法应该在国际条约允许的“回旋余地”或“政策空间”内进行修订，没有必要提供高出国际条约标准的专利保护。在对专利进行适度保护之外，更应该通过改进制度以促进技术的转化、转让以及促进技术的传播。在特定领域里，在国际条约允许的条件下，对专利的强制许可应采取比较宽松的政策，而不是用过分苛刻的条件加以限制。我国 2008 年新修订的《专利法》，将“权利用尽”适用到专利产品的进口，并设立了基于药品与医疗器械的“Bolar 例外”，以及将强制许可扩展适用到“基于垄断”与“公共健康”等领域，这就是一种有利于国内创新的公共政策选择。[②]

在商标领域，相对于发达国家而言，我国几乎可以说没有品牌。在 2008 年世界品牌 500 强排名中，中国仅有 15 个品牌入选。而且这 15 个品牌中有 11 个属于国家保护性的垄断企业，[③]除垄断企业之外的海尔、联想、长虹与清华同方与国际相关品牌比较而言，其竞争力的差距有目共睹。因此，在国际品牌上，我国不具有竞争优势。商标的保护是国际品牌得以确立的基础，没有任何商标的保护就没有品牌可言。因此，我国要建立更多自主品牌，更需要对商标的保护。因此，在立法上，应该在加强商标权保护的同时，通过制度设计维护良好的竞争环境。在《商标法》中设置培育品牌的制度，比如：在现行制度中增加防止知名品牌限制后来产品参与竞争的反向混淆制度。[④] 另外，由于比较广告允许后来者通过与品牌商品的比较，让消费者发现后来者商品的优势，因此比较广告是一种扶植后来者品牌的一种制度设置。正如学者认为，“我国企业在与国外企业竞争中处于下风，为挤入被国外企业把持的市场，比较广告是非常重要的武器，尤其考虑到我国产品价格相对比较低廉时，比较广告对我国企业的作用更为明显”。[⑤] 虽然我国《广告法》允许比较广告的存在，但作了很多限制，比如，禁止对具体的产品或服务进行比较，或采用其他直接的比较

---

① Carlos M. Correa, *Intellectual Property Rights, the WTO and Developing Countries: The TRIPS Agreement and Policy Options*, London and New York: Zed Books Ltd., 2000, p. 44.

② 参见《专利法》第 69 条第 1 项与第 5 项，第 48 条至第 58 条。

③ 参见世界品牌实验室，2008 年《世界品牌 500 强》中国入选的 15 个品牌，http://brand.icxo.com/summit/2008world500/china.htm，2009-9-1.

④ 关于商标反向混淆的详细论证请参见彭学龙：《商标反向混淆探微——以“‘蓝色风暴’商标侵权案”为切入点》，载《法商研究》2007 年第 5 期。

⑤ 许明月、邓宏光：《论比较广告的法律规制》，载《法学》2005 年第 10 期。

方式;禁止药品、医疗器械广告不得与其他药品、医疗器械进行功效和安全性能的比较。[①] 实际上只有直接比较广告才能充分发挥比较广告对后来产品的品牌培植功能。而且只要比较广告的内容是真实可靠的,规定不真实的比较广告应负的法律责任,就没有必要禁止对药品、医疗机械禁止进行比较广告。[②] 因此,应在《广告法》的修订中规定允许符合条件的直接具体的比较广告。

作为世界文明古国之一的中国,是世界最早使用文字的国家之一,具有悠久的文字作品的创作历史。不过有数据显示我国在文化领域出现严重的“版权贸易逆差”。[③] 从这种逆差来看,我国依然是一个文化进口大国,整个文化产业需要更好的扶植。这种扶植,在法律上体现为对著作权的保护。在版权产业的不同领域,我国具有的优劣势并不相同。计算机软件在我国版权产业中处于劣势,那么我国《著作权法》以及《计算机软件保护条例》在遵循国际著作权条约义务下,应充分利用条约所给予的空间,在具体制度设计时,应尽量促进计算机软件技术的应用和传播,比如现行《计算机软件保护条例》所规定的反向工程。[④] 在我国具有优势的传统版权产业中,《著作权法》的修订策略应该是在加强著作权保护的基础上,促进著作权作品的商业化利用,并对商业化利用的成果给予充分保护,尤其要对版权产业链条的最终成果给予充分保护,因为对最终成果的保护是决定整个产业成败的关键。

知识产权客体的无形性使其保护范围必须由法律划定,这为知识产权作为一种公共政策的选择工具提供基础与前提。而世界各国知识产权财产不平衡的格局,以及知识产权国际保护与国家利益的关联,使各国根据自身的知识产权状况,进行符合其国情需要的公共政策选择。我国亦应根据自身不同类型的知识产权的不同情况,在国际条约义务的框架下,选择适合我国经济、文化与技术发展的知识产权立法策略。

（五）录音制品二次使用权在我国赋权的公共政策考量

知识产权法是一种公共政策选择的结果,世界各国纷纷利用国际条约的

---

① 参见《广告法》第 14 条、第 32 条。

② 有关我国《广告法》中有关比较广告改进的具体建议,请参见许明月、邓宏光:《论比较广告的法律规制》,载《法学》2005 年第 10 期。

③ 2004 年以前版权贸易进出口比例高达 10∶1,2005 年则为 6.5∶1,2006 年我国版权产业的产值仅占国民生产总值的 3.2%,低于发达国家的一般水平。转引自吴汉东:《国际变革大势与中国发展大局中的知识产权制度》,载《法学研究》2009 年第 2 期。

④ 参见《计算机软件保护条例》第 7 条。

义务空间或超出国际条约义务制定适合其本国经济、文化与社会发展的知识产权法。产业发展的需要是一国知识产权政策调整的航标，对录音制品二次使用赋权应该以我国产业发展需求为前提。为此，在这种背景下，以诸如著作权人与邻接权人之间平衡的正当性，论证我国《著作权法》应该赋予录音制品二次使用权是不充分的。因为在知识产权作为一种公共政策选择的工具的情况下，正当性的权利并不意味着在法律上必须设立，比如外国作品在美国曾经得不到保护并不是因为这种保护本身的正当性问题，而是美国基于一种经济策略的考量。再如，美国对南非、巴西对专利药品的强制许可或当地实施的打压，并不意味着这种限制不具有正当性，而是不符合美国的产业贸易政策。因此，我国相关产业的需求是我国《著作权法》确立录音制品二次使用权的基础。但有意思的是，唱片产业的萧条成为上述支持方与反对方都用来作为其观点的基础。反对方认为唱片业的萧条主要是因为盗版与网络非法下载，与录音制品二次使用赋权没有关系。[①] 反对方的观点并没有对唱片业的萧条原因进行具体实际的分析，只是一种想当然的断论。

正方的观点认为唱片产业的萧条需要录音制品二次使用赋权，这从知识产权法作为一种公共政策选择来看，是一个极具说服力的论点。但这里必须首先弄清楚的是，我国唱片业真的萧条吗？仅仅是一种想象，还是一个存在的事实？录音制品二次使用赋权能让中国唱片业走出困境吗？这些问题的肯定回答需要唱片业的具体经济数据以及录音制品二次使用赋权对唱片业振兴作用的具体实例。

五、小结

由于我国《著作权法》中并未规定录音制品二次使用权，从而没有该权利的实践经验，因此从经济学的分析来看，并不能定论我国市场无力承受录音制品二次使用赋权的收费，消费者的负担亦并不必然因为录音制品二次使用赋权而加重。从中国应该以积极态度应对法律全球化的视角看，有无国际条约义务、国际著作权立法潮流并不能足以支持或反对我国对录音制品二次使用赋权，而是应该在以中国利益的需要为中心进行权衡后作出选择。而且如果该权利符合中国的利益需要，那就应该构建一种更为科学的权利制度，从而影响法律全球化的进程。最后，从知识产权法作为公共政策选择的视角看，世界

① 参见张伟君：《维权还是扩权：这是个问题——再论录音制作者的广播权和表演权》，载《电子知识产权》2008 年第 1 期。

各国都有根据其相关产业发展状况调整其知识产权立法的实践，作为知识产权的构成部分，录音制品二次使用在我国的赋权问题，同样应该根据我国相关产业发展的实际情况，进行公共政策的考量，但作出公共政策选择应该以我国产业的实际需求为基础，并且应以具体的实例证明录音制品二次使用赋权对相关产业所具有的促进作用。

第二节　我国音乐产业发展对录音制品二次使用赋权的需要

如前所述，录音制品二次使用是否应该在我国赋权，应以我国相关产业的发展需求进行论证，这才是以中国利益为中心进行的知识产权立法的公共政策选择。音乐产业是与录音制品二次使用直接相关的产业，为此，本节从中国音乐产业的发展对录音制品二次使用赋权的需要进行论证，从而完成录音制品二次使用在我国赋权的证成。

一、音乐产业的链条结构

以音乐为中心的产业，从生产到最后的销售，包括词曲的创作、表演者的表演与表演的录制，其间还有作品、艺人与最后音乐制品的包装、宣传以及销售模式的选择、对受众反馈的回应等等，形成一种非常复杂的网状系统。但如果将音乐产业从生产到产出作一种直线考察，音乐产业从生产到最后的产出，是一种链条结构，即由词曲作者创作词曲、表演者表演、录音制作者制作录音制品，这三个环节形成的链条产业。如下图所示：

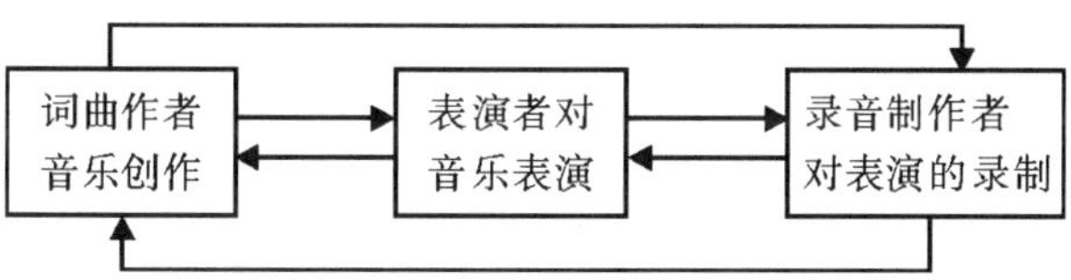

图例说明：向右方向的箭头表示许可，向左方向的表示许可费用的支付。

在这个链条结构中，录音制作环节即唱片业是音乐产业的最后销售环节。在我国现行《著作权法》的框架下，唱片业除了销售录音制品外，并无其他收益来源。因此销售情况直接决定了唱片业的兴盛。不仅如此，音乐制品的销售好坏还部分决定了词曲作者、表演者的收益。当录音制作者收益小的时候，其向表演者、词曲作者的支付许可费的能力就小，如果小到危及其自身营利的时候，就不会有能力再向其前面的许可者支付许可费。当收益小于其投入的本时，就会退出市场。不仅如此，这还会引起表演者向词曲作者支付许可费能力的连锁反应。反之亦然。所以，实际上音乐产业兴衰的关键在于录音制作环节即唱片业的成功与否。

二、中国音乐产业的困境及其原因

当前，中国音乐产业所处的困境几乎众所周知。中国录音制品的进出口贸易情况就很好地说明了中国音乐产业这种困境：根据国家版权局对中国版权贸易的统计，2004 年、2005 年、2006 年、2007 年四年录音制品进口数据为 745 个，而出口数据共计才为 6 个。[①] 如果说音乐与一个国家本土文化的关系紧密相连，那么中国就不需要这么多录音制品的进口；而如果说音乐是一种无国界的文化产品，那么中国的录音制品照样能够出口。因而，无论从哪个视角看，至少出现这种状况的原因之一是我国音乐产业的萧条与萎靡。

整个国际唱片业在现阶段都处于下滑与缩水的趋势，比如说 2007 年与 2008 年全球唱片业缩水都在 8%左右。[②] 原因也非常清楚：其一，传统唱片业物理介质音乐文件销售量的价格相对“数字音乐”文件来说，要高出很多，这样虽然数字介质音乐文件销售量在上升，但仍然无法抵消物理介质音乐文件销售量的下降导致的整体下滑。其二，唱片业的整体下滑最主要的原因在于受盗版尤其是受数字盗版的冲击，而整个唱片业对这种冲击的估计不足，经营模式转换过慢，未能跟上技术发展的步伐，权利人很长时间没有及时为使用者提供合法的数字音乐文件。加之“数字盗版”的“免费午餐”，使消费者形成一种免费使用“数字盗版”音乐文件的习惯。“数字盗版”又无法得到根本上的根治，比如国际唱片业协会估计 2005 年有 200 亿首歌曲被非法下载。[③] 虽然唱片业开始转变经营模式，采用数字网络的营销模式，而且数字音乐的销售额每年以 20%的速度增长，比如世界数字音乐 2008 年的销售额就增长了 24.1%，但由于物理介质录音制品初始规模过大，即使其下降幅度（比如 2008 年下降了 15.4%）慢于数字音乐的上升幅度，也导致数字音乐销售额的增长无法扭

---

① 数据根据国家版权局 2005 年、2006 年与 2007 年的全国版权贸易总体情况统计数据计算得出。参见 http://www.ncac.gov.cn/cms/html/205/2114/List-1.html，2010-1-20.

② IFPI, Recorded Music Sales 2007 (Physical, Digital & Performance Rights Revenues), www.ifpi.org/content/library/Recorded-music-sales-2007.pdf, 2010-3-19.

③ IFPI, The Recording Industry 2006, Piracy Report, Protecting Creativity in Musci, www.ifpi.org/content/library/piracy-report2006.pdf, 2010-3-19.

转唱片业的整体缩水的局面。[①]

中国唱片业同样迅速缩水，根据国际唱片业协会发布的“2008 年全球录制音乐数据报告”显示，物理介质的传统 CD 唱片在中国的销售额从 2003 年的 1.601 亿美元跌至 2007 年的 0.377 亿美元，占市场份额的 54%；虽然数字音乐的销售额则从 2006 年的 0.281 亿美元上升至 2007 年的 0.318 亿美元，占市场份额的 46%。但唱片业总规模还是从 2003 年的 1.601 亿美元下跌至 2007 年的 0.694 万美元，缩水 62%，将近 1 亿美元。[②] 这些数据表明中国唱片业处于“生死存亡关头”。虽然国际唱片业整体处于下滑趋势，根据国际唱片业协会 2008 年的报告，世界唱片业平均每年下滑 8.3%，但与中国每年近 13%的下滑速度相比，中国下滑速度显然过快。

基于音乐产业的链条结构，唱片业的成败决定整个音乐产业的兴衰。唱片业的萎靡导致其无力支付许可费给表演者与词曲作者，[③]使表演者与词曲作者得不到足够的回报。中国有很多歌手完全依靠走红歌曲的现场表演获取收益就是例证之一。引起连锁反应的还有词曲作者未得到足够的回报，因为我国唱片业的萎缩导致其无力向词曲作者支付较高的许可费。因此，唱片业的整体缩水导致整个音乐产业的萎缩，前述录音制品进出口数据上过于悬殊的比例(745∶6)就是整个音乐产业萎靡的很好例证。总之，我国音乐产业是在现场表演(演唱会)与各种选秀的喧嚣与繁华掩盖下的整体萎靡和萧条。

三、唱片业缩水的原因：数字盗版与收益获取路径单一

如上所述，音乐产业的整体颓势源于产业链条中的最后环节即唱片业的萎靡。为此，要扭转音乐产业的颓势就必须使唱片业重新振兴起来。要振兴唱片业，就需要从唱片业缩水的原因着手加以解决。

我国现行唱片业的收益只有两大块，即传统物理介质音乐制品与数字音乐制品的销售收益。但我国这两块的盗版问题都非常严重，根据国际唱片业协会 2006 年“盗版报告”，我国 2005 年物理介质音乐制品的盗版率高达

---

① IFPI, Recorded Music Sales 2007—2008, Percentage Change, www.ifpi.org/content/library/Recorded-Music-Sales-2008.pdf, 2010-3-19.

② IFPI, Recorded Industry in Numbers, 2008, http://www.ifpi.org/content/section_resources/rin/rin.html, 2010-3-19.

③ 有报道甚至认为表演者从音乐制品的销售上没有获得任何受益。参见《中国唱片业 5 年缩水近 1 亿美元，已到生死存亡关头》，载《中国青年报》2009 年 7 月 2 日。

85%，盗版所拿走的价值高达4.1亿美金。[①] 而我国成为继美国之后世界第二大宽带网络用户国家，“数字盗版”问题亦非常严重，国际唱片业协会“2008年数字音乐报告”认为我国数字音乐的盗版率高达99%，数字音乐的销售总额不到世界数字音乐总额的1%，[②]这与世界第二大互联网用户国的地位极不相称。国内相关人士也同样认为盗版是我国音乐产业的特大毒瘤。[③] 为此，我国扭转唱片业颓势的根本在于打击盗版。

但盗版打击的困难程度远远超出人们的想象，盗版与正版几乎如影随形。就物理介质的音乐文件来说，对盗版的打击几乎伴随了录音制品的整个历史，但至今，盗版仍无任何根除的迹象。即使是经常拿中国、俄罗斯以及拉丁美洲等国家与地区盗版说事的美国、欧盟也没有根除盗版。[④] 当然，物理介质的音乐盗版可以通过刑事保护给予足够的威慑力，或者通过加强政府反盗版执法对盗版进行一定程度的遏制。而且，随着数字音乐制品的收益增加并逐渐超越传统物理介质音乐制品的收益，如中国数字音乐销售在2007年已经占全部销售额的近50%(45.7%)，数学音乐制品会最终取代传统物理介质音乐制品，而传统物理介质盗版也会随着物理介质正版被数字音乐制品取代而消失。那么物理介质音乐盗版将不再成为问题。

但是，“数字盗版”将成为比物理介质盗版更为严重的问题。“数字盗版”不可能被根除。在复制成本、被逮到的概率都非常低的情况下，尤其是当免费网络下载音乐文件成为一种生活习惯时，打击“数字盗版”所遭遇的困难可想而知。更为紧要的是，当今世界各国与国际著作权立法都将网络提供商(ISP)

---

① IFPI, The Recording Industry 2006, Piracy Report: Protecting Creativity, www.ifpi.org/content/library/piracy-report2006.pdf, 2010-3-19.

② IFPI, Digital Music Report 2008, www.ifpi.org/content/section_resources/dmr2008.html, 2010-3-19.

③ 参见陈小奇:《盗版对中国唱片业是毁灭性的打击》，http://ent.163.com/imusic/5/010201_42228_95314.html, 2009-9-5.

④ 美国圣迭戈托马斯·杰斐逊法学院的施瓦巴赫教授近日撰写报告指出，中国不是世界上盗版最猖獗的国家。按人均数来算，欧美很多国家的盗版问题比中国的更严重。参见方菲:《美专家直言美欧盗版问题比中国严重》，http://www.sipo.gov.cn/sipo2008/yw/2007/200804/t20080401_356117.html, 2010-3-19.

放入侵权的安全港,[①]或通过"通知—删除"模式来免除网络提供商的责任。从权利人的通知到ISP删除之间的时间差早已足够该文件被下载、复制,再上传无数次。也许这个网站收到通知刚刚删除侵权文件,那个网站又上传了侵权内容,权利人因此陷入疲于通知的局面。如果权利人以单个消费者作为诉讼对象,成本太高不说,况且,如前所述,以消费者作为直接控制对象,将使著作权遭遇正当性危机。即使美国针对单个下载者进行诉讼亦未获得其预想的效果:[②]网络下载者依然我行我素,美国唱片业在2008年缩水高达18.6%。正如论者所言,"最近法院的案例表明RIAA正在通过对非法的文件分享诉讼筹集钱财,这样的诉讼战争一直在增长。"[③]这表明RIAA针对个人消费者的诉讼并未使网络非法下载者减少,相反,网络非法下载一直在增加。当然,权利人还有一个法宝,那就是技术保护措施,让不付费的人没法享受音乐,这虽然可以起到一定作用,但黑客规避技术措施的能力很可能在很短的时间内使这种技术保护措施"灰飞烟灭"。更何况,技术保护措施因限制合理使用而广受诟病,立法因此将某些特定情形对技术措施的规避放进免予侵权责任的"安全港"。[④] 而且,所有这些以消费者为直接控制对象的立法与措施会让著作权陷入正当性危机,这些舍本求末的做法本来就不值得提倡。

为此,"数字盗版"大有"野火烧不尽,春风吹又生"之势:"浙江泛亚电子商务有限公司诉北京百度网讯科技有限公司等侵犯著作权纠纷"一案就是很好的例证,被告因为断开了原告所通知的链接网址,而新的链接网址又不是原告先前所通知的网址,因此原告该部分的起诉就被驳回。这说明新的侵权又产生了,原告必须就新的链接网址重新通知;而该案的诉讼成本足以让权利人咂舌:案件受理费541800元,原告浙江泛亚电子商务有限公司负担446500元,

---

① 比如美国的DMCA就将网络提供商放进这种侵权的"避风港",即根据用户的指令在系统与网上储存信息以及信息搜寻工具不需要承担侵权责任。参见DMCA第512条。

② 美国录音产业已经向532个消费者个人提起诉讼,因为这些消费者利用文件共享非法下载音乐。See John Schwartz, Music Industry Returns to Court, Altering Tactics on File Sharing, *N.Y. Times*, Jan. 22, 2004, at C8.

③ John, Eric Seay, Will the Recording Industry Association in the Right of America's New Plan to Posse up with Internet Service Providers in the Fight Against Online Music Piracy Finally Tame the Wild Internet?. *J. Intell. Prop. L.*, Spring, 2009, 269(16).

④ 比如说我国《信息网络传播权保护条例》第12条就规定多种可以规避技术保护措施的情形。

一共获得赔偿 7 万元。也许只有到世界所有数字网络用户都自动停止网络下载免费音乐的那一天,“数字盗版”问题也许才不再是问题。但这一天还有多远,谁都无法预料。当然,打击“数字盗版”的各种措施不是没有任何意义,无论如何,打击盗版是音乐产业得以维继与成长的必要条件。但打击盗版的道路任重而道远:打击盗版不仅仅有法律制度上的问题,还有人们的版权意识问题,而版权意识的培养需要相当长的时间。因此,如果单纯依赖打击盗版来扭转中国音乐产业的颓势,打击“数字盗版”的困难显然说明这种措施过于“势单力薄”。

与中国不同的是,欧盟国家中唱片业的收入主要有三个来源,分别为传统物理介质制品、数字制品的销售以及录音制品二次使用收费。录音制品二次使用收费是表演者与录音制作者根据录音制品二次使用权向广播与播放录音制品的经营者进行收费,国际唱片业协会的报告中简称之为表演权收益。在传统物理介质制品遭受盗版,尤其是“数字盗版”的冲击以及“数字盗版”无法得到根本遏制的情况下,录音制品二次使用的报酬就成为唱片业的一个相对可靠的收入来源。从表 1 可以看出,在世界各国唱片业增长速度与表演权收益所占收益总额的比例中,两者之间的排名成正比关系。比如荷兰的唱片业增长在世界排名第一,其表演权收益所占收益总额的比例同样排在世界第一;排名第二、第四、第五的比利时、西班牙和瑞典,其表演权收益所占收益总额的比例则并列第二位。而唱片业缩水最快的国家,其唱片业一般没有表演权收益,比如缩水最快的四位中的墨西哥、美国与韩国的唱片业收益中都没有表演权的收益。当然,这只是反映一个大致的规律,表演权收益所占收益总额的比例排名并不绝对地决定世界各国唱片业增长速度的排名,因为还要考虑一个国家唱片业的初始规模、盗版打击有效度、传统物理介质收益承受“数字盗版”冲击的能力等等。比如虽然日本的表演权收益所占收益总额的比例在世界排名靠后,但其具有世界上唯一的 CD 出租市场,几乎并不存在盗版,①因此其唱片业还是有稍微的增长(0.3%)。而南非在没有表演权收益来源的情况下,依然能保持在下滑速度较慢排名的前面,主要是由于南非的互联网用户较少,南非网民只占总人口的 10%,其唱片业遭受“数字盗版”的冲击就比较小。再如巴西虽有 6%的表演权收益,但其唱片业缩水却排在世界第二,这主要是由于其盗版率过高,其 2006 年物理介质音乐文件的盗版率高达 40%,排在世界最

① 金兆钧:《尊重权利,科学操作——东京音乐产业产权研修课程琐记》,载《人民音乐》2006 年第 4 期。

前列。[①] 从2008年国际唱片业协会的统计报告中同样可以看出，由于美国只对数字广播的录音制品二次使用进行收费，因此唱片业的下滑速度超过欧洲，比如美国2008年表演权收益所占比例只有1%，其唱片业下滑速度却是18.6%。[②] 实际上美国学者早在1993年就认识到："随着数字技术的出现，未对公开表演权进行保护已经成为音乐录制产业持续繁荣的最大威胁。"[③]而欧洲唱片业下滑速度只有6.3%，其表演权收益所占比例却高达7%。[④] 因此，总的来说，表演权收益所占比例比较大的国家，其增长或下滑的速度也相应或快或慢，反之亦然。

表1 2006—2007年各国唱片增长与下滑速度排名与市场分类收益比例表

国家	上升比例(%)	市场份额(%)		
		物理介质	数字介质	表演权
荷兰	17	81	4	15
比利时	13	85	6	9
德国	7	89	6	5
西班牙	6	83	8	9
瑞典	6	85	7	9
俄罗斯	4	98	2	0
日本	0.3	82	16	2
英国	−0.58	85	8	6
澳大利亚	−1	86	6	8
南非	−1	98	2	0
瑞士	−2	94	6	0

① IFPI, The Recording Industry 2006, Piracy Report: Protecting Creativity, http://www.ifpi.org/content/library/piracy-report2006.pdf, 2010-3-19.

② IFPI, Recorded Industry in Numbers, 2008, http://www.ifpi.org/content/section_resources/rin/rin.html, 2010-3-19.

③ Willam H. O'Down, The Need for a Public Performance Right in Sound Recordings, *Harv. J. on Legis*, Spring, 1993, (31).

④ IFPI, Recorded Industry in Numbers, 2008, http://www.ifpi.org/content/section_resources/rin/rin.html, 2010-3-19.

续表

国家	上升比例(%)	市场份额(%)		
		物理介质	数字介质	表演权
法国	—3	86	7	7
意大利	—4	87	7	6
加拿大	—6	85	11	4
韩国	—6	39	61	0
美国	—6.9	75	24	0
巴西	—15	86	8	6
墨西哥	—25	92	8	0

数据来源:IFIP, Recorded Music Sales 2007 (physical, digital & performance rights revenues)

中国唱片产业以每年近13%的速度下滑,其下滑速度之所以如此之快,就是因为在传统物理介质录音制品遭受盗版尤其是受到"数字盗版"的巨大冲击,而"数字盗版"又无法得到根本的遏制。除此之外,没有任何其他收益来源,也是整个产业下滑的原因之一。从上述各国唱片销售额增长(下滑)速度与表演权收益所占收益总额的比例之间的正比关系可以发现,表演权收益可以在某种程度上阻止唱片业的下滑。为此,在打击盗版需要一个相对较长的过程的条件下,对录音制品二次使用赋权是扭转音乐产业颓势的可选之策。

四、我国音乐产业的复兴之路:录音制品二次使用赋权

录音制品二次使用赋权,是当前阻止我国音乐产业继续快速缩水的一种上乘的制度选择。而且录音制品二次使用赋权并非是在"数字盗版"打击困难下的"曲线救国",早在没有"数字盗版"的年代,欧洲大陆的很多国家就对录音制品二次使用进行了赋权:如果从法国在20世纪30年代录音制作者通过协议向广播组织收取报酬起算,已有80年历史;从意大利1941年《著作权法》所赋予表演者对通过录音制品广播的报酬权起算,已近70年历史;即使从作为录音制品二次使用权里程碑的1961年《罗马公约》起算,也已近50年历史。拉丁美洲国家也都在上个世纪60年代到70年代因加入《罗马公约》而在国内著作权法中保护录音制品二次使用权。而当今,欧盟国家几乎都对录音制品二次使用进行了赋权,美国也在1995年赋予权利人对通过数字技术广播录音

制品的收费权，其他非数字广播的赋权也已经提出了议案。[①] 此外，从 IFIP 发布的“2009 年录音产业数字报告”可以发现，亚洲的日本、印度、中国香港、马来西亚以及新加坡等国家和地区的唱片业都已经有表演权的收益了。[②] 这说明录音制品二次使用赋权已经成为大部分国家应对数字网络技术的冲击而进行的公共政策选择，而且前述论证表明其是一种具有正当性的权利，因此并不是在“数字盗版”打击困难下的“曲线救国”。

录音制品二次使用赋权是否能扭转音乐产业的颓势，印度给了一个极好的例证。从表 2 可以看出，在没有表演权收益的 2005 年，印度唱片业有些许下滑(−0.3%)；在有了表演权收益之后的 2006 年，唱片业整体得到大幅度提升(14.2%)；到 2007 年，在表演权收益所占比例基本没变的情况下(仅上升 0.6%)，唱片业也只是小幅上升(1.6%)；表演权收益所占比例上升幅度较大的 2008 年(近 6%)，唱片业整体上升幅度也比较大(6.3%)。这说明录音制品二次使用权收益对繁荣唱片业所起的决定性作用。

表 2　2005—2008 年印度唱片业增长速度与表演权收益所占收益总额比例表

年份	增长比例(%)	市场份额(%)		
		物理介质	数字介质	表演权
2008	6.3	63.8	20.6	16
2007	1.6	73.7	16.5	9.6
2006	14.2	82	7.8	9
2005	−0.3	100%	——	——

数据来源：IFIP：Recorded Music Sales 2005—2008(physical, digital & performance rights revenues)

中国录音制品二次使用的市场只会比印度大，且具有更加广泛的录音制品二次使用者群体：其一，电视台、广播电台就是最为主要的使用者，电视台与广播电台几乎无时无刻不在使用录音制品，其巨额的广告收益(2007 年全国广播电视总收入高达 1316 亿元)并不能抹杀录音制品的贡献。从电视台与广

① 即 2009 年 4 月在美国众议院提出的《美国表演权法案》(Performance Rights Act) http://thomas.loc.gov/cgi-bin/query/z? c111:H.R.848, 2010-3-29.

② IFPI, Recorded Industry in Numbers, 2008, http://www.ifpi.org/content/section_resources/rin/rin.html, 2010-3-19.

播电台的巨额广告收益中，分出一杯羹给唱片业即表演者与录音制作者也合乎情理。其二，机场、车站、码头以及港口，甚至飞机、火车以及轮船等公共交通工具，还有宾馆、饭店等消费场所无不在利用录音制品播放音乐，以营造其经营环境的氛围。经过音乐点缀的消费环境已经同具体消费对象形成一个消费整体，这些经营者所获取的收益自然应将其部分份额回馈给表演者与录音制作者。其三，以音乐为直接消费对象的歌厅、舞厅更是如此。它们有着广大的录音制品二次使用者群体，而且这些群体都集中在营利相对较高的行业。如果能按照一定标准向这些使用者群体收取一定的费用，那对中国音乐产业所起的作用不会比印度小，中国唱片业缩水的势头可以得到一定程度的抑制，进而中国的音乐产业得以振兴。

五、小结

相关数据表明，我国的音乐产业正处于极度困境之中。音乐产业是由词曲作者、表演者与录音制作者所构成的链条结构的产业，我国唱片业的快速缩水是我国音乐产业处于困境的根本原因。我国唱片业快速缩水主要在于盗版尤其是“数字盗版”对唱片业的巨大冲击，对盗版的有效遏制是我国音乐产业重新振兴的必经之路。但美国的经验说明要根除“数字盗版”几乎不可能，即使是要对它进行一定程度的遏制也需要一个相当长的过程。但如果等遏制“数字盗版”到一定程度时，我国音乐产业可能已跌至谷底。唱片业增长、缩水与表演权收益所占收益总额比例之间的正比关系，表明录音制品二次使用收益可以成为我国音乐产业的重新复苏的制度路径，而印度表演权收益对其音乐产业增长所起的关键作用更是为我国提供一个非常实际的例证。我国没有理由依然让经营者免费使用，而放任音乐产业的萧条。为此，在加大力度打击盗版的同时，我国应赋予表演者与录音制作者以录音制品二次使用权，以使处于困境中的我国音乐产业得以重新振兴。

第四章　录音制品二次使用权的构建(一):权利制度

经由正当性论证使录音制品二次使用在我国的赋权获得了充分条件,而经由该权利对我国音乐产业的振兴作用的论证使其获得了在我国赋权的必要条件,从而完成了其应该在我国《著作权法》确立的证成。接下来便是在我国《著作权法》中对该权利进行制度构建。鉴于我国没有该权利的立法实践,因此必须在比较法的基础上,再结合我国《著作权法》的现有制度资源,明确录音制品二次使用权所控制的范围。

第一节　录音制品二次使用权的比较法分析

由于中国没有录音制品二次使用权的立法实践,比较与借鉴其他国家与国际著作权立法中有关该权利的规定,是科学构建该权利制度的基础。为此,本节对国际著作权条约与国外著作权立法中有关录音制品二次使用权的规定进行比较法分析。

一、国际条约中的录音制品二次使用权

如前所述,表演者、录音制作者与广播组织从1908年开始诉求在《伯尔尼公约》保护其成果,尽管历经漫漫长路但还是以失败告终。因此,《伯尔尼公约》不会存在任何有关邻接权的规定,自然不会涉及录音制品二次使用权的问题。而作为知识产权保护水平与执行力度最高的TRIPS,虽然该协定在第14条规定保护表演者、录音制作者与广播组织者,但该条所赋予的权利都不涉及表演者与录音制作者通过录音制品的广播与表演的权利,因此TRIPS并不保护录音制品的二次使用权。虽然曾经为吸引美国加入并协调作者权体系与版

权体系之间的差异,[①]但已经基本失去影响力的《世界版权公约》,在其作为权利宣言的第 1 条规定中,亦未将录音制品纳入版权保护的客体。[②] 而 1971 年缔结的《录音制品公约》,其保护范围仅限于要求缔约国打击录音制品的盗版,亦未涉及录音制品二次使用的问题。为此,国际条约中有关录音制品二次使用权的规定,只需要比较《罗马公约》与 WPPT 中有关录音制品二次使用权的规定。

(一)《罗马公约》中的有关录音制品二次使用权

在表演者、录音制作者与广播组织者通过《伯尔尼公约》保护其成果的希望破灭后,在知识产权联合国际局、联合国教科文组织与国际劳工组织的联合努力下,终于在 1961 年"成功通向罗马",缔结了《罗马公约》。作为全球唯一一个完整保护邻接权三种主体的邻接权公约,其在 12 条首次采用"录音制品二次使用"的措辞,规定了完整的录音制品二次使用权。

公约第 12 条规定,如果为商业目的发行的录音制品或这种录音制品的复制件直接用于广播或任何方式的向公众传播,使用者应该向表演者或录音制作者或向二者支付单一的合理报酬。在当事人没有约定的情况下,国内法可以规定这种报酬的分配条件。[③] 根据《罗马公约》总报告、相关学者的解释以及结合该条的文义,该条所规定的录音制品二次使用权,包含如下规则:[④]其一,该条中所指的录音制品是为商业目的发行的录音制品,这就将未发行的录音制品与广播组织本身录制的录音制品排除在二次使用范围之外;其二,对录

---

① Stephen M. Stewart, ed., International Copyright and Neighboring Rights (2nd ed.), London: Butterworths, 1989, p. 146.

② 该公约第 1 条规定,缔约各国承允对文学、科学、艺术作品——包括文字、音乐、戏剧和电影作品,以及绘画、雕刻和雕塑——的作者以及其他版权所有者的权利,提供充分有效的保护。

③ 该条被学者认为是《罗马公约》中最为重要的一条,导致了罗马会议筹备工作期间的讨论(1956 年于日内瓦,1957 年于摩纳哥,1960 年于海牙)的延长,而且根据 1961 年的总结报告阐述,它是会议上提出的所有问题中最难解决的问题。从那时起,讨论就围绕第 12 条的作用和具体操作两个问题一直不间歇地进行下来。参见[法]克洛德·马苏耶:《罗马公约与录音制品公约指南》,刘波林译,中国人民大学出版社 2002 年版,第 36 页;另见[西班牙]德利娅·利普希克:《著作权与邻接权》,中国对外翻译出版公司、联合国教科文组织 2000 年版,第 645 页。

④ See Stephen M. Stewart, ed., International Copyright and Neighboring Rights (2nd ed.), London: Butterworths, 1989, p. 239. 另见[法]克洛德·马苏耶:《罗马公约与录音制品公约指南》,刘波林译,中国人民大学出版社 2002 年版,第 37～38 页。

音制品使用必须是"直接的",这表明在转播这种情况下,只有首次的广播需要支付报酬,而转播者则无须支付报酬;其三,使用方式必须是"广播与向公众传播",其他使用方式就不属于被控制的使用方式,比如有线的转播,由于其既不属于直接"广播"也不属于"向公众传播";其四,"单一的合理报酬"意味着使用者只需要支付一个单一的报酬,也就是无论录音制品所涉及表演者与录音制作者的数量是多少,使用者都只需要支付一个单一的报酬;其五,在权利人与义务人不能通过协议决定该使用费时,由法院决定,立法机构应该确立一个版权许可费特别法庭,以决定费用事项;其六,由国内法确定哪个主体应该获得这笔单一的许可费——这种规定给国内立法提供了五种选择:表演者、录音制作者、两者、表演者有权收取费用,再向录音制作者分配以及由录音制作者收取,再向表演者分享。另外,该条实际对权利人(表演者或录音制作者)只赋予一个报酬权,并无排除使用者使用的权利。因此,这种权利实际上是在一种法定许可的模式下实现的。

毕竟,录音制品二次使用是《罗马公约》中最为棘手的问题,其不仅涉及权利人与义务人(诸如广播组织、电视台、饭店等使用者),邻接权人与著作权人以及邻接权人内部即表演者与录音制作者之间的利益协调问题。如果将其作为条约最低标准要求成员国必须接受的话,那么批准《罗马公约》的国家会更少。[①] 为此,公约第 16 条允许成员国加入公约时可以声明对规定"录音制品二次使用"的第 12 条进行保留,保留包括:第一,完全不受第 12 条规定约束;第二,不适用第 12 条中某些特定使用;第三,对于非公约成员国国民的录音制作者,不适用该条规定;第四,对制作者是另一个缔约国国民的录音制品,可以根据该发表声明的国家给予首次录制录音制品的保护范围与期限,对该条规定的保护范围与期限给予相应的限制。这实际上是一种对等的限制,缔约国没有义务对录音制品的保护超出另一缔约国的保护范围。总之,从对第 12 条进行保留的第 16 条的规定来看,公约为解决录音制品二次使用所涉及的问题,给予缔约国多种选择。也正因为这种保留,使《罗马公约》现在虽有 88 个

---

① 《罗马公约》在 1964 年生效时,只有 6 个成员国家,即刚果、厄瓜多尔、墨西哥、尼日尔、英国与瑞典,到公约缔结的第 10 年,也只有 12 个成员国家,到 1995 年,也只有 47 个成员国家,直到现在,一共才 88 个成员国家,这与《伯尔尼公约》今天的 164 个成员国相比,确实差距较大。See Contracting Parties of Rome Convention (Total Contracting Parties: 88), http://www.wipo.int/treaties/en/ShowResults.jsp? lang=en&treaty_id=17;Contracting Parties〉Berne Convention (Total Contracting Parties:164), http://www.wipo.int/treaties/en/ShowResults.jsp? lang=en&treaty_id=15, 2009-10-22.

成员国，但大部分成员国都对该条进行了保留，全球范围内的录音制品二次使用权的统一标准并未完全确立，这也许是第12条用“录音制品二次使用”而不是“录音制品二次使用权”作为标题的原因。

(二)WPPT中的录音制品二次使用权

虽然1994年生效的TRIPS将知识产权与国际贸易成功挂钩，并将保护水平与执行力度提高到以前所有国际公约所无法企及的高度。但TRIPS并没有预计到数字网络技术对著作权的巨大冲击，并且没有任何条款涉及数字网络环境下的版权问题。但随着网络技术的不断改进与普及，著作权人尤其是娱乐作品的著作权人发现数字网络技术简直就是著作权人的噩梦。为此，在TRIPS“墨迹未干”的1996年，美国等发起签订了WIPO的“因特网条约”，其中就包括WPPT。而WPPT作为保护表演与录音制品的条约，自然绕不过录音制品二次使用的问题。

在条约中并未出现《罗马公约》官方文件与报告中有关第12条的标题即“录音制品二次使用”(secondary use of phonogram)的措辞，不过条约的第15条规定了与《罗马公约》内涵基本一致的录音制品二次使用权。该条的标题为“广播与向公众传播的报酬权”，由4项构成，分别是：(1)对于直接或间接使用为商业目的发行的录音制品进行广播或向公众传播，表演者和录音制作者应该共享单一的报酬权；(2)缔约方可以在其国内立法中规定，对使用者主张该单一的报酬权可以是表演者、录音制作者或两者，缔约方可以在表演者与录音制作者没有约定的情况下，规定表演者与录音制作者分享该单一报酬的条件；(3)任何缔约方可以在向世界知识产权组织总干事交存通知时，声明其仅适用该条中的某些使用，或将以其他方式对这些使用进行限制，或声明其根本不适用这些规定；(4)基于本条的目的，以有线或无线的方式向公众提供，公众成员可在其个人选定的时间和地点获得的录音制品，应被视作其为商业目的所发行的录音制品。就该条的规定同《罗马公约》第12条规定的比较来看，虽然该条同样也允许保留，但总体来看，该条所赋予的权利更为严格一些：①首先，表演者与录音制作者都享有对录音制品广播与向公众传播的报酬权，也就是说这种权利必须要赋予录音制作者与表演者，而《罗马公约》则允许缔约方进行选择，可以是单独的表演者或录音制作者；其次，涵盖的使用范围比《罗马公

① 也有学者认为WPPT第15条所规定的权利原则比《罗马公约》第12条所规定的同等权利更为有效一些。参见[德]约格·莱因伯特、西尔克·冯·莱温斯基：《WIPO因特网条约评注》，万勇、相靖译，郭寿康审校，中国人民大学出版社2008年版，第481页。

约》的第12条广,《罗马公约》的第12条规定必须是直接使用才需要向权利人支付报酬,诸如有线的转播之类的间接使用则无须支付报酬,而该条则明确规定无论是直接使用还是间接使用,都需要向表演者与录音制作者支付报酬;最后,也是最能体现该条约协调信息社会著作权问题的特色之处,即将通过网络向公众提供的录音制品视为为商业目的发行的录音制品。值得注意的是,这只是为"在线提供的录音制品"视为"为商业目的发行的录音制品"的一种特殊处理,并未改变WPPT对发行权的界定,发行权依然是"以销售或转移所有权的方式向公众提供录音制品的原件或复制件的专有权利",①发行权并没有扩展到网络空间。这种特殊处理的目的在于将"在线提供的录音制品"亦视为"为商业目的"发行的录音制品,防止"在线提供的录音制品"得不到二次使用权的保护。

同《罗马公约》一样,这条将录音制品二次使用权规定为一种报酬权,从这条的整体上看,该规定主要体现如下几个规则:(1)权利人,这条明确规定权利人为表演者与录音制作者,表明该权利是一种共有的权利。主张权利的一方必须与另一方分享,至于由谁对该权利进行主张以及具体的分配办法则由国内法进行规定;(2)共享单一的合理报酬权,②"单一"意味着表演者与录音制作者共享,只需要就每次使用向表演者与录音制作者支付一笔报酬即可;"合理"指该报酬确定上的一个灵活性的概念,由国内立法确定;(3)为商业目的发行的录音制品,只有为商业目的发行的录音制品的表演者与录音制作者才有权共享一个报酬权。该条将权利人通过网络向公众提供的录音制品视为为商业目的发行的录音制品。但将广播组织本身制作并存档,并未投入流通领域的录音制品排除在外。这条并未如《罗马公约》明确提出录音制品的复制件,但这是不言而喻的,因为如果使用者以使用复制件而不是"原件"为由拒绝支付报酬,第(f)项显然是荒唐的。③ (4)使用方式包括广播和向公众传播,根据条约定义条款中的第2条第(f)项对广播的定义,认为广播是指以无线方式的

---

① 参见WPPT第12条第1项。

② 中国有学者将该条中"a single equitable remuneration"翻译成"一次性合理报酬",比如[德]约格·莱因伯特、西尔克·冯·莱温斯基:《WIPO因特网条约评注》,万勇、相靖译,郭寿康审校,中国人民大学出版社2008年版,第474页。但这种翻译易引起歧义,认为使用者只需要支付一次合理报酬,而不是多次报酬。实际上,这里的"single"是指一笔报酬,是指使用者无须向表演者与录音制作者分别支付一笔报酬。

③ [德]约格·莱因伯特、西尔克·冯·莱温斯基:《WIPO因特网条约评注》,万勇、相靖译,郭寿康审校,中国人民大学出版社2008年版,第87页。

播送，使公众能接收声音，或图像和声音，或图像和声音表现物；通过卫星进行的播送亦为广播；此外，播送密码，如果广播组织或经其同意向公众提供了破解密码的手段，亦是广播。而向公众传播则在条约第2条定义条款中也规定得非常宽泛，包括公众能听到的以录音制品录制的声音或声音表现物，都是向公众传播，这就包括直接的播放以及广播之外的传播。至于其中“间接”的含义，由于第2条(g)项所规定的向公众传播可以涵盖重播，因此，此处的间接不再包含其他含义。①

虽然这条中关涉的问题不像《罗马公约》那样成为条约的焦点与难题，但从这条规定可以保留来看，这条依然是缔约方未达成一致意见的问题，只能通过允许保留的方式使更多不同意见的国家加入该条约。此外，这条的议定声明也表明缔约方在这条所经历的争议与未决的问题。②

虽然《罗马公约》到现在为止，已经有88个成员国，WPPT也在短短的10多年时间就有了69个成员国，③但缔约方对录音制品二次使用权所产生的争议不能达成一致。为此，这两个公约无一例外地都允许对其中有关录音制品二次使用权规定的条款进行保留。因此，这两个公约都未能建立起一个有关录音制品二次使用权的全球最低标准，从而导致世界各国著作权法对录音制品二次使用权的规定存在较大差异。尽管如此，两个公约对世界各国有关录音制品二次使用权的立法所具有的积极推动与影响意义亦不可否认。

二、主要国家著作权法中的录音制品二次使用权

由于《罗马公约》与WPPT并未在全球确立一个录音制品二次使用权保护的最低条约标准，因此录音制品二次使用权在各国著作权立法中存在一定的差异。为此，需要对其他国家著作权法中有关录音制品二次使用权的规定进行比较分析，以为构建我国《著作权法》中录音制品二次使用权提供借鉴。

---

① [德]约格·莱因伯特、西尔克·冯·莱温斯基：《WIPO因特网条约评注》，万勇、相靖译，郭寿康审校，中国人民大学出版社2008年版，第481页。

② 关于该条还有两条议定声明：(1)不言而喻，第15条并不代表完全解决数字时代中，表演者与录音制作者应该享有的对其录音制品广播与向公众传播的权利水平。代表团未能在有关特定情形的专有权或在没保留的情况下的权利的不同提案上达成一致意见，因此该议题留待以后解决。(2)不言而喻，第15条并不阻止对非商业性目的发行的民间文学的表演者以及民间文学的录音制品的制作者赋予权利。

③ See, WIPO Performances and Phonograms Treaty (Total Contracting Parties: 69), http://www.wipo.int/treaties/en/ShowResults.jsp? treaty_id=20, 2009-10-23.

本节将有选择地对特定国家著作权法中有关录音制品二次使用的规定进行比较:鉴于美国在世界知识产权保护的引领作用,对其版权法中相关制度的分析于中国来说总是具有特别重要的意义。录音制品二次使用权诞生于欧洲,在欧洲国家中已经有相对较长的实践历史,通过各自发展历程不断完善与改进,形成各国当今的制度,欧洲国家自然在比较之列。鉴于印度的成功经验、拉丁美洲国家与我国经济、文化与社会发展的相似性亦应该将其纳入比较范围。

(一)美国

美国至今未加入《罗马公约》,虽然 WPPT 于 2002 年在美国生效,但美国加入该条约时,对条约中有关录音制品二次使用权的第 15 条第 1 项的规定进行了保留,声明该条中有关许可费的收取只适用于通过数字方式以及美国法律所规定的其他传播与数字录音制品的发送。① 因此,美国并无必须在其版权法中规定全部录音制品二次使用权的国际条约义务。

作为版权体系国家的版权法,美国将诸如录音制品等属于作者权体系国家著作权法中邻接权的客体直接纳入其版权法进行保护,并无具体的邻接权制度。但美国版权法中有关保护表演者、录音制作者、广播组织的规定依然可以构成作者权体系国家的邻接权制度。不过,这些规定所构成的邻接权制度却遭受学者的非议:美国的邻接权制度令人非常不满意,由于其缺乏诸如《罗马公约》系统和连贯的邻接权的法理架构,美国对表演、录音制品与广播的保护不可预见、没有逻辑和不完整,使其只是美国版权法中的一块补丁(patchwork)。② 由于美国《版权法》并没有赋予全部录音制品二次使用权,该权利就成了补丁中的补丁。作为各方利益政治妥协的产物,美国才在 1995 年修订其版权法时对录音制品的数字广播进行赋权。③ 美国录音制品二次使用权的范围非常狭窄,并不包括通常所理解的录音制品的广播与表演。正因为如此,我国有学者以“美国都没规定”为由反对在我国《著作权法》中确立录音制品二次

---

① See, WIPO Performances and Phonograms Treaty (Total Contracting Parties: 69), http://www.wipo.int/treaties/en/ShowResults.jsp? treaty_id=20, 2009-10-23.

② United States of America, by Barbara Ringer and Hamish Sandison, in Stephen M. Stewart, ed., *International Copyright and Neighboring Rights* (2nd ed.), London: Butterworths, 1989, p. 574.

③ 即《1995 年录音制品数字表演权法》(*The Digital Performance Right in Sound Recordings Act of* 1995)。

使用权。[①]

在美国现行的《版权法》中，第 106 条第 4 项中规定了版权人对文学、音乐、戏剧和舞蹈作品以及电影与其他视听作品享有公开表演的权利。而该法在第 104(a)条中又规定，录音制品版权人的专有权限于第 106 条中的复制权、改编权、发行权、数字传播权，不包括其中的公开表演权。[②] 其中所规定的公开展示与录音制品无关。这说明除数字传播之外，录音制品的制作者与表演者都不享有公开表演权。《美国版权法》第 101 条定义条款将"数字传播"(digital transmission)界定为"一种全部或部分通过数字或其他的模拟传播方式"。也就是说，录音制品的版权人只有在其录音制品被通过数字传播或其他模拟方式传播时，才享有权利。第 114 条第 d 项对该权利作了诸多限制，其中包括非订阅式数字声音传播等免费使用，也包括诸如非商业性机构非自动与故意采用任何装置改变节目频道的数字传播等法定许可。不过，需要特别强调的是，根据《美国版权法》第 101 条定义条款中的规定，录音制品的版权人是录音制作者，而不包括表演者，表演者只能在许可录制的合同中获得利益。因此，这种数字传播权只是对改善录音制作者的发展环境提供了帮助，通过提高录音制作者的支付许可费的能力，间接地改善了表演者的发展环境。

由于《美国版权法》并没有对表演者与录音制作者赋予完全的表演权，所以作为利益代表的表演者制作者一直不断地提出完全表演权的法案。但潜在的利益相对方反对《美国版权法》赋予录音制品上的公开表演权。其中主要的反对力量来自广播组织，其认为录音制品的公开表演权是空中传播的赋税，将导致很多边缘的广播组织退出社会；另外，这种赋权会极大地增加交易成本，因为其需要同时获得音乐作品的权利人的代表者与录音制品的权利人的许可。[③]《美国版权法》对公开表演权的这种安排，显然对表演者与录音制作者极不公平，正如学者所言："歌曲的著作权人拿走了全部的表演许可费，即使歌曲的成功归因于音乐家或艺术家的诠释以及录音制品中表演的录制技术。"[④]

---

① 参见张伟君:《录音制作者的广播权和表演权应该缓行》，载《电子知识产权》2007 年第 10 期。

② 需要注意的是，美国是用公开表演权涵盖包括广播、现场表演与机械表演等在公众场所表演的权利。

③ See Graig Joyce, William Patry, Marshall Leaffer, Peter Jaszi. *Copyright Law* (5th ed.), New York: Lexis Nexis, 2000, p. 573.

④ See Graig Joyce, William Patry, Marshall Leaffer, Peter Jaszi. *Copyright Law* (5th ed.), New York: Lexis Nexis, 2000, p. 573.

美国产业界与学术界对这种安排一直持批评态度,比如美国有学者认为:《美国版权法》中录音制品上公开表演权的缺失是一直困扰美国录音产业的异类。① 表演者与录音制作者也对此一直表示不满,认为“广播公司的漏洞是不正义、不正当和非美国的”。② 因此,无论是产业界还是学术界,要求美国国会修订《美国版权法》以赋予录音制品公开表演权的呼声一直高涨,③在这种高涨的呼声中就有了2007年与2009年的《美国表演权法案》。

在2007年与2009年都同时在参众两院提出《表演权法案》(*Performance Rights Act*),分别为众议院(H. R. 4789,H. R. 848)与参议院(S. 2500,S. 379),要求对数字传播以外的公开传播方式赋予权利。四个提案的内容基本相同,为此仅对2009年美国众议院H. R. 848提案进行介绍。④ 该法案的主要目的在于将录音制作者对数字广播的表演权扩展到非数字的广播,要求地面广播组织者在其播放录音制品时,向录音制作者支付许可费。该议案的第2条要求删除现行立法中有关数字广播中的“数字的”,以使表演权扩展到非数字的广播。因此,如果法案得以通过,录音制品的版权人具有对其录音制品进行任何种类广播的权利,包括数字的与非数字的;法案第3条规定了对小型的、非商业的、教育的与宗教的广播组织以及特定使用的特别待遇;法案第6条要求将这种权利所获取费用的一部分支付给角色艺术家与非角色艺术家。⑤ 虽然该法案只是规定录音制作者享有其录音制品的完全广播权,但实际上,表演者(角色与非角色艺术家)同样获得了权利。因此,该法案如能获得通过,将使表演者的生存发展环境得到改善。但值得注意的是,该法案只要求

---

① William H. O'Dowd, The Need for a Public Performance Right in Sound Recordings, *Harv. J. on Legis*, Spring, 1993 (31).

② Jennifer Bendall, Corporate Radio Loophole Is Unfair, Unjustified and Un-American, http://news.ecoustics.com/bbs/messages/10381/549087.html#, 2009-10-17.

③ See Jonathan S. Lawson, Eight Million Performances Later, Still Not a Dime: Why It Is Time to Comprehensively Protect Sound Recording Public Performances, *Notre Dame L. Rev*, January, 2006, 693(81); Johon R. Kettler, Dancing to the Beat of a Different Drummer: Global Harmonization—And the Need for Congress to Get in Step with a Full Public Performance Right for Sound Recordings, *Fordham Intell. Prop. Media & Ent. L. J.*, Spring, 2002, 1041(12).

④ Performance Rights Act (Introduced in House), http://thomas.loc.gov/cgi-bin/query/z? c111:H.R.848, 2010-3-29.

⑤ 该法案更为详细的内容请参见刘铁光:《美国版权立法的新动向——〈美国2009年表演权法案〉译介》,载《中国版权》2009年第6期。

赋予录音制品版权人（录音制作者）一般的广播权，而并未包括录音制品二次使用权中的机械表演权。

随着美国唱片业每年的大幅度缩水（年缩水为18%左右，排在全球唱片业缩水最前列），一直以产业发展为导向的美国知识产权战略以及相关产业祭出"其无法得到国外保护的"策略大旗，[①]这种非数字广播免费的格局估计在不久的将来会成为历史。

（二）拉丁美洲

拉丁美洲对著作权保护的历史非常悠久：早在1826年，墨西哥就有了系统的著作权制度；阿根廷在1853年的宪法中，就确立了"作者作为其作品专有的所有人"地位；巴西也在1827年开始对教师的教育作品进行保护。[②] 在《罗马公约》之前，拉丁美洲的部分国家就已经开始零散地保护邻接权。比如，墨西哥在其1928年的《民法典》中，就以类似保护作者的制度保护表演者。[③] 而随着拉丁美洲的主要国家先后加入了《罗马公约》，邻接权制度就在拉丁美洲得以广泛确立。与美国相反，拉丁美洲的国家基本上都加入了《罗马公约》，不仅如此，其与欧洲国家加入时纷纷对录音制品二次使用权声明保留的做法不同的是，拉丁美洲国家加入《罗马公约》未声明作任何保留。[④] 这说明拉丁美洲的大部分国家对《罗马公约》所确立的录音制品二次使用权是采取一种全盘接受的态度。

1. 巴西

巴西在1965年加入《罗马公约》，并在1966年通过新的《著作权法》全面确立了邻接权制度。由于巴西加入《罗马公约》时未作任何保留声明，这意味着《巴西著作权法》必须建立《罗马公约》第12条所规定的录音制品二次使用

---

① 由于对等保护的原因，美国没有对外国录音制品非数字传播的表演权进行保护，外国自然不给予美国录音制品相应的保护。

② Latin America, by Henry Jessen, in Stephen M. Stewart, ed., *International Copyright and Neighboring Rights* (2nd ed.), London: Butterworths, 1989, pp. 679～680.

③ Latin America, by Henry Jessen, in Stephen M. Stewart, ed., *International Copyright and Neighboring Rights* (2nd ed.), London: Butterworths, 1989, p. 699.

④ 加入《罗马公约》的拉丁美洲国家有：墨西哥（1964年）、巴西（1965年）、智利（1974年）、哥伦比亚（1976年）、阿根廷（1992年）；这些国家在加入《罗马公约》时都未声明保留：See WIPO Rome Convention (Total Contracting Parties: 88), http://www.wipo.int/treaties/en/ShowResults.jsp? treaty_id=17, 2009-10-23.

权。但巴西没有加入 WPPT,因此,其有关录音制品二次使用权的规定,基本上是根据《罗马公约》建立的,所以其规定中并未体现应对数字网络技术而进行的协调。根据 1998 年《巴西著作权与邻接权法》第 90 条的规定,表演者对于其已固定表演的复制、公开表演与出租、广播以及向公众提供享有专有权。而根据该法第 93 条的规定,录音制作者对其录音制品通过广播在内的公开表演向公众传播享有专有权。而该法第 94 条接着规定,录音制作者负责对该法第 68 条对录音制品公开表演定义中的使用者收取报酬,并且根据其与表演者或其协会约定的方式与表演者分享收益。从这些规定可以发现,《巴西著作权与邻接权法》所规定的录音制品二次使用权是采取专有权的方式实现的,只是公开表演收益由录音制作者一方收取后,再与表演者分享。

2. 墨西哥

墨西哥于 1964 年加入《罗马公约》,同其他拉丁美洲国家一样,在加入《罗马公约》时未声明作任何保留,基本以《罗马公约》为模板确立了邻接权制度。并且墨西哥于 2002 年加入 WPPT,加入时亦未声明作任何保留。但由于墨西哥加入《罗马公约》在前,因此,墨西哥著作权法基本遵循《罗马公约》第 12 条的规定建立录音制品二次使用权。根据 1996 年《墨西哥联邦著作权法》第 133 条规定,一旦录音制品合法地进入商业流通,无论是财产权的所有人、表演者还是录音制作者都无权反对该录音制品直接向公众传播,只要以营利为目的的使用者向该三者支付相应报酬。根据该法第 16 条对一些术语的解释,将“向公众传播”解释为:是指借助不属于复制品发行的任何传播方法使公众可以感知作品的行为,这表明向公众传播不包括复制品的发行。因此,向公众传播就包含了机械表演、广播及其他方式的向公众传播。为此,与《巴西著作权与邻接权法》不同的是,《墨西哥联邦著作权法》所确立的录音制品二次使用权是以法定许可的方式实现的。此外,《墨西哥联邦著作权法》在 2003 年的修订中,增加了第 117 条之二,规定表演者对具有直接或间接营利目的,通过任何方式的公共传播或提供方法使用或利用其表演,享有不可转让的报酬权。这表明表演者报酬权是不可转让的,这为表演者提供了更为周到的保护,防止其在签订许可录制的合同中,基于弱势地位而放弃该权利。因此,相对《巴西著作权与邻接权法》而言,《墨西哥联邦著作权法》在录音制品二次使用权的规定上,对表演者的保护更为周到。

(三)欧盟及其成员

虽然今天的欧盟成员国基本上已经在各自的著作权法中规定了录音制品二次使用权,但这并非是《罗马公约》的功劳。因为在 1992 年以前,欧盟只有

10个国家加入了《罗马公约》，而且加入的国家都依据公约第16条的规定对规定录音制品二次使用权的第12条进行了保留。① 同样亦非是WPPT的功劳，因为大部分欧盟国家只是WPPT的签字国，②而且作为WPPT实施法的EUCD并未涉及录音制品二次使用权规定的第15条。欧盟作为世界一体化程度最高的经济共同体，自然不希望知识产权成为其贸易的障碍。为此，欧盟理事会不断发布有关知识产权法方面的指令，以缩小成员国之间知识产权法的差异，作为知识产权法一部分的著作权法同样如此。欧盟在著作权法方面先后颁布7个指令。其中1992年11月9日发布的《关于知识产权领域中的出租权、出借权及某些邻接权的指令》(Council Directive 92/100/EEC)，③要求成员国保护录音制品二次使用权。该指令的第8条第2款规定，成员国应该确保录音制品的录制者和表演者，在其为商业目的发行的录音制品或其复制品被通过无线广播或其他任何方式向公众传播时，获得使用者支付一个单一报酬的权利；并确保该报酬在表演者与录音制作者之间分配。成员国在表演者与录音作者之间缺乏协议时，应规定该报酬在他们之间分配的条件。从该规定可以看出，该指令明确要求成员国确立录音制品二次使用权。由于该指令要求成员国必须在1994年7月1日前使国内的相关立法与该指令一致。为此，欧盟成员国基本上已经确立了录音制品二次使用权的法律制度，尽管可能在规定的细节方面存在某些差别。

1. 意大利

意大利早在1941年的著作权法中，就规定表演者对其表演的录制与广播具有公平的报酬权。④ 而且意大利早在1928年《伯尔尼公约》的罗马修订会

① 1992年以前加入《罗马公约》的国家分别是德国(1966年)、奥地利(1973年)、丹麦(1965年)、芬兰(1983年)、法国(1987年)、爱尔兰(1979年)、意大利(1975年)、卢森堡(1976年)、挪威(1978年)、英国(1976年)，并且这些国家全部对规定录音制品二次使用权的第12条声明了保留，See WIPO Rome Convention (Total Contracting Parties: 88)，http://www.wipo.int/treaties/en/ShowResults.jsp? treaty_id=17，2009-10-23.

② See WIPO Performances and Phonograms Treaty (Total Contracting Parties: 69)，http://www.wipo.int/treaties/en/ShowResults.jsp? treaty_id=20，2009-10-23.

③ Council Directive 92/100/EEC of 19 November 1992 on Rental Right and Lending Right and on Certain Rights Related to Copyright in the Field of Intellectual Property，http://www.euromedaudiovisuel.net/Files/2007/05/03/1178195806653.pdf，2010-3-20.

④ Stephen M. Stewart, ed., *International Copyright and Neighboring Rights* (2nd ed.), London: Butterworths, 1989, p. 195.

议上,就提出表演者对于复制其表演的机械乐器用于公开表演与公开广播时,表演者可以要求"公平报酬权"。[①] 因此,意大利可能是世界上最早有保护录音制品二次使用权意识的国家。2001 年修订的《意大利著作权及其相关权保护法》比较完善地规定录音制品二次使用权,这种规定主要体现在第 73 条与第 73bis 条中。其中第 73 条规定:(1)录音制品或任何复制声音的设备的制作者,连同表演被录制或复制在这些设备上的表演者,属于他们的发行权、出租权与出借权之外,在其以营利为目的的录音制品或其他设备被通过广播、电视进行广播——包括通过卫星、电影、公共舞厅、公共场所以及其他任何公共使用这种设备——独立地享有报酬权以交换上述使用。(2)该权利由录音制作者享有,但应该与相关的表演者分享。这种报酬的总额与分配的标准,连同相应的条件,应该根据条例的相关规定确定。(3)国家管理机构或管理机构授权的为教育或情报目的的使用,无须支付报酬。而第 73 bis 条规定:(1)被使用录音制品的表演者与录音制作者,在这种包括第 73 条规定在内的使用并无营利的目的,也有权获得合理报酬;(2)除非相关主体达成协定,这种报酬应该根据条例规定进行计算、收集与分配。从这些规定来看,意大利是通过报酬权而不是专有权的方式规定录音制品二次使用权,并且对非营利目的的使用也需支付合理报酬,这种保护要求显然比较高。

2. 荷兰

在 IFIP 公布的 2009 年《录音产业数字年报》(Recording Industry in Numbers)中,荷兰唱片业收入中表演权收益的比例在全球排名第一,占总收入的 18%,收益总额排名世界第六,其唱片业在全球唱片业整体下滑的趋势中,2008 年比 2007 年还增长了 17%,涨幅亦位居世界第一。[②] 而之所以其唱片业在全球唱片业缩水的趋势中还能保持大幅度增长,就是因为其表演权收益的比例比较大,从而使数字网络技术不构成对整个产业的巨大冲击。

1993 年颁布的《荷兰邻接权法》[③]确立了录音制品二次使用权的规定,并分散地规定在《荷兰邻接权法》有关表演者与录音制作者的权利中。该法第 2

---

① Stephen M. Stewart, ed., *International Copyright and Neighboring Rights* (2nd ed.), London: Butterworths, 1989, p. 222.

② IFPI, Recorded Industry in Numbers, 2008, http://www.ifpi.org/content/section_resources/rin/rin.html, 2010-3-19.

③ 荷兰采取著作权法与邻接权法分立的模式,即 1912 年颁布的《著作权法》与 1993 年颁布的《邻接权法》。

条所规定的表演者权中，其第1款第(d)项规定了表演者享有对其表演、表演的录制品或者表演的录制品的复制品进行广播(broadcast)、重播(repeat broadcast)、向公众提供(making available to the public)以及以其他形式公开(any other form of publication)的排他性权利。而在第6条即录音制作者权利中，其第1款第(c)项规定：录音制作者享有对其制作的录音或者该录音的复制品进行广播(broadcast)、重播(repeat broadcast)、向公众提供(making available to the public)或者以其他形式公开(other form of publication)的排他性权利。从这两条规定来看，表演者与录音制作者对通过录音制品进行广播、重播、向公众提供以及其他形式的公开传播具有专有权。不过，该法第7条第1款规定，对为商业目的发行的录音制品或录音制品的复制品进行广播或其他形式向公众传播，无须获得表演者、录音制作者或者该权利的受让人的同意，但必须支付合理报酬，该规定不适用向公众提供权。而根据该条第2款与第3款的规定，合理的报酬由当事人协商确定；不能达成协议的，海牙地区法院可以根据双方当事人的申请决定具体报酬数额；报酬必须平均支付给表演者和制作人或他们的受让人。《荷兰邻接权法》第15条第1款规定，第7条所指的合理报酬(即录音制品二次使用权)，应该向司法部长指定的权利人代表即某一法人支付，该法人应该被排他性的委托以收集与分配这种费用。该法人在法律上代表权利持有人，并且根据受托事务的水平收取报酬和执行专有权利。这说明荷兰对该权利是采取强制性集体管理实现的。

因此，《荷兰邻接权法》中录音制品二次使用权是通过一种法定许可的方式进行规定的。而对作者的广播权以及向公众传播权则是通过专有权的方式。[①] 结合邻接权法的规定，这种安排让录音制品的使用者只需要获得该制品著作权人的许可，而无须获得表演者与录音制作者的许可，避免三个主体之间出现权利冲突。

3. 德国

德国对表演者的保护具有较长的历史，早在1910年德国修订《文学与音乐作品著作权法》时，就将表演者作为改编者进行保护。[②] 但基于德国"著作

① 参见《荷兰著作权法》第5条第1款第3项，作者对其作品或作品的复制件的公开朗诵、表演与展示具有专有权。

② Germany, by Eugen Ulmer and Weeg, Hans Hugo von Rauscher, in Stephen M. Stewart, ed., *International Copyright and Neighboring Rights* (2nd ed.), London: Butterworths, 1989, p. 435.

权只保护作者”的著作权法理念,认为通过著作权保护表演者的模式走得太远,于是,在1965年的著作权法中就采取了著作权与邻接权的分立模式。[①]从此,表演者与录音制作者就被纳入到邻接权进行保护。

德国现行的《著作权法与邻接权法》[②]以“公开再现”为标题的第78条规定了表演者的录音制品二次使用权。该条第2款规定,在下列情形,应当向表演者支付适当的报酬:(1)将表演活动按照本条第1款第2项的规定进行播放的行为;(2)将表演活动通过音像制品让公众感知的行为;(3)将播放的或公共传播的表演活动让公众感知的行为。结合该条第1款第2项的规定,[③]第1项所规定的权利是表演者对其现场表演进行播放的权利,但该项实际与音像制品无关,在我国是以专有权的方式实现的。[④] 第2项所规定的权利为通过音像制品让公众感知的权利,实际上就包括了录音制品的广播与表演;第3项的规定权利即为对播放的或公共传播的表演活动让公众感知的权利,实际上主要指商场等公众场所通过设备将这种播放的或公共传播的表演活动,使观众得以感知。因此,只有第2项、第3项所规定的权利才与录音制品有关,属于录音制品二次使用权的范围。而且根据该条第3款的规定,第2款中的权利不得预先放弃,只能将这些权利交由著作权集体管理组织行使。而根据该法第86条的规定,已经出版的或以经合法的形式公开再现的录有表演者表演活动的唱片被用于公开再现行为的,对于表演者依据第78条第2款所规定的权利而获得的报酬,唱片商享有参与分配适当份额的权利。当然,录音制作者所享有的权利不包括第1项的权利,而只有第2项、第3项的权利。如果再结合表演者的权利必须授权集体管理组织行使的规定来看,《德国著作权法与邻接权法》上录音制品二次使用权是通过强制性集体管理实现的。

---

① Germany, by Eugen Ulmer and Weeg, Hans Hugo von Rauscher, in Stephen M. Stewart, ed., *International Copyright and Neighboring Rights* (2nd ed.), London: Butterworths, 1989, p. 435.

② 《德国著作权法与邻接权法》的相关条文来自张恩民译:《德国著作权法与邻接权法》(2003年9月10日修订版本),载[德]M. 雷炳德:《著作权法》,张恩民译,法律出版社2005年版,第710～763页。

③ 该款第2项规定,播放的权利;但是表演活动已经以合法的形式被录制到音像制品予以出版或者以合法的形式向公众传播的情况除外。

④ 我国《著作权法》第38条第1款第3项规定,表演者对其表演享有下列权利:许可他人从现场直播和公开传送其现场表演,并获得报酬。

4.法国

虽无从考证,法国的录音制作者恐怕是世界上最早从广播组织因播放其录音制品而获取报酬的国家。早在20世纪30年代,录音制作者就开始与许多广播公司进行合同谈判,以广播时间的每分钟报酬换取对其录音制品的播放,并且从1954年开始,录音制作者就要将其收取报酬中的25%分配给表演者;到1975年,双方通过谈判,该份额达到50%;随着法国于1985年加入《罗马公约》,[①]这种状态才成为法国著作权法的规定。[②]

法国现行《知识产权法典》L. 214-1条规定,[③]表演艺术者及录音制作者,在录音制品已因商业目的出版后不得反对该录制品:(1)在公共场所直接播放,只要不是在演出中使用;(2)广播或有线同步全文播放。使用因商业目的出版的录音制品,不论其在何处录制,应向表演艺术者和录音制作者支付报酬。报酬由依本条第1项、第2项所列条件使用为商业目的发行的录音制品的人支付。该报酬按其使用收入计算,或没有收入的在L. 131-4条[④]规定的情况下一次付清。报酬由表演艺术者与录音制作者对半分配。与其他国家不同的是,法国将录音制品二次使用权规定在同一条款中,但实质上亦是采取法定许可下的报酬权模式。

5.英国

英国早在1911年就将录音制品作为版权的客体,[⑤]录音制作者较早地在英国获得保护。不过,由于录音制作企业的反对,认为表演者已经间接地得到录音制作企业权利的保护,[⑥]因此表演者作为权利主体获得保护经历了一个艰难的历程。直到1928年后,未经表演者的书面许可对表演的录制以及对这

---

① 加入时声明录音制品二次使用权对非成员国相关主体的保护不予适用以及实质性互惠进行了保留。

② See France, by Pierre Chesnais, in Stephen M. Stewart, ed., *International Copyright and Neighboring Rights* (2nd ed.), London: Butterworths, 1989, pp. 403～404.

③ 《法国知识产权法典》的条文来自:《法国知识产权法典》,黄晖译,郑成思校,商务印书馆1999年版。

④ 该条规定一次付清该种报酬的情形,参见《法国知识产权法典》L. 131-4条。

⑤ Stephen M. Stewart, ed., *International Copyright and Neighboring Rights* (2nd ed.), London: Butterworths, 1989, p. 492.

⑥ See W. R. Cornish, *Intellectual Property: Patents, Copyright, Trademarks and Allied Rights* (4th ed.), London: Sweet & Maxwell, 1999, p. 548.

种录制品的贸易才构成犯罪。[①] 直到20世纪80年代,才通过判例开始承认表演者的民事赔偿。[②] 直到1988年英国《版权、外观设计与专利法》才赋予表演者两个独立的权利:一个是人格的、不可转让的权利;另一个专有录制权,可以通过合同转让。[③]

不过,作为录音制品二次使用权的一部分——录音制品的版权人(即录音制作者)的公开表演权在1988年的《版权、外观设计与专利法》中获得保护。[④] 后来在欧盟1992年《关于知识产权领域中的出租权、出借权及某些邻接权的指令》的推动下,英国才在1996年修订了《版权与邻接权条例》,[⑤]并在1988年的《英国版权、外观设计与专利法》第182条中增加了D款,该款规定:(1)为商业目的发行的录音制品全部或主要部分的如下表演即a.公开的播放、b.广播或电缆广播,表演者有权从录音制品的版权人处获得公平报酬;(2)表演者不能转让该条所规定的公平报酬权,除非是转让给代表其自身利益而实现该权利的集体管理组织。如果作为个人或动产而基于遗嘱的处理或法律实施而转让给另一个人,该权利则可转让。接下来第3项到第7项非常详尽地规定了该表演者报酬权的实现制度,包括报酬标准的约定、未约定时的处理办

---

① 这种未经书面许可录制与交易录制品构成犯罪的法律是:Dramatic and Musical Performers' Right(1925); Performer's Protection Acts 1958 to 1972.

② RCA v Pollard[1983]Ch 135, [1983]3 All ER 771. (U.K)

③ W. R. Cornish, *Intellectual Property: Patents, Copyright, Trademarks and Allied Rights* (4th ed.), London: Sweet & Maxwell, 1999, p. 549.

④ 英国版权法上公开表演权包括广播、现场表演、机械表演等其他任何方式向公众传播的权利。

⑤ 从版权的推动进程来看,英国同其国民品性一样,相对保守。对欧盟的版权指令一般是推迟执行,比如前述的EUCD,比EUCD规定的最后期限晚了一年,而对1992年的指令则晚了两年。

法，尤其是规定了排除或限制了该条所规定的合理报酬权的合同是无效的。[①]结合《英国版权、外观设计与专利法》第19条的规定，录音制品的版权人对录音制品公开播放与广播享有专有权，而表演者则只有从录音制作者手中分取报酬的权利。因此，表演者实际上是从录音制作者手中分了一杯羹，难怪有学者认为这是“制作者与使用者被迫让步并对表演者的表演权一个特别的妥协。”[②]

英国版权法中的录音制品二次使用权是一个相对奇特的制度安排，录音制作者对录音制品的广播与公开播放享有专有权，而表演者则为报酬权。不过，为防止表演者因为弱势地位而放弃该权利，法律明确规定该权利是不能转让的，并且再三强调表演者与录音制作者的合同中有关排除或限制合理报酬权是无效的。虽然相对其他国家来说，英国的录音制品二次使用权来得相对较晚，但是，其细密的制度使这种权利为其录音产业获得较好的收益，在国际唱片业协会2007年的年报中，英国唱片业收入中表演权收益在世界排名第一[③]就是很好的例证。

（四）亚洲

亚洲国家是全球加入《罗马公约》最晚也是最少的，直到1989年10月日

---

① 《英国版权、外观设计与专利法》第182条D款增加的第3项至第7项的内容为：(3)支付合理报酬的总额由支付方与被支付方的代表根据下面的规定进行约定。(4)如果没有合理报酬总额的约定，支付方给被支付方的总额申请版权法庭确定支付的总额。(5)在下列情形下，支付方支付给被支付方的总额申请版权法庭确定：(a)变更支付总额的协议或；(b)变更任何由版权法庭确定与该事项有关的条款；但前述决定之日起12个月内不能提出这种变更申请。基于该项中规定的申请所做的指令自该指令作出之日开始生效或由版权法庭特别规定日期生效。(6)版权法庭对根据该条规定的申请，对于其决定报酬的计算方法与支付的报酬在这种情形下是合理的，并且考虑了表演者对录音制品的重要贡献。(7)在下列情形下，这种协议是无效的：(a)排除或限制了该条所规定的合理报酬权，或(b)禁止主体对支付总额的疑问或限制版权法庭根据该条所规定的权力。

② W. R. Cornish, *Intellectual Property: Patents, Copyright, Trademarks and Allied Rights* (4th ed.), London: Sweet & Maxwell, 1999, p. 551.

③ Recorded Music Sales 2007 (Physical, Digital & Performance Rights, Revenues), http://www.ifpi.org/content/library/Recorded-music-sales-2007.pdf, 2010-3-20.

本才成为亚洲上第一个加入《罗马公约》的国家。[①] 《罗马公约》对邻接权制度的推动作用直至20世纪才开始发生作用,为此,录音制品二次使用权在亚洲国家的著作权法中的确立相对较晚。在规定了录音制品二次使用权的亚洲国家著作权法中,日本与印度的著作权法是其中比较典型的例子。

1. 日本

现行《日本著作权法》是1971年生效的,[②]后历经多次修订,最近一次修订是2009年6月12日。[③] 该法所规定的有关邻接权的保护制度是仿照《罗马公约》建立起来的。[④] 不过,与其1899年就加入《伯尔尼公约》相比,[⑤]其加入《罗马公约》的时间整整晚了近一百年,即1989年才加入《罗马公约》。但其在加入该公约时,同其他国家一样,通过声明对第16条第1款第1项与第2项进行保留以对第12条所规定的录音制品二次使用权敬而远之。[⑥] 日本还在2002年9月成为WPPT的成员国家,但声明对其中有关录音制品二次使用权的第15条有限制的适用,即日本将适用第15条第1项在成员国提供保护的范围进行保护,并且日本将对直接或间接为用商业目的出版的录音制品,进行广播、有线传播或"非固定信息的自动公共传播"及直接或间接使用录音制品通过有线或无线的方式(使公众能在选定的时间和地点)向公众提供等行为提供保护。[⑦] 因此,从这种保留的规定来看,日

① 虽然印度曾经在1979年就在《罗马公约》上签字,至今仍未生效,在日本之后陆续有国家加入,比如:黎巴嫩于1997年、越南于2007年加入该公约,不过在公约88个成员国中,亚洲国家相比而言,还是很少。See WIPO Rome Convention (Total Contracting Parties: 88), http://www.wipo.int/treaties/en/ShowResults.jsp? treaty_id=17, 2009-10-23.

② See Japan, by Teruo Doi, in Stephen M. Stewart, ed., *International Copyright and Neighboring Rights* (2nd ed.), London: Butterworths, 1989, p. 776.

③ 参见日本文部科学省网站的著作权法律案。http://www.mext.go.jp/b_menu/houan/an/171/1251917.htm, 2010-3-21。

④ Japan, by Teruo Doi, in Stephen M. Stewart, ed., *International Copyright and Neighboring Rights* (2nd ed.), London: Butterworths, 1989, p. 802.

⑤ See WIPO Berne Convention (Total Contracting Parties: 164), http://www.wipo.int/treaties/en/ShowResults.jsp? treaty_id=15, 2010-3-21.

⑥ See WIPO Berne Convention (Total Contracting Parties: 164), http://www.wipo.int/treaties/en/ShowResults.jsp? treaty_id=15, 2010-3-21.

⑦ See WIPO Performances and Phonograms Treaty (Total Contracting Parties: 86), http://www.wipo.int/treaties/en/ShowResults.jsp? treaty_id=20, 2010-3-21.

本并不承担保护录音制品一般的向公众传播的义务，而只是保护广播与向公众提供（我国《著作权法》意义上的网络信息传播权）。

1995年《日本著作权法》有关录音制品二次使用权的规定，主要体现以“商用录音制品的二次使用”为标题的第95条。该条规定：广播组织与有线广播组织（不包括接受该广播后，再进行广播或有线广播的广播组织），使用合法录制的商用录音制品进行广播，应该向表演者支付二次使用费。这种规定在第97条被重复了一次，只是该条中的权利人由表演者变为了录音制作者。相比欧洲国家，日本录音制品二次使用权具有两个特点：其一，日本录音制品二次使用权中并不控制（机械）表演，而只是广播，支付二次使用费的义务人，只有广播组织（无论是有线还是无线广播组织），并且不包括转播与重播；其二，日本录音制品二次使用权不是表演者与录音制作者共享的单一报酬权，而是两个相互独立的权利。不过，与大部分作者权体系国家著作权法相同的是，该权利同样是通过报酬权的方式实现的，而不是专有权。

2. 印度

现行《印度版权法》于1957年颁布。[①] 印度只是《罗马公约》的签字国，[②]而且也不是WPPT的成员国，[③]因此并无公约上的义务保护录音制品二次使用权。《印度版权法》根源于英国版权法传统，并不把版权制度严格限定在自然人对其个人的智力创造上，而是对特定种类“作品”的保护，不管其是否为版权所有人的个人智力创造；因此，“邻接权”或相关权的表达方式在印度并不常用。[④] 为此，在《印度版权法》中，是将录音制品作为版权中的作品进行保护的。

根据1999年修订的《印度版权法》第38条有关“表演者权”的规定，其中第c项规定，如果是对录音制品或者录像制品的广播，或者是对原先未侵犯表演者权利的广播节目的转播，广播权不适用。而且该条第d项规定，如果向公众传播的是一个录音制品、录像制品或者一个广播节目的话，不适用向公众传

① India, by Ponuswami, Krishnaswami, in Stephen M. Stewart, ed., *International Copyright and Neighboring Rights* (2nd ed.), London: Butterworths, 1989, p. 731.

② See WIPO Rome Convention (Total Contracting Parties: 88), http://www.wipo.int/treaties/en/ShowResults.jsp? treaty_id=17, 2009-10-23.

③ See WIPO Performances and Phonograms Treaty (Total Contracting Parties: 86), http://www.wipo.int/treaties/en/ShowResults.jsp? treaty_id=20, 2010-03-21.

④ India, by Ponuswami, Krishnaswami, in Stephen M. Stewart, ed., *International Copyright and Neighboring Rights* (2nd ed.), London: Butterworths, 1989, p. 750.

播权。因此,根据《印度版权法》第 38 条的规定,表演者并不具有录音制品二次使用权。由于《印度版权法》将录音制品视为版权作品予以保护,录音制品的制作者自然就是录音制品的版权人。根据其版权法第 14 条对不同客体规定的不同权利中,录音制品权利人具有向公众传播权(to communicate the sound recording to the public)。而《印度版权法》第 2 条第(ff)项将向公众传播(communication to the public)解释为:任何使公众能够视觉感受或听到,而不是直接感受,或通过任何方式展示或传播,而不是通过发行这种作品复制件的方式,无论公众中的成员是否实际看到、听到或其他获得方式感受到该作品。而该款后面的解释认为,基于该款的目的,通过卫星或电缆或其他任何方式同步传输给不止一个用户或包括任何旅馆或旅店,这都应该被认为是向公众传播。[①] 从这种解释看来,"向公众传播"应该只限于通过远程传播的方式,而没有包括机械表演的方式,因为《印度版权法》中的定义条款第 2 条第(q)项将"performance"解释为"与表演权相关的概念,意指任何一个或多个表演者进行听觉或视觉的现场表演"。因此,从《印度版权法》对录音制品二次使用权的规定与有关概念的定义来看,《印度版权法》中的录音制品二次使用权所控制的使用方式只涵盖通过广播、卫星、电视、电缆、网络等远程传播的方式,而不包括公共场所的机械表演。录音制品的这种权利只由录音制品制作者享有,而不包括表演者。而且,《印度版权法》中所具有的特色就是其权利是一种专有权,而不是法定许可模式下的报酬权。这种制度安排使印度唱片业在全球唱片业整体下滑的趋势中呈上升趋势。根据国际唱片业协会 2008 年与 2009 年年报,印度唱片收入中的表演权收益在 2007 年占到总收入的 10%,2008 年达到 16%。[②] 因此,《印度版权法》中的录音制品二次使用权为其唱片业的兴盛可谓立下汗马功劳。

三、比较分析

比较法的研究表明,录音制品二次使用权的制度构建在上述国家的立法与国际条约中的规定都存在一定的差别,即使是一体化程度非常高的欧洲。

① 参见《印度版权法》第 2 条有关"向公众传播"(communication to the public)的定义。

② IFPI, Recorded Music Sales 2008, Market Information, http://www.ifpi.org/content/library/Recorded-Music-Sales-2008.pdf, 2010-3-21; IFPI. Recording Industry in Numbers 2009, the Definitive Source of Global Music, http://www.capif.org.ar/Comunicacion/Gacetillas/IFPI%20-%20Rin-2009.pdf, 2010-3-21.

其差异主要表现在权利性质、权利分享的模式、权利主张的主体以及具体立法例的安排。

(一)享有权利的性质:专有权或报酬权

虽然《罗马公约》与WPPT中有关录音制品二次使用权的规定都允许对这种规定进行保留而并未建立这种权利的全球最低标准,但还是导致很多国家以这两个条约的规定为蓝本构建国内立法中的录音制品二次使用权。尽管在录音制品二次使用权上,WPPT提供的保护比《罗马公约》在保护范围、保护主体以及使用方式上都要广,但这两个条约共同的地方就是都只为录音制品二次使用提供报酬权保护,而不是专有权保护。也就是说,权利人并无许可或阻止他人对其录音制品的广播与向公众传播的专有权利,而只能向对其录音制品进行广播与向公众传播的使用者主张报酬。而在上述各国有关录音制品二次使用权的立法中,虽然大部分国家选择两个条约所规定的报酬权模式,但还是有诸如英国[①]、巴西与印度等国家选择专有权的模式。

(二)享有权利的模式:共享或独享

在录音制品二次使用权主体享有模式上,《罗马公约》为成员国国内立法提供了较大的空间:可以由表演者独享、录音制作者独享或者二者共享。而WPPT留给国内立法的选择空间相对较小,即必须由表演者与录音制作者共享。不过,要么由于有些国家没有参加这两个公约,要么虽然参加了,却根据这两个条约对其中录音制品二次使用权的规定进行保留。因此,公约的两种模式并未成为大部分成员国必须履行的义务而成为通用模式。虽然大部分国家采取共享的模式,即同时由表演者与录音制作者共同享有一个录音制品二次使用权。但还是有些国家采取独享的模式,并且在独享的模式中,又出现由表演者、录音制作者两个主体分别单独享有:《日本著作权法》的规定就是表演者与录音制作者对其录音制品被用于广播时,分别享有报酬权。而有些国家就规定某一个主体独自享有该权利:《印度版权法》就规定录音制品向公众传播权(仅为远程传输)就由录音制作者单独享有,并不与表演者分享。

(三)主张权利的主体:表演者或录音制作者

《罗马公约》允许缔约方选择享有录音制品二次使用权的主体为:表演者、录音制作者或两者。因此,依据《罗马公约》的规定,可以是独享也可以是共享,而WPPT则规定必须由表演者与录音制作者共享。在独享以及分别独享的模式下,自然由权利人独自主张。而在共享模式中,到底由谁主张权利,各

---

① 英国只是对录音制作者赋予专有权,而表演者依然是报酬权。

国立法的选择极不一致:《德国著作权法与邻接权法》规定由表演者主张,录音制作者参与分配;法国《知识产权法典》与荷兰的《邻接权法》由使用者直接平均分配给表演者与录音制作者;而英国《版权、外观设计与专利法》则由录音制作者主张,再向表演者分配。

(四)立法例的安排:共同条款与分别规定

在立法中,《罗马公约》与WPPT是规定在一个共同条款中,采取这种安排的有法国、墨西哥与荷兰;也有采取分别规定于不同的条款,比如德国、意大利、英国与巴西等。

总之,比较法的分析为构建录音制品二次使用权提供了四个层次的不同制度安排。每一种制度安排在其所在的国家都得到比较好的运行,单独评说哪一种制度安排好而哪一种制度安排不好,显然过于武断。但对这些制度安排的评价与选择却是我国《著作权法》确立录音制品二次使用权必须解决的问题。

第二节　录音制品二次使用权的制度构建

有关录音制品二次使用权的比较法分析为中国《著作权法》中录音制品二次使用权的制度构建提供了四个层次的"他山之石",但到底哪个应用到中国《著作权法》中可以产生"攻玉"的效果,则需要结合中国《著作权法》现有制度体系,进行综合的比较分析才能得出结论。

一、权利性质的选择

比较法的分析表明,世界各国著作权法对录音制品二次使用权在性质选择上,不完全一致。有专有权的安排,如印度与巴西;亦有报酬权的安排,如法国与德国等;还有一部分专有权一部分报酬权的安排,如英国。为此,作为尚未确立录音制品二次使用权的我国《著作权法》来说,必须在专有权与报酬权之间进行选择。但专有权与报酬权的优劣之分,则需要综合的比较分析,才能使我国《著作权法》获得正确的选择。

(一)专有权

专有权(exclusive right)是知识产权法领域一个比较常见的称谓。[①] 专有

① 按照郑成思先生的解释,专有性意味着将知识产权与公有领域中的人类智力成果相区分。参见郑成思:《知识产权论》,法律出版社2003年版,第68页。

权在著作权法中得到尤为突出的使用，比如：《美国版权法》第 106 条的标题就为“版权作品中的专有权”(exclusive rights in copyrighted works)，在著作权法中直接使用“专有权”(exclusive rights)的还有《印度版权法》第 14 条、《巴西著作权与邻接权法》第 28 条等。不仅如此，有些国家著作权法中有关邻接权的规定中同样采用“专有权”的表述方法，比如《巴西著作权与邻接权法》第 90 条。虽然，有些国家的立法并未采取“专有权”的表述，比如我国《著作权法》第 10 条以及相关邻接权的规定中虽无“专有权”的规定，但实际上的含义并无差别，都是指权利人对作品使用方式的排除他人的专有控制权。一般立法将专有权解释为“权利人有权自己或授权他人对作品进行某种方式的使用”。因此，专有权意味着未经权利人许可对其权利客体的使用，即构成侵权。也就是说，任何采取著作权人权利控制下的使用方式对权利客体的使用必须事先获得权利人的授权。而一旦使用人未在事先获得授权就对相关客体进行了使用，就构成了对权利人专有权的侵权。

专有权的制度安排无疑为权利人提供最为充分的保护，使权利人可以完全按照自己的意志行使权利。不过，在录音制品的二次使用上，一般存在三个独立的主体，以音乐录音制品为例，[①]主体一般包括词曲作者、表演者与录音制作者：录音制品是词曲作者的音乐作品、有表演者的表演与录音制作者录制所产生的成果。如果录音制品二次使用上采取专有权的方式，在二次使用权由表演者与录音制作者单独分享的制度安排中，那么使用者需要获得词曲作者、表演者与录音制作者三者的授权，才能对录音制品进行使用，否则就会侵害这三个主体的专有权。虽然，在由集体管理组织分别管理海量的词曲作者、表演者与录音制作者相关权利的情况下，使交易成本得到一定程度的降低，但还是需要支付三次许可费用以获得三个许可，需要三个不同集体管理组织、分配三次许可费，其管理与交易的成本相对较高就在情理之中了。而且，至少在理论上，其中要是有一个主体或代表该主体的集体管理组织不同意许可，那么意味着使用人将无法使用该作品。因此，录音制品二次使用权采用“专有权模式”的制度安排确实存在交易成本过高的情况，而且至少理论上存在权利人行使权利之间的冲突。

---

① 特殊情况下，也可能只存在一个主体或两个主体，比如自己作曲作词、自己演唱、自己录制成录音制品，这种情形下，只存在一个主体；而在三个活动中，只要有一个活动由他人完成，则有两个主体。

(二)报酬权

由于著作权与邻接权所保护的客体的使用,存在诸如广播组织的海量使用。要是每次都要协商与授权,可能导致交易成本过高而使使用者望而却步,反而不利于权利的实现。为此,在某些特定情形下,为促进作品的传播,防止因为协商不成而导致使用者无法使用作品,一般国家的著作权法设立了法定许可制度。[①] 在法定许可制度中,权利人无权阻止他人对作品的使用,但依然享有报酬权。在前述录音制品二次使用权的制度安排上,《罗马公约》与WPPT都采用法定许可下的报酬权模式,这对世界各国著作权立法中有关录音制品二次使用权的制度安排起到示范作用:绝大部分国家(尤其是作者权体系的国家)[②]的著作权立法都采取法定许可下的报酬权模式,这种模式有利于在保护权利人的报酬权条件下促进作品的传播。

报酬权的制度安排还有利于消除录音制品二次使用所产生的不同主体之间权利行使的冲突。《罗马公约》第12条报酬权的制度安排,除了"早期达成一致的录音制品上表演权这种非自愿许可的安排,既有利于使用者,又照顾了权利人的合理报酬"之外,[③]还消除了代表作者利益的相关协会在《罗马公约》缔结过程中的第二个忧虑,即当作者许可而邻接权人拒绝对包含作者作品的录音制品广播或表演时,可能剥夺作者获取许可费的权利。[④] 一般而言,录音制品的二次使用上具有三个独立的主体,其中就包括对录音制品中音乐作品享有著作权的著作权人,[⑤]如果将录音制品二次使用权也通过专有权的模式

---

① 法定许可,是指由法律直接规定,以特定的方式使用已发表的作品,可以不经著作权人的许可,但应向著作权人支付报酬。据学者考察,认为法定许可主要分为三类:(1)为维护公共利益,将一些可能属于合理使用的制度放进法定许可;(2)降低某些使用人的义务成本,主要是节约缔约成本;(3)降低某些行业的垄断程度,避免出现专有使用人独占市场的局面。参见李琛:《知识产权法关键词》,法律出版社2006年版,第206页。

② 在上述比较的国家立法中,除英国、印度、巴西之外,其他大部分国家著作权法对录音制品二次使用权都是采取法定许可下的报酬权。

③ Stephen M. Stewart, ed., *International Copyright and Neighboring Rights* (2nd ed.), London: Butterworths, 1989, p. 238.

④ See Vincent Porter, *Beyond the Berne Convention: Copyright, Broadcasting and the Single European Market*, University of Luton Press, 1991, p. 17.

⑤ 这里著作权人大部分情况是词曲作者,但由于我国《著作权法》允许法人在特定情况下可以成为著作权人,因此,这里用著作权人比用作者更为准确。比如:我国《著作权法》第16条第2款第1项、第2项所规定的情形下,作者只享有署名权,其他权利由法人或其他组织享有。

进行规定，极有可能导致著作权人获取许可费的权益无法实现。正如学者认为："作者允许他的录音作品向公众演奏或广播，而表演者则禁止这样做。在一假设下，既然表演者对同一对象——被表演作品的录制——拥有专有及绝对的权利，作者的权利便会失去上述特性。即使这样的情形很少出现，形式仍然依旧，因为表演者很有可能利用这些权利，目的不在于系统地反对使用他们的表演——这是有悖于他们的利益的——而在于要求额外的报酬。正因为如此，在《罗马公约》(第 12 条)及大部分的国家法律中，这些认可的属于表演者的报酬通过非自愿许可证的途径，构成简单的报酬权。"①

在录音制品二次使用报酬权的模式中，表演者与录音制作者只有权要求使用者支付报酬，但无法阻止使用者对录音制品进行广播与表演。因此，就不存在阻碍作者许可录有其作品的录音制品广播与表演。

但如果仅仅将录音制品二次使用权进行报酬权的安排，而著作权人对录有其作品的录音制品的广播与表演却享有专有权，就有可能在理论上出现表演者与录音制作者许可，而著作权人拒绝许可的情形，那么表演者与录音制作者这种报酬权就无法实现。当然有些国家的著作权法为降低广播组织播放海量作品的交易成本，防止集体管理组织或权利人拒绝许可个别使用者使用其作品，通过非自愿许可的方式使广播组织实现对作品的使用。这样也就巧合地解决了著作权人、表演者与录音制作者在录音制品广播时，可能产生的权利行使之间的矛盾。实际上，《伯尔尼公约》也允许各国立法对广播、转播以及其他方式向公众传送已发表的作品进行限制，只要这种限制不会有损于作者人身非财产权利和作者获得公平报酬的权利。② 虽然在 WIPO 的 WCT 起草过程中，WIPO 的专家委员会拟定的草案第 6 条为"取消某些非自愿许可"，③包括机械录音的非自愿许可与广播的非自愿许可，然而这样做，不仅在机械录音的非自愿许可问题上遭到了强烈反对，就连取消广播非自愿许可提议也遭到了包括中国、葡萄牙等代表团的反对，反对的理由包括中国的"维持广播的非自愿许可，有利于文化的传播，也有利于作者和其他方面获得公平的报酬"以

① [西班牙]德利娅·利普希克：《著作权与邻接权》，中国对外翻译出版公司、联合国教科文组织 2000 年版，第 298 页。

② 参见《伯尔尼公约》第 11 条之二第 2 款。

③ Draft Treaty on Certain Questions Concerning the Protection of Literary and Artistic Works, WIPO CRNR/DC/4, August 30, 1996, http://www.wipo.ch/edocs/mdocs/diplconf/en/crnr_dc/crnr_dc_4-related1.html, 2009-10-27.

及葡萄牙的“取消广播的非自愿许可,会损害在作者与广播组织之间业已建立的平衡,而且由于‘现在垄断的情形的经常出现,因此,当前比以往任何时候都需要对广播的非自愿许可’.”[①]最终该提案没有获得通过,非自愿许可在各国著作权法中依然大量存在。著作权人一般情况下都会将机械表演权与广播权委托给集体管理组织行使,为防止集体管理组织利用市场垄断地位拒绝对个别使用者拒绝许可,在对集体管理组织的监管中都有“集体管理组织不得拒绝使用者以合理条件要求许可其使用作品”的规定。[②] 因此,即使著作权法并未将著作权人机械表演权与广播权进行法定许可的报酬权安排,但实际上却是通过法定许可模式下的报酬权进行运行的。当然,在未采取强制授权集体管理与存在权利人未授权集体管理表演权与广播权的情形下,这种通过集体管理实现报酬权的模式并不能完全实现。

在报酬权实现的非自愿许可模式中,有法定许可与强制许可两种制度安排。虽然这两种制度安排都是为了实现使用者对著作权与邻接权客体的使用,但两者实现的程序有较大差别。学者认为:“法定许可是法律给予的许可,以特殊方式和根据某些条件使用受著作权保护的作品,但需要向著作权所有人支付报酬。报酬金额由法律、负责执行法律的当局或司法当局根据具体情况确定。”[③]而“强制许可是主管当局或著作权集体管理协会根据情况不得不授予的特殊许可,但不影响使用者按照有效的计价表缴纳使用费的义务”。[④]因此两者的差别主要在于是否经过一种行政上的审批程序,强制许可的目的之一在于防止著作权集体管理组织滥用权利而拒绝许可个别使用者使用其管理下的权利,导致权利人和使用者同时遭受损失。比如:《日本著作权法》第68条所规定的强制许可就是如此。[⑤] 根据《日本著作权法》中的强制许可的有关规定,对已经发表的作品广播,在协商不成时,向文化厅支付规定的报酬后,

---

① See Summary Minutes of Main Committee I (note 15), Paragraph 800, 847.

② 比如我国《著作权集体管理组织条例》第23条第3款。

③ [西班牙]德利娅·利普希克:《著作权与邻接权》,中国对外翻译出版公司、联合国教科文组织2000年版,第183页。

④ [西班牙]德利娅·利普希克:《著作权与邻接权》,中国对外翻译出版公司、联合国教科文组织2000年版,第184页。

⑤ 《日本著作权法》第68条规定:(1)广播已发表的作品的广播组织,在向权利人提出广播请求,但未达成协议或不能协商时,向权利人支付文化厅规定的相当于通常使用费数额后,可以对作品进行广播。(2)除第38条第2项、第3项规定的情形外,对该种作品进行有线广播或传播的人,必须向权利人支付相当于通常使用费。

可以使用该作品。这种规定自然可以应用到录音制品二次使用的广播中，这样使著作权人、表演者与录音制作者在录音制品二次使用时，在权利的行使上得到较好的协调。

而法定许可是使用者直接依据法律的规定使用和支付报酬即可，无须通过行政程序。其目的在于降低海量使用情形下的交易成本。虽然，有学者以WIPO专家委员会1996年WCT草案中“取消某些非自愿许可”的条款为论据证明其观点，“随着数字技术和网络技术的普及、保护版权的技术措施和权利管理信息的合法化以及著作权集体管理组织逐渐成熟并建立了较为完善的权利许可机制，以交易成本理论为基石的法定许可使用制度将面临灭顶之灾”。[①] 不过，从1996年到现在，法定许可依然在各国著作权法中广泛存在。[②] 而且随着以前“合理使用”中部分使用方式被纳入法定许可下的付费使用，法定许可甚至有扩大的趋势。而录音制品二次使用在《罗马公约》与WPPT都是采用法定许可下的报酬权模式，虽然这两个条约都允许对这种规定予以保留，也并不反对成员国采取专有权的模式，但由于条约的示范作用，这种模式成为至少是欧洲大部分国家所采用的模式。

综上所述，录音制品二次使用权通过非自愿许可下的报酬权安排，既是为了促进作品与知识的传播、降低交易成本，也是协调著作权人、表演者与录音制作者之间权利行使的需要。但同样需要对作者通过录音制品广播与表演其作品采用强制许可或法定许可的制度安排。这样，才能从根本上消除录音制品二次使用上三个主体的权利可能对该权利实现所存在的障碍。

(三)比较与选择

虽然对于录音制品的二次使用权在理论上，对著作权人、表演者与录音制作者全部采取非自愿许可中的报酬权似乎更有利于权利行使的顺畅，更有利于消除著作权人、表演者与录音制作者之间行使权利的冲突，然而，某些国家诸如英国、巴西、印度等依然全部或部分采用专有权的方式配置录音制品二次

---

① 参见王清:《著作权限制制度比较研究》，人民法院出版社2007年版，第293～294页。

② 比如根据《荷兰著作权法》第17条规定，通过信号、声音或图像的广播或电视广播或通过一个有线或无线方式提供的文学、科学和艺术作品，为了对该类作品作者及其继承人权利行使的监管。行政条例可以规定该种作品通过广播或电视广播或有线或无线方式发表或发行，无须获得作者或其继承人的同意，但有权对该发表或发行该作品的人必须在尊重本法第25条规定权利的条件下，并向权利人支付合理报酬，在报酬协商不成的情况下，由法院确定。类似规定还有《德国著作权法与邻接权法》第45条、第46条、第52条等。

使用权,似乎也没有太大的障碍。而且,根据国际唱片业协会的2008年年报,英国的表演权收益在世界排名第一,印度的唱片业也在全球唱片业缩水趋势中不降反升。[①] 而全部采取法定许可下报酬权的荷兰,其表演权收益在唱片业收益中的比重在世界排名第一,整个唱片业增长速度也在世界排名第一。[②] 因此,从制度效果来看,很难说哪种安排更好。但录音制品二次使用权在我国《著作权法》上还是一片空白,为此,在这种权利的制度构建上结合中国实际,借鉴乃是不可避免的选择。

无论是专有权还是报酬权,无论报酬权是通过强制许可还是通过法定许可实现,都需要运作良好的集体管理组织,否则这种海量使用的权利都不可能得到很好的实现。因为,使用者不可能支付如此高的搜索权利人的成本去支付该使用费。"以集体管理代替法定许可"[③]的观点只看到了法定许可无须授权和费用协商这个方面,却未看到集体管理下照样是海量使用的权利,很多集体管理组织发展很好的国家,其法定许可制度照样存在,比如德国、法国、荷兰等国家。倒是专有权制度需要有较好的强制许可制度配套,以免集体管理组织滥用权利拒绝许可。而我国现行《著作权法》中恰好没有强制许可的制度。此外,依据我国现行《著作权法》第43条第2款规定,广播组织播放已发表的作品也是采取法定许可。依据我国官方对待WIPO专家委员会有关"取消非自愿许可"草案的态度上,结合广播组织在我国的政治地位,至少广播组织的法定许可制度在未来很长一段时间会依然存在。因此,建议将我国《著作权法》在确立录音制品二次使用权时,可继续采用法定许可制度下的报酬权安排,这与我国《著作权法》第43条有关广播已发表作品的法定许可不谋而合。至少在录音制品的广播方面,无须对《著作权法》作任何其他修订,广播组织无须获得作者、表演者与录音制品作者许可,只需要向各个权利主体支付报酬即可。这样在录音制品进行广播时,三个权利主体之间在权利行使上得到较好的协调。但在录音制品表演时,为防止(至少是理论上)因为著作权人的拒绝,而使使用者无法使用该录音制品,使表演者、录音制作者与使用者三方权益受损,将著作权人通过录音制品表演其作品的权利也规定为法定许可下的报酬

---

① IFPI, Recorded Music Sales 2008, Market Information, http://www.ifpi.org/content/library/Recorded-Music-Sales-2008.pdf, 2010-3-21.

② IFPI, Recorded Music Sales 2008, Market Information, http://www.ifpi.org/content/library/Recorded-music-sales-2007.pdf, 2010-3-21.

③ 参见李琛:《知识产权法关键词》,法律出版社2006年版,第206页。

权。为此，我国在《著作权法》中确立录音制品二次使用权时，可以采取 1996 年《墨西哥联邦著作权法》第 133 条的规定，录音制品在通过广播与表演时，著作权人、表演者与录音制作者都不能反对这种使用，但使用者应该向这三个主体支付报酬。鉴于我国《著作权法》第 43 条第 2 款已经解决了广播已发表作品的法定许可问题，因此，只需要将著作权人通过录音制品表演时专有权调整为法定许可即可。

二、权利享有的模式

至于录音制品二次使用权享有的主体，《罗马公约》第 12 条为缔约国留下较大的选择空间，至少有三个方案可选：表演者、录音制作者或两者共享；而 WPPT 第 15 条给缔约方所留下的空间相对较小，必须是表演者与录音制作者共享。但两个公约都非常明确，无论是独享还是共享，都只是“单一的报酬”(a single remuneration)，意味着使用者只需要就录音制品的二次使用向两个主体支付一笔报酬，而不是两笔报酬。当然这里不是指只支付一次报酬，而是指每一次使用只需支付一笔报酬。不过，这两个公约中有关录音制品二次使用权的规定都允许缔约方声明保留。因此，这两个公约都未能形成缔约方必须遵守的最低标准。实际上具体到缔约方的国内立法，对录音制品二次使用权是由两个主体共享还是其中一个独享，各自制度安排并不相同。

(一)共享

比较法的分析表明，大部分对录音制品二次使用权都采取共享的模式：表演者与录音制作者共享一个报酬权。包括英国、意大利、德国、法国、荷兰等都是采取表演者与录音制作者共享一个权利。其中英国《版权、外观设计与专利法》虽然规定由录音制品制作者享有该权利，但必须将收取的许可费与表演者分享；德国《著作权法与邻接权法》规定由表演者享有该权利，但唱片商(录音制作者)参与分配。一般理由是使用者无须支付两笔报酬，以免增加使用者的负担。这种安排中，著作权人可以单独享有一个报酬权(大部分国家还是专有权)，而表演者与录音制作者只共享一个报酬权(大部分国家仅仅是报酬权)。使用者自然会按照一个权利一笔报酬的标准向权利人进行支付，这样就导致表演者与录音制作者两个主体共享著作权人单个主体所享有的报酬权。因此，从权利配置上看，这种安排显然偏重著作权人，而对表演者与录音制作者不公平。但这种安排是一个被普遍接受的历史遗留问题：法国录音制作者协会自1954年,就开始与表演者共享一个报酬权。[①] 也就是说,录音制品二次使用的权利自一开始就是由表演者与录音制作者共享的权利。并且这种共享的模式随后被德国、荷兰等主要作者权体系的国家立法所接受。不过,即使是将表演者、录音制作者与广播组织纳入版权法保护的版权体系国家,同样对录音制品二次使用权采取表演者与录音制作者共享的模式,比如英国。这种安排使使用者只需要支付一笔许可费,在专有权模式下只需要一个许可,从而减轻使用者的负担和降低交易成本。因此,这种权利配置上不公平的安排,已经因为表演者与录音制作者的普遍接受和认同而被固定下来,成为录音制作者二次使用权立法上的主流。在共享模式中,对于表演者与录音制作者在该报酬所分享的份额,法国与荷兰明确规定是对半分配,意大利则规定由双方协商,协商不成由主管机关裁定,其他国家立法只是规定合理的份额,并未规定具体的分配方式,但一般在产生争议时,主管机关都以对半分配的办法加以裁决。为此,至于表演者与录音制作者所享有该报酬的份额,还是应该留给双方主体进行协商确定。因为在无法确定表演者与录音制作者对一个录音制品贡献大小的情况下,由双方协商确定解决最为有效与经济。当然在强制集体管理的安排下,这种协商一般由双方的集体管理组织完成。

(二)独享

即使表演者与录音制作者分享录音制品二次使用权成为各国较为普遍接受的一种制度安排,但还是有些国家的著作权立法规定由一个主体即表演者或录音制作者独享录音制品二次使用权。这种单独享有录音制品二次使用权的模式又有两类情况:其一为录音制作者与表演者分别单独享有录音制品二次使用权,这种立法安排的国家非常少,在笔者查阅的范围内,只有《日本著作权法》规定由表演者与录音制作者各自单独享有其录音制品被广播时的报酬权。根据《日本著作权法》第68条对广播作品的强制许可,这样,作者、表演者与录音制作者是三个主体、三个权利,在录音制品二次使用的权利配置上达到平衡。尽管如此,但效仿者很少。其二为表演者或录音制作者独享录音制品二次使用权,其中一个主体享有,另一个主体则不再享有。《印度版权法》就规定录音制作者单独享有录音制品二次使用权,而表演者则不享有该权利。根据学者的统计,仅表演者享有该权利的有智利、秘鲁;仅录音制作者享有该权

---

① See Stephen M. Stewart, ed., *International Copyright and Neighboring Rights* (2nd ed.), London: Butterworths, 1989, pp. 403～407.

利的，除印度外有爱尔兰、菲律宾等。[①] 这些国家的著作权法将录音制品二次使用权只赋予表演者或录音制作者中的任何一个主体，另一个不再享有包括参与分配在内的任何其他权利。虽然，这些国家著作权法的这种制度安排有其自身的理由，但这种由表演者或录音制作者独享的模式缺少制度层面上的平衡。

（三）比较与选择

我国《著作权法》确立录音制品二次使用权时，必须在制度上对表演者与录音制作者分享或独享该权利作出安排。虽然，诸如《日本著作权法》所规定的由表演者与录音制作者分别单独享有一个广播报酬权的模式，充分体现了权利配置上的制度公平，但毕竟由录音制作者与表演者共享录音制品二次使用权的模式已为全球大部分国家著作权立法普遍接受，而且也是诸如 WPPT 这种新近的著作权国际条约所采用的模式。虽然，WPPT 所规定的录音制品二次使用权允许缔约方声明保留，但至少代表了国际著作权法的一种发展趋势。更何况，这种制度安排使使用者只需支付一笔报酬。对于发展中国家的中国来说，使用者的负担也是必须考虑的因素。至于表演者与录音制作者分享该报酬的具体办法，应该采取国际通行做法，由双方协商。这样，既考虑使用者负担，又兼顾表演者与录音制作者权利配置的公平，我国《著作权法》确立录音制品二次使用权应该采取表演者与录音制作者共享的模式。

三、权利主张的主体

上述论证说明我国《著作权法》规定录音制品二次使用权时，应该采取法定许可下报酬权模式，并且在录音制品二次使用权的享有上采取表演者与录音制作者共享的制度安排。而在这种共享的制度安排中，由哪个主体主张权利，又是必须解决的问题。前述比较法分析表明，《罗马公约》与 WPPT 都将主张权利的主体的规定留给了缔约方国内法。而国内著作权立法对录音制品二次使用权的主张权利主体的规定上有三种模式：即表演者或录音制作者或使用者直接向两者支付。为此，应对这三种安排进行比较，以使我国著作权立法择优选择。

---

① David Sinacore-Guinn, *Collective Administration of Copyright and Neighboring Rights: International Practices, Procedures and Organizations*. London: Little, Brown and Company Boston Toronto, 1993, p. 781.

(一)表演者

上述比较法分析的国家著作权法中,在表演者与录音制作者的共享模式下由表演者主张权利的国家有德国。《德国著作权法与邻接权法》规定由表演者向使用者主张录音制品二次使用权,录音制作者再参与分配。而且,考虑到表演者与录音制作者协商许可录音制作者录制其表演时所处的弱势谈判地位,《德国著作权法与邻接权法》规定该报酬权不允许预先放弃,并且只能通过集体管理组织行使。当然,这种制度安排与德国运作比较良好的集体管理组织是分不开的。因为,录音制品二次使用所涉及的表演者是海量的,如果没有完善的著作权集体管理组织,使用者无法向每个权利人支付许可费,而且表演者也无法知晓同样海量的使用者对录有其表演的录音制品的使用情况。为此,由表演者主张权利的模式必须有运作良好的著作权集体管理组织为前提。此外,这种模式还需要表演者与录音制作者的集体管理组织之间,有一个关于费用分配办法的协议。当然,如果表演者与录音制作者同在一个集体管理组织,那就是集体管理组织的内部事务了。

(二)录音制作者

上述比较法分析的国家著作权法中,由录音制作者主张权利的国家有英国、意大利与巴西,因此采用这种安排的国家相对较多。这种安排除可能与录音制品二次使用权的历史有关之外——作为录音制品二次使用权起源的法国就是由录音制作者通过协议向广播组织收取许可费的,然后再分配给表演者——权利实现的可能性也应该是考虑的一个主要问题:相对于海量表演者来说,录音制作者在数量上显然要少很多,相对寻找到具体表演者而言,寻找到录音制作者的可能性更大。再由录音制作者将该许可费向表演者分配,这种可能性显然更大。而且录音制作者所处地位更为强势,主张该权利更具实现的可能性。但随着录音技术的进步,录音制作者的数量已经在现代社会大幅增加,甚至出现个人录音制作者。为此,这种选择同样需要著作权集体管理组织的协调,才能实现该权利。而且同由表演者主张该权利的模式一样,需要有两者的集体管理组织之间缔结费用分配的协议。因此,录音制作者主张权利的模式并不再比表演者主张权利的模式具有优势,这两种安排都需要有完善与运行良好的著作权集体管理组织。

(三)直接向两者支付

在录音制作者与表演者共享录音制品二次使用权的模式中,还有一种是使用者直接将许可费向表演者与录音制作者支付。当然,一般都是直接向这些权利的集体管理组织支付,比如法国与荷兰就是如此。同上述两种模式一样,亦需要有运作良好的著作权集体管理组织,才有可能实现这种权利。不过,这种模式中,无须表演者与录音制作者的集体管理组织之间再签订其他协议,而是由收取该费用的集体管理组织直接向表演者与录音制作者支付该许可费;或者向两者共同的集体管理组织支付,再由集体管理组织按照一定的分配方式将该费用分配给相应的表演者与录音制作者。

（四）比较与选择

对于由表演者还是录音制作者主张其所共享的录音制品二次使用权或由使用者直接向两者支付录音制品二次使用权的使用费,这三种模式在交易成本与便利方面并无太大差别,任何一种模式都需要运作良好的著作权集体管理组织,才能充分实现这样的权利。就中国实际情况来看,由于音像制品上的权利都由中国音像著作权集体管理协会管理,因此,使用者只需要将录音制品二次使用费支付给该集体管理组织,由该集体管理组织按照一定的标准与条件再将该费用分配给表演者与录音制作者。

四、立法例的安排

在录音制品二次使用权由表演者或录音制作者独享的模式中,立法上自然应该将该权利规定于表演者或录音制作者权利的对应条文,比如日本与印度《著作权法》。而在录音制作者与表演者共享录音制品二次使用权的模式中,则有两种立法例,一种是分别规定表演者与制作者的权利,一种是规定表演者与录音制作者的共同条款。既然我国《著作权法》采取表演者与录音制作者共享录音制品二次使用权的模式,也就必须在这两种立法例中作出选择。

（一）共同条款模式

《罗马公约》与 WPPT 都是采取共同条款的模式,前述比较的国家著作权法中,有法国、墨西哥与荷兰采取了这种安排。《法国知识产权法》在第二卷著作权之邻接权的第四章专章规定了“表演艺术者及录音制作者的共同规定”,其中第 L. 214-1 条规定了录音制品二次使用权;《墨西哥联邦著作权法》第 133 条,通过一个条文将该报酬权共同赋予了财产权的所有人、表演者与录音制作者;《荷兰邻接权法》第 7 条,规定了录音制品二次使用权。

（二）分别规定模式

在前述比较分析国家的著作权法中,采取分别规定模式的国家相对较多:德国、英国、意大利、巴西等等,都是采取分别规定的模式。在具体安排上,由于主张权利的主体不同,又有两种情况:一种将权利规定在表演者权利的条文中,而在录音制作者权利的条文中则规定其有权参与分享,比如德国;另一种将权利规定在录音制作者权利的条文中，并直接规定表演者参与分享，比如意大利；将权利分别赋予表演者与录音制作者，规定录音制作者收取并向表演者分配，比如巴西；也有将权利规定给录音制作者，然后在表演者权利中规定参与分享的权利，比如英国，并且英国还规定，在表演者与录音制作者分配的协议中，限制与排除表演者报酬权的协议都是无效的。

(三)比较与选择

上述不同的国家根据不同的情况，选择不同的制度安排，其优劣之分并不明显。鉴于我国现行《著作权法》并无表演者与录音制作者的共同条款，因此，为减少立法成本，没有必要专门为录音制品二次使用权设立共同条款，可以采取分别规定的模式。鉴于音乐产业的链条结构，录音制作者作为链条结构的最后一环，对录音产业的兴盛所具有的决定作用，建议将该权利规定在录音制作者权利的条文中，并规定其必须同表演者分享该报酬。为保护表演者，应该采取英国的制度安排，防止其基于弱势地位而放弃该权利，规定在具体分配的协议中，排除与限制表演者报酬权的协议都是无效的。

五、小结

经过对中国《著作权法》确立录音制品二次使用权在前述四个层次的比较与选择，录音制品二次使用的权利构建在制度上已经变得清晰。具体而言，我国《著作权法》可将录音制品二次使用权作如下安排：录音制作者对广播与表演其录音制品的使用者，享有收取报酬的权利；录音制作者应该将该报酬向表演者分配；具体分配的份额由双方协商，但分配协议中不得限制与排除表演者的报酬权。此外，防止著作权人阻止录音制品二次使用权的实现，对应《著作权法》中著作权人广播权实现的法定许可的制度安排，应规定使用者通过录音制品表演已经发表的作品，无须获得著作权人许可，但应支付合理报酬。

至此，我国《著作权法》录音制品二次使用的权利构建在制度的指导思想上已经完成。然而，虽然《罗马公约》第12条与WPPT第15条所规定的录音制品二次使用权所控制的由录音制品的使用范围包括广播与向公众传播，但由于广播与向公众传播的与我国《著作权法》上的广播与表演在范围与措辞上并不完全一致，为此，需要明确录音制品二次使用权所控制的具体使用范围。

第三节　录音制品二次使用权的权利范围

无论是《罗马公约》还是WPPT所规定的录音制品二次使用权，所控制的使用方式都是对录音制品的广播与向公众传播方式中的部分或全部。但对于广播与向公众传播的使用方式如何结合我国《著作权法》的现有制度，转换为国内熟悉的表述，必须予以明确。当然，广播与向公众传播的具体范围、使用方式是否必须以“营利性或商业性”为使用前提以及录音制品的具体范围等这些内容亦应予以明确。

一、“营利性”或“商业性”的使用问题

录音制品二次使用权涉及录音制品的广播与向公众传播。一般而言，广播自然意味着受众是不特定的公众。而向公众传播是一种概括式的提法，但向公众传播肯定是指录音制品的公开使用。为此，录音制品二次使用权只控制录音制品的公开使用，而不涉及个人使用。录音制品二次使用权涉及使用者支付报酬的问题，那么使用者对录音制品二次使用是否应该限定在营利性使用，一般国家立法并不明确规定。但我国关注录音制品二次使用权的学者认为，表演者与录音制品制作者仅对录音制品“商业性播放”享有报酬权。[①]为此，需要对录音制品二次使用权所控制下的使用是否必以“营利性使用”或“商业性使用”为前提进行论证。

（一）从“直接营利”到“间接营利”再到“纯粹的公开表演”

根据前述对录音制品二次使用权的构建，当录音制品广播与向公众传播时，权利人有权从使用者处获取报酬。而无论是广播还是向公众传播都必须是公开的，为不特定的受众所感受。为此，录音制品二次使用权所控制下的使用限于公开使用。有些国家的著作权法中并不区分广播与向公众传播，一般以非私人受众对象为判定标准，将非私人受众所能感受的权利客体的任何使用方式都纳入公开表演权（public performance right）的控制范围：美国《版权法》第101条将公开表演界定为：(1)在一个向公众公开的地方表演或在任何通常家人或熟人范围之外具有一定数量的人的任何地方表演；或(2)向第1项所规定的地方传送表演或通过任何设备、手段同时同地或异时异地地向公众提供表演，无论公众成员是否能够接收该表演。[②] 法国著作权中的财产权由复制权与表演权两大类构成，其中表演涵盖公开朗诵、音乐表演、戏剧表演、公

① 参见刘晓海：《完善我国邻接权制度的若干思考》，载《中国新闻出版报》2008年11月13日第7版。

② 参见《美国版权法》第101条定义条款对公开表演的界定（to perform or display a work “publicly”）。

开演出、公开放映以及在公共场所远程传送作品;而远程传送是指通过电信传播的一切方式,传送各种声音、图像、资料、数据及信息;向卫星发送作品视为表演。[①] 也有些国家著作权立法将表演权与广播权进行区分,表演权包括现场表演与机械表演,而广播权包括以有线或无线的方式通过广播、电视、卫星等任何其他方式向公众传播作品的权利。录音制品二次使用权是通过录音制品的广播与向公众传播,因此肯定不涉及现场表演(活表演),只能是机械表演。而私人范围(家庭范围或一定数量的熟人范围)的机械表演不属于公开表演,不属于权利人的控制范围。对于广播问题,实际上不存在仅为个人感受的广播电视。因此,几乎所有国家在实践中,录音制品二次使用权只针对录音制品公开使用,但对于这种公开使用是否必须是营利性使用或商业性使用,则并不明确。

表演权的控制范围有一个从直接营利到间接营利再到现今的仅为公开表演的过程:美国音乐作品的公开表演权就是一个典型的例子。虽然美国于1909年《版权法》就规定未经授权的表演构成对版权的侵犯,但表演必须是公开进行,且具备“营利性”的,而刚开始将收取门票举办音乐会看作“营利”的常见例子。[②] 在1914年John Church Co. v. Hilliard Hotel中,上诉法院认为饭店的表演不具有“营利性”,因为其并未向客人收取入场费。[③] 不过,霍姆斯大法官于1917年在一个类似案例的最高法院的判决中,认为:“被告的表演并不是免费的。它们是公众整个付费的一部分,而把全部价格归于就餐者所订购的某个特定对象上,这一点并不重要。当然,音乐与食物都不是唯一对象,因为食物可以在其他地方可以更低的价格买到。这个对象是在特定环境中的一次就餐,在这种环境中,交谈能力有限或者嫌吵的人就会产生一种奢侈的愉悦感,而这种感受在一个沉闷的就餐环境中是无法得到的。如果这些音乐对客人的付费没有一点儿作用,餐馆早就弃而不用了。如果要为之付费,它只有从公众的口袋掏钱出来。无论是否付费,利用音乐的目的就是为了利润,这已经足够。”[④]

---

① 参见《法国知识产权法典》第L.122-2条。

② Act of March 4, 1909, chap. 320, § 1 (e), 35 Stat. at L. 1075, Comp. Stat. 1913 § 9517.

③ See John Church Co. v. Hilliard Hotel Co., 221 F. 229, 230 (2nd Cir. 1915) US.

④ See Herbert v. Shanley Co., 242 U.S. 591, 594～595 (1917). US.

霍姆斯法官这种宽泛地解释当时立法中"营利性"的含义，使美国音乐作品的表演权得以广泛确立。不仅如此，霍姆斯法官还在其后权利人针对广播电台的诉讼中，拒绝承认广播电台以"公众无须支付任何费用就可收听广播"的非营利性抗辩，只要电台意图从节目中获取一项间接收益就可认定为具有"营利性"；正因为如此，有学者认为是"霍姆斯大法官的远见卓识拯救了当时的音乐产业"。[①] 此后，美国开始寻求立法上的改变，并在1976年的立法中将"营利性"公开表演的条件予以删除，众议院在报告中指出：

划出"营利"与"非营利"组织之间的界限日益困难。"非营利性"组织得到很高的资助并且有能力支付许可费，公共广播组织和其他非商业性组织对版权作品的广泛公开使用可能增长。这些趋势外，表演与展览将继续成为制作复制件的替代市场，未来的一个"非营利性"例外不但会伤害作者，而且会榨干对于作者创作的激励。[②]

此后的案例中，作为版权人的原告不再需要证明被告的表演具有营利性。[③] 后来，《美国版权法》第106条第6项规定，对录音制品通过数字广播也仅限于公开表演(publicly perform)。这样，美国版权法的公开表演权所控制的表演完成从"直接营利性"表演到"间接营利性"表演再到没有营利性要求的"纯粹的公开表演"的过程。

美国版权立法与判例中对公开表演的判定从"从直接营利到间接营利再到纯粹的公开使用"的过程表明，营利性的判定的困难，使现今国际条约与各国著作权法中有关录音制品二次使用权的规定不再有营利性的规定要求。[④] 这也是国际著作权立法的一个趋势。

(二)分析与选择

虽然大部分国家著作权法中所规定的录音制品二次使用权不再要求表演必须具有"营利性"，仅要求是公开表演即可，但大部分国家的著作权法还是通过限制制度将纯粹免费的公开表演放进限制制度以排除对表演权的控制——

---

① [美]保罗·戈斯汀:《著作权之道:从谷登堡到数字点播机》，金海军译，北京大学出版社2008年版，第59页。

② H. R. Rep. No. 1476, 94th Cong., 2nd Sess. 62～63 (1976).

③ See Almo Music Corp. v. 77 East Adams, Inc., 647 F. Supp. 123 (N. D. Ill. 1986). US; LaSalle Music Publishers, Inc. v. Highfill, 622 F. Supp. 168 (W. D. Mo. 1985). US.

④ 《罗马公约》的第12条、WPPT的第15条、《德国著作权法与邻接权法》第78条、《法国知识产权法典》第L. 214-1条等未规定营利性的要求。

即使有些国家尤其作者权体系国家的著作权法要求纯粹免费表演的组织者支付适当报酬。比如《德国著作权法与邻接权法》第52条第2项所规定的礼拜仪式、教会举办的宗教节目或宗教团体活动的公开再现,活动组织者需要支付适当报酬。《美国版权法》所规定的公开表演权不再限于“营利性”目的的表演,但还是通过版权限制制度将纯粹的免费表演排除在表演权的限制之外:《美国版权法》第110条所规定的非营利性演出或展出包括教学演出、教学或公务传送、宗教演出、没有任何商业利益目的的免费演出,该限制自然包括对《美国版权法》第106条第6项所规定录音制品数字广播权的限制。类似的规定还有《英国版权、外观设计与专利法》第34条所规定的教育活动中的表演。

这说明,世界各国著作权法与国际条约,在规定录音制品二次使用权的制度中,不再采取以“营利性”或“商业性”作为立法中的表述与措辞,[①]而是将纯粹免费表演、为教育与宗教目的的表演放进限制制度中。这是因为对“商业性”或“营利性”的判断很难有一个非常精确的标准。而通过限制制度将一些免费的表演排除在录音制品二次使用权之外,由于限制制度采取法定原则,使权利人对哪些情况下应该获得报酬,而哪些情况不能获得报酬非常明确,不至于因为“营利性”或“商业性”的解释使其利益落空。因此,这种安排在总体上,使权利人的利益预期非常清晰。而且,我国《著作权法》第10条第1款第9项所规定的表演权,亦无“营利性”或“商业性”的要求。[②] 为此,我国《著作权法》在将来确立录音制品二次使用权时,也不应将“营利性”或“商业性”作为权利构建中的要求,至于纯粹非营利性的使用可以通过限制制度将其排除在权利控制之外。

二、广播的范围

在明确录音制品二次使用权所控制的使用方式并不以“营利性”或“商业性”为前提条件之后,则需要进一步明确“向公众传播”与“广播”的具体范围。随着广播技术的发展,广播已经从传统的无线与有线的广播扩张至网络空间,为此必须对录音制品二次使用权所控制的广播是否涵盖所有的广播类型予以明确界定。

---

① 在笔者的查阅范围内,只有1996年的《墨西哥联邦著作权法》第133条所规定的录音制品二次使用权中有“为营利目的”(for profit-making purpose)的要求。

② 《著作权法》第10条第1款第9项规定,表演权,即公开表演作品,以及用各种手段播送作品的表演的权利。

（一）传统广播权控制范围的拓展

TRIPS第9条的规定使《伯尔尼公约（1971年巴黎文本）》第1条至第21条及其附录的规定直接成为成员国的义务。为履行条约义务，一般国家的立法都按照《伯尔尼公约》第11条的规定制定本国著作权法上的广播权。根据《伯尔尼公约》第11条之二的规定，广播权所控制的行为包括：[①]（1）无线广播作品或通过任何其他无线传输信号、声音或图像的方式向公众传播。由于《伯尔尼公约》中的广播仅指无线广播，包括电台、电视等其他任何方式的无线广播。在这种情况下，需要获取作者授权与支付费用的义务人主要是包括电台与电视台在内的各种广播组织。（2）有线或无线转播，指对已经由一个广播组织广播的作品由另一个广播组织通过有线或无线的方式向公众转播作品。也就是说，如果作者已经授权某一广播组织无线广播其作品，另一广播组织无论是通过无线转播还是有线转播，都在广播权的控制范围内。这也是通常所说的转播，这种转播必须与首播或直播是同时进行的，否则为录播。这种情况下的义务主体主要是对直播进行转播的无线或有线的广播组织。（3）公开播放广播，通过扬声器或其他任何类似传输信号、声音或图像的设备向公众传播作品的广播。这是对已经广播的作品，通过传输信号、声音或图像的设备向公众播放该作品的广播。这种情况下的义务主体是将广播作品向公众提供的人，比如播放广播或电视的超市、宾馆、机场、码头等公共场所。依据这种广播权的控制范围，实际上将我们日常生活中似乎难以理解的行为都在广播权的控制范围内：比如广场、超市、饭店等公共场所播放有著作权的电视节目都必须获得权利人的许可。我国《著作权法》第10条第1款第11项所规定的广播权完全是依据《伯尔尼公约》所规定的广播权制定的，[②]也控制上述对作品三个范围内的广播。

仅从《罗马公约》第12条与WPPT第15条规定所控制的广播的范围而言，比《伯尔尼公约》第11条之二所控制的范围要小。《罗马公约》第3条将广播界定为“通过无线手段向公众传播声音或声音与图像”。而根据《罗马公约》第12条的规定，其用了“直接用于播放”的表述，这就说明通过转播方式进行

---

① 该种解释亦可参见[法]克洛德·马苏耶：《保护文学和艺术作品伯尔尼公约指南（1971年巴黎文本）》，刘波林译，中国人民法学出版社2002年版，第54～55页。

② 我国《著作权法》将广播权规定为，即以无线方式公开广播或者传播作品，以有线传播或者转播的方式向公众传播广播的作品，以及通过扩音器或者其他传送符号、声音、图像的类似工具向公众传播广播的作品的权利。

的使用不构成直接使用,转播的使用者不需要支付二次使用报酬。因此,《罗马公约》的广播权仅为控制《伯尔尼公约》广播权所控制的“无线广播”。WPPT 第 2 条第(f)项将“广播”定义为,“以无线的方式播送,使公众能够接收声音,或图像与声音以及声音的表现物;通过卫星进行的此种播送亦为‘广播’;播送加码信号,经广播组织同意或由其向公众提供解码手段,亦是‘广播’”。虽然,该定义并未规定“转播”为广播的一种方式,但基于 WPPT 的基础提案,该广播包括转播在内。[①] 尽管如此,WPPT 中的广播权不再将《伯尔尼公约》的广播权所控制的第三种行为即“通过扬声器或其他任何类似传输信号、声音或图像的设备向公众传播作品的广播”纳入控制范围。WPPT 所规定的广播权比《伯尔尼公约》所规定的广播权范围小,但比《罗马公约》第 12 条所规定的广播权范围大,因为包括转播。不过,就《罗马公约》第 12 条与 WPPT 第 15 条所控制的总体范围而言,它并不比《伯尔尼公约》第 11 条之二所控制的范围小,因为这两条中都还包括“向公众传播”,[②]可以将《伯尔尼公约》第 11 条之二所规定的广播权的第三种情况涵盖在内,为此,在总体范围上并无差别。只是《伯尔尼公约》是用“公开表演”、“公开朗诵”与第 11 条之二所规定的“公开播放”,而《罗马公约》与 WPPT 则用“向公众传播”将这三种情况都纳入其中。

无线电通信技术催生了著作权中广播权的诞生,刚开始诞生的广播权仅仅控制无线的广播方式,而且当时的技术也只能借助地面发射装置和无线电磁波进行“异地同时”接受声音或声音与图像的信号。除了 WCT 通过“伞形

---

① 参见 WPPT 基础提案(注 13)。也有人认为,WPPT 第 2 条对广播的定义中,就已经解决了广播所涵盖了转播的范围,WPPT 第 15 条中“直接或间接”的表示是指使用“原始”拷贝和复制品。参见[匈]米哈依・菲彻尔:《版权法与因特网》,郭寿康等译,中国大百科全书出版社 2009 年版,第 928～929 页。

② 《罗马公约》没有对“向公众传播”进行界定,因此其控制范围不甚清晰,但似乎亦可作扩张性解释,其包括《伯尔尼公约》第 11 条之二中的“公开播放广播”与机械表演。否则,《罗马公约》第 12 条所规定的“向公众传播”就失去存在的意义了。

解决方案”(Umbrella's Solution)[①]允许成员国通过多种方式解决作品“交互式”传播，从而用向公众传播权(right of communication to the public)包括广播权，[②]不再设立单独的广播权。无论是《罗马公约》第 12 条、《伯尔尼公约(巴黎文本)》的第 11 条之二还是 WPPT 的第 15 条，将广播权的范围控制在无线广播，即使是《伯尔尼公约》第 11 条之二所规定的控制范围非常广泛的广播权，亦未涵盖有线广播。[③] 而我国《著作权法》第 10 条第 1 款第 11 项所规定的广播权，亦不包括有线广播。[④] 有学者认为这是我国《著作权法》直接引用《伯尔尼公约》第 11 条之二所规定的“广播权”所产生的结果，由于《伯尔尼公约》最后修订的时间为 20 世纪 70 年代，为了解决接收信号不好的问题，有线广播的主要功能在于对无线广播进行转播，直接的有线广播并未进入当时的通信舞台。这导致直接引用《伯尔尼公约》广播权规定的我国《著作权法》所规定的“广播权”，亦未涵盖有线直接广播。[⑤] 而正如学者认为，我国的表演权尤其是机械表演权、放映权等无法将有线直播纳入控制范围，因此，作品的权利

---

① WCT 的伞形解决方案大致背景如下：数字技术使复制权、发行权与向公众传播权之间的界限模糊，对将“按需传播权”应该放在哪个权利下进行保护，产生很大争议。美国认为应该放在发行权下进行保护，而欧盟则认为应该通过扩大传播权的范围对其进行保护。最后形成 WCT 第 8 条的向公众提供权(making available to the public)这种伞形解决方案：各国有义务授予权利人一项或多项专有权，以授权通过按需传输/传送使用作品和其他受保护的客体，或者将授权在此种传输/传送过程中从事某些行为。这是以一种尽可能中立的方式作出的规定，即不涉及任何专门的法律特征，当然，可能同时规定一些合理的例外；至于授予的权利，无论是多个享有权利的结合以及尽可能的扩张，还是一项新的专门权利的法律性质，则由各国国内法规定。因此，WCT 中不再有专门的广播权、表演权等。参见[匈]米哈依·菲彻尔：《版权法与因特网》，郭寿康等译，中国大百科全书出版社 2009 年版，第 291～294 页。

② 参见 WCT 第 8 条。

③ 这里广播是指有线直播，而不是指有线转播，有线转播的权利自然被包括在《伯尔尼公约》广播权的范围之内。

④ 立法的解释亦认为我国《著作权法》中的广播权未控制有线广播(直播)。参见胡康生：《中华人民共和国著作权法释义》，法律出版社 2002 年版，第 64 页。另见姚红主编：《中华人民共和国著作权法解释》，群众出版社 2001 年版，第 97 页。

⑤ 参见王迁：《论我国〈著作权法〉中“广播权”与“网络信息传播权”的重构》，载《两岸四地版权法律制度研讨会论文集》，2009 年，第 7～14 页。

人实际上无法控制作品的有线广播。[①] 而时至今天,有线电视[②]已经成为当今我国省级以下行政区域的一种主要的传播方式。而且,大部分国家的著作权法对广播权的规定或者将有线广播与无线广播并列列举,[③]或者用表演权涵盖包括有线与无线广播在内的所有的向公众传播。[④] 因为有线直播的广播电视组织是一个单独的经营主体,其有独立的广告收入,其广播收入中自然无法抹杀录音制品播放的功劳。为此,录音制品二次使用权所控制的广播范围扩展到有线直播,但由于其主要处于省级以下行政区域中,对报酬的收取可给予适当优惠。

此外,由于广播并未明确是首次广播还是重播,且重播改变了受众的数量,因此,应该将其纳入录音制品二次使用权的控制范围内。而且我国国务院2009年11月颁布并于2010年1月1日施行的《广播电台电视台播放录音制品支付报酬暂行办法》亦明确规定了首播、重播和转播都是著作权人广播权所应控制的范围。[⑤] 为此,为平衡著作权人、表演者与录音制作者之间的权利配置,录音制品二次使用权亦将重播包括在其控制范围之内。

《罗马公约》第12条规定的录音制品二次使用权,并未将转播纳入收取报酬的范围之内,但该条中所规定的"向公众传播"似乎应该作包括转播的解释。不过,《伯尔尼公约》与WPPT都将转播纳入广播的控制范围。转播是指另一广播组织的广播进行同步的再广播,[⑥]可以是有线转播,也可以是无线转播。在转播中所播放的录音制品虽然是第一个广播组织所播放的录音制品,但转播还是改变了受众的数量,转播的广播组织也可以重新植入新的广告,以获取广告收入。而且,我国《著作权法》中有关广播权的规定,亦将转播纳入控制范围之内。为此,应该将转播亦纳入录音制品二次使用权的控制范围。

---

① 参见王迁:《论我国〈著作权法〉中"广播权"与"网络信息传播权"的重构》,载《两岸四地版权法律制度研讨会论文集》,2009年,第9页。

② 这种直播的有线电视主要是指地方未上卫星的电视台将节目通过有线的方式在其区域内向公众传播的方式,不是一般意义上的有线电视。一般意义上的有线电视,依然是对卫星发射的信号通过有线的方式转播出去。

③ 比如《德国著作权法与邻接权法》第20条所规定的播放权。

④ 比如《美国版权法》第106条第4项。

⑤ 《广播电台电视台播放录音制品支付报酬暂行办法》第3条规定,本办法所称播放,是指广播电台、电视台以无线或者有线的方式进行的首播、重播和转播。

⑥ 转播(re-broadcasting)在《罗马公约》中被界定为,"一广播组织的广播被另一广播组织同时进行广播"。

最后,《伯尔尼公约》所规定的广播权还有第三项权利,即“通过扬声器或其他任何类似传输信号、声音或图像的设备向公众传播作品的广播”。同转播一样,自然应该将这种方式纳入录音制品二次使用权的控制范围。虽然,也可选择将其纳入“向公众传播”的范围以使录音制品二次使用权能得以控制,但由于这种方式已被纳入著作权的广播权之中,为与著作权中的广播权匹配,这种方式还是应该纳入广播的范围为宜。

(二)涵盖网络空间的广播

随着网络技术的发展与互联网用户的日益增多,一种网络上的广播即网播(webcasting)悄然出现。在通信领域,一般将 webcasting 译为“网播”。由于它是随着数字网络技术的发展而出现的,现今各国立法对“网络广播”并无明确界定。由 WIPO 版权及相关权常设委员会主席编拟的《关于保护网播问题的备选和非强制性解决方案》,将网播界定为:“以有线或无线的方式,通过计算机网络,使公众能基本同时得到所播送的声音,或图像,或图像和声音,或图像和声音的表现物。”[①]而根据该方案的进一步解释,在这种情况下,接收者可以在某一特定时间登陆节目信息流,并接收传送来的任何内容,但不能以其他方式影响该节目信息流。[②] 从这种解释来看,网播实际依然是一种广播,与传统有线、无线广播不同的只是传播媒介的不同,网播是通过计算机网络进行的广播,受众登录接收网播内容,与观众打开电视机或听众打开收音机并无差别。而随着互联网覆盖面的扩大,网播也将日益成为一种具有一定受众的传播方式,而在这种传播方式中,对录音制品的使用自然在所难免。因此,录音制品二次使用权所控制的广播应该将网播包括在内。

广播的网络同步播放(internet-simulcasting)是网播的一种特有方式,是传统意义上的广播在网络空间的延伸,是指传统广播组织在通过有线与无线电波进行广播之外,同时将其广播的节目通过数字化后上传网络,在互联网上进行同步播放。这是广播组织争取不同的受众和市场,希望网络空间用户与

---

① See WIPO, Additional and Optional Protocol on the Protection in Relation to Webcasting to the WIPO Treaty on the Protection of Broadcasting Organization. Alternative Solution 3, Article 2. http://www.wipo.int/edocs/mdocs/copyright/en/sccr_12/sccr_12_5_prov.doc, 2010-3-29.

② See WIPO, Additional and Optional Protocol on the Protection in Relation to Webcasting to the WIPO Treaty on the Protection of Broadcasting Organization. Alternative Solution 3, Article 2. http://www.wipo.int/edocs/mdocs/copyright/en/sccr_12/sccr_12_5_prov.doc, 2010-3-29.

现实的无线或有线广播用户都能接收其广播节目。同传统广播意义上的转播一样,广播的网络同步播放改变了受众的数量,应该将其纳入录音制品二次使用权的控制范围。

除广播的网络同步播放外,还有网络转播。网络转播对传统广播组织权利的侵犯,已经有了相关的案例。在 iGrave TV 案中,加拿大的 iGrave TV 公司利用天线获取加拿大和美国 17 个广播组织的节目信号,将其数字化后同步上传网络向公众传播,引起美国哥伦比亚等广播公司的诉讼,要求被告停止网络转播。最后法院下达禁令,要求被告采取防止美国用户访问涉案网站而告终。[①] 网络转播可以说是网播的一种方式;也可以看作是传统转播方式在网络空间的延伸;也可以看作是广播的网络同步播放,只不过广播的网络同步播放的广播组织与通过电波广播的广播组织为同一组织,而网络转播为另一组织的播放。同传统转播与广播的网络同步播放一样,网络转播同样改变受众的数量,自然也应该在录音制品二次使用权的控制之内。[②] 而且,由于录音制品二次使用权是采取报酬权的模式,因此,网络转播并不需要获得相关权利人的同意,但这种播放同样需要支付报酬。

无论是网播、广播的网络同步播放还是网络转播,受众都不能选定时间获取其所需要的广播节目。如果受众能选定时间获取所播放的节目,则不受录音制品二次使用权的控制,而是受向公众提供权的控制,也即为我国《著作权法》中的网络信息传播权所控制。当然,网播、广播的网络同步播放与网络转播也不受向公众提供权(网络信息传播权)的控制,因为无论是我国《著作权法》还是《信息网络传播权保护条例》中的信息网络传播权中都有“使公众可以在其个人选定的时间和地点获得作品的权利”的表述,[③]这就表明,网络信息传播权所控制的是一种交互式的传播方式。在网播、广播的网络同步播放与网络转播中,公众并不能在个人选定的时间获取其想要的节目内容,而只能是该组织所播放的内容,因此是一种非交互式的传播。

随着传播技术的发展,录音制品二次使用权不仅仅控制传统广播权所涉及三种方式的广播,即无线与有线的广播(直播)、无线与有线的转播以及通过扬声器等其他设备将广播向公众播放,还应该包括网络技术所带来的网播、广

---

① 案情的详细介绍,请参见孙雷:《邻接权研究》,中国民主法制出版社 2009 年版,第 214 页。

② 至于网络转播侵犯被其转播的广播组织的权利,则是另外一个问题。

③ 参见《著作权法》第 10 条第 1 款第 12 项与《信息网络传播权保护条例》第 26 条。

播的网络同步播放以及网络转播。网播组织(包括独立的网播组织、广播的网络同步播放组织、网络转播组织)——“提出动议并负责向公众传播声音,或图像,或图像和声音,或图像和声音的表现物,以及播送内容进行组合及安排时间的法人”[①]应向权利人即表演者与录音制作者支付报酬。虽然,我国网播组织现在并未形成一定的气候,但依然有必要在确立录音制品二次使用权时一并规定,以免将来单为网播问题修订法律而增加修法成本。

三、向公众传播的范围

无论是《罗马公约》的第12条还是WPPT的第15条所规定的录音制品二次使用权包括广播与向公众传播。因此,在明确广播的具体范围之后,“向公众传播”(communication to the public)的范围也必须予以明确。

录音制品二次使用权中的“向公众传播”这种表述,在各国著作权立法中并不常见,而《罗马公约》与WPPT中的条约表述,使其与广播(broadcast)区别开来。《罗马公约》虽然明确地规定“向公众传播”需要向表演者与录音制作者支付报酬,但并未明确向公众传播的概念。WPPT第2条第(g)项规定:“向公众传播”表演与录音制品是指通过广播以外的任何媒介播送表演的声音或以录音制品录制的声音或声音表现物。在第15条中,“向公众传播”包括使公众能听到以录音制品录制的声音或声音表现物。[②] 无论是《罗马公约》还是WPPT都是将向公众传播与广播放在一起,向公众传播应该不再包括广播的方式。权威的解释亦认为“向公众传播”不涉及任何远程传输的传播方式。[③] 根据WPPT的基础提案,“向公众传播”包括在酒吧、迪厅通过自动点唱机等方法向公众直接播放录音制品的行为,以及通过置于公众开放的场所(例如餐馆、宾馆大厅等)的收音机或电视机间接播放录音制品的行为。[④] 因此,即使在录音制品二次使用权未将《伯尔尼公约》第11条

---

① See WIPO, Additional and Optional Protocol on the Protection in Relation to Webcasting to the WIPO Treaty on the Protection of Broadcasting Organizations, Alternative Solution 3, Article 2. http://www.wipo.int/edocs/mdocs/copyright/en/sccr_12/sccr_12_5_prov.doc, 2010-3-29.

② 参见WPPT第2条第(g)项的规定。

③ 参见[德]约格·莱因伯特、西尔克·冯·莱温斯基:《WIPO因特网条约评注》,万勇、相靖译,郭寿康审校,中国人民大学出版社2008年版,第487页。

④ 参见[德]约格·莱因伯特、西尔克·冯·莱温斯基:《WIPO因特网条约评注》,万勇、相靖译,郭寿康审校,中国人民大学出版社2008年版,第322页。

之二所规定的广播权中的第3项权利,即"公开播放广播"规定进去,也能通过将其纳入"向公众传播方式"达到保护的目的。

不过,"向公众传播"这种《罗马公约》第12条与WPPT第15条的条约表述,在各国著作权法中并不常见。德国用"公开再现"指"向公众传播"与"广播";①法国用"公共场所直接播放"指"向公众传播";②英国用"公开的播放"指"向公众传播";③巴西用"公开表演"指"向公众传播"。④在我国《著作权法》中,则是第10条第1款第9项所规定的"表演权"。虽然有学者认为我国表演权的措辞存在问题,其中"以及用各种手段公开播送作品的表演的权利"是"向公众传播权",而不是"机械表演权"。⑤不过,WPPT第2条第(g)项对"向公众传播"定义的第二段就表明其包括机械表演在内。而且我国《著作权法》的立法说明也表明这种表演权是包括现场表演与机械表演的。⑥而我国《著作权法》第10条第1款第11项所规定"广播权"中的第三项即"公开播放广播",实际就是WPPT第2条第(g)项对"向公众传播"定义中的"播送表演的声音或以录音制品录制的声音或声音表现物"。这样结合起来,我国《著作权法》中的所规定的广播权和表演权,就能将"向公众传播"的全部内容涵盖在内。因此,我国《著作权法》无须单独规定"向公众传播权",《罗马公约》与WPPT中的"向公众传播"可以直接纳入我国《著作权法》中的广播权与表演权内进行保护。为此,我国《著作权法》上对录音制品二次使用权的立法表述可直接采用现行《著作权法》中有关广播权与表演权的立法术语,即"广播与表演",在范围上,由于广播所涵盖的范围包括了广播的公开播放,此处的表演一般仅指机械表演。

四、录音制品的范围

《罗马公约》第12条与WPPT第15条的规定中,都将录音制品限定为"为商业目的发行的录音制品",而且WPPT第15条还有"在线提供的录音制

---

① 参见《德国著作权法与邻接权法》第78条。

② 参见《法国知识产权法典》第L.214-1条。

③ 参见《英国版权、外观设计与专利法》第82条第(D)款。

④ 参见《巴西著作权与邻接权法法》第93条。

⑤ 详细论证请参见万勇:《中国〈著作权法〉的表演权》,载《电子知识产权》2007年第6期。

⑥ 参见石宗源:《关于〈中华人民共和国著作权法修正案(草案)〉的说明》,载《全国人民代表大会常务委员会公报》2001年第7期。只是最后的立法文本表述发生了改变。

品"视为"为商业目的发行的录音制品"的规定。为此,应该明确录音制品二次使用权所保护的录音制品的范围。

《罗马公约》第 12 条、WPPT 第 15 条所规定的录音制品二次使用权,以及部分规定录音制品二次使用权的国家的著作权法,将该权利所控制的录音制品限定在"为商业目的而发行的录音制品"。[①] 至于"publish"的定义,根据《罗马公约》的定义条款,是指"向公众提供合理数量的录音制品的复制件"。而 WPPT 则将其定义为,"发行"已固定的表演或录音制品指经权利人同意并以合理的数量向公众提供固定的表演或录音制品。为此,从这两个定义来看,"publish"应解释为"发行"。虽然世界知识产权组织编《著作权与邻接权法律术语汇编》对其名词"publication"作了"出版的行为或出版物本身"的解释,[②] 但鉴于我国《著作权法》中将"发行权"解释为"以出售或者赠与的方式向公众提供作品的原件或者复制件的权利"的含义,而且我国《著作权法》上并无"出版"的法律术语。因此,"publish"应该解释为"发行",而不是"出版"。[③]

学者将《罗马公约》第 12 条中的"为商业目的发行的录音制品"解释"已发行的录音制品"并且是"限于为商业目的的发行的情况"。[④] 这样就将未发行的以及非为商业目的发行的录音制品排除在外。由于《罗马公约》签订于不知网络为何物的 1961 年,自然不会考虑到网络在线提供的情况。但时至今天,如果不考虑网络在线提供这种情况,可能就会导致通过网络在线提供的录音制品无法获得这种权利的保护。为此,WPPT 所第 15 条第 4 项规定将"在线提供的录音制品"视为"为商业目的发行的录音制品",[⑤]从而将"在线提供"的录

---

① 比如《法国知识产权法典》第 L. 214-1 条、《日本著作权法》第 95 条之规定。

② 世界知识产权组织编:《著作权与邻接权法律术语汇编》,刘波林译,北京大学出版社 2007 年版,第 201 页。

③ 值得注意的是,WPPT 对发行权的用语却是 "right of distribution",但根据第 8 条的解释,实际上"publication"与"distribution",可作同一解释。所以有学者在翻译时,对 publication 的翻译交替使用"出版"与"发行"。参见[德]约格·莱因伯特、西尔克·冯·莱温斯基:《WIPO 因特网条约评注》,万勇、相靖译,郭寿康审校,中国人民大学出版社 2008 年版,第 474~487 页。

④ [法]克洛德·马苏耶:《罗马公约与录音制品公约指南》,刘波林译,中国人民大学出版社 2002 年版,第 38 页。Also see, Stephen M. Stewart, ed., *International Copyright and Neighboring Rights* (2nd ed.), London: Butterworths, 1989, p. 238.

⑤ WPPT 第 15 条第 4 项规定,本条中,以有线或无线的方式向公众提供,公众成员可在个人选定的时间与地点获得的录音制品视为为商业目的而发行。

音制品与传统现实空间发行的录音制品进行区别对待。不过,对于我国而言,现行的《著作权法实施条例》对录音制品的界定具有很强的张力,“任何对表演的声音和其他声音的录制品”自然包括通过网络在线提供的录音制品。因此,只要保留这种具有张力的界定即可,无须在《著作权法》未来确立录音制品二次使用权时予以明确包括“在线提供的录音制品”。

学者在解释 WPPT 第 15 条中“为商业目的发行的录音制品”时,并未采用上述学者解释《罗马公约》第 12 条“为商业目的发行的录音制品”那种严格的“已发行的录音制品并且是限于为商业目的发行的情况”的解释,而是认为这种规定是将“广播组织在其录音棚内制作并存档,而没有投入流通的录音制品”排除在外。[①] 实际上这种“为商业目的的发行”与“非为商业目的的发行”之间的界线划定非常困难,而且“为商业目的的发行”在国内立法中亦并不多见。[②] 我国《著作权法》在确立录音制品二次使用权时,亦无须采用“为商业目的发行的录音制品”的界定。这也与前述的无须“商业性使用”的限定相一致,并且能将 WPPT 第 15 条第二个议定声明中有关民间文学的录音制品轻松纳入保护范围。[③]

此外,对于录音制品二次使用权所保护的用于广播与向公众传播的录音制品是否包括录音制品的复制品的问题,《罗马公约》第 12 条明确提及“这种录音制品的复制品”,但 WPPT 第 15 条不再提及,学者认为是被误删或被认为是多余。[④] 笔者认为应该是多余的,因为如果所使用的录音制品不包括复制品,那么这将意味着 WPPT 第 15 条所提供的保护完全可能因为使用者所使用的是复制品而落空。因此,我国《著作权法》在确立录音制品二次使用权时,对于这种自然之理亦无须明确规定。

---

① [德]约格·莱因伯特、西尔克·冯·莱温斯基:《WIPO 因特网条约评注》,万勇、相靖译,郭寿康审校,中国人民大学出版社 2008 年版,第 475 页。

② 德国、意大利、墨西哥、巴西等国家著作权法中规定录音制品二次使用权时,并未明确规定“为商业目的的发行”的录音制品。参见《德国著作权法与邻接权法》第 78 条、《意大利著作权及其相关权保护法》第 73 条、《墨西哥著作权法》第 133 条、《巴西著作权与邻接权法》第 90 条、第 93 条。

③ WPPT 第 15 条第 2 个议定声明为:第 15 条并不理解为阻止将该权利赋予民间文学艺术的表演者与录音作者,即使这种录音制品并非为了商业目的而发行。

④ [德]约格·莱因伯特、西尔克·冯·莱温斯基:《WIPO 因特网条约评注》,万勇、相靖译,郭寿康审校,中国人民大学出版社 2008 年版,第 486 页。

五、小结

本节的论证与分析使我国录音制品二次使用权所控制的范围有了一个相对清晰的界定。首先,鉴于"商业性"与"非商业性"或"营利性"与"非营利性"之间界线划定的困难,我国《著作权法》所确立的录音制品二次使用权不应采用"商业性"或"营利性"的立法表述,对于为教育、宗教目的使用以及纯粹的免费使用,可以通过权利限制制度将其排除在权利控制范围之外。其次,对于录音制品二次使用权所涵盖广播的范围,在现代声音传播技术的条件下,录音制品二次使用权所控制的广播应该包括有线与无线的直播、转播与重播,通过设备将广播进行的公开播放,以及伴随数字网络技术出现的网播、广播的网络同步播放与网络转播。而"向公众传播"可直接纳入我国《著作权法》的广播权与表演权的保护范围,因此无须单独设立。由于广播的范围包括了广播的公开播放,此处的表演实际上仅指机械表演。最后,对于该权利所保护的录音制品,鉴于我国《著作权法实施条例》中对"录音制品"颇具张力的界定,因此无须在确立该权利时,明确"为商业目的发行的录音制品"以及"在线提供的录音制品视为为商业目的发行的录音制品"的规定,对于该权利包括录音制品复制品这种自然之理亦无须明确规定。

第五章 录音制品二次使用权的构建(二):权利限制制度

著作权在本质上具有专有垄断的性质,而且著作权亦与公众的创作自由与公众对知识的获取联系在一起。为此,各国在著作权法中确立权利的同时,几乎都设置限制制度以防止著作权过于垄断而妨碍公众获取知识与自由创作。录音制品二次使用权涉及海量的使用者,使用者还包括承担知识与信息传播的广播组织以及中小企业的使用者,如果对所有使用者以及任何使用方式都采取一刀切的收费方式,将会导致著作权成为知识信息传播的障碍,导致著作权成为其他行业发展的桎梏。为此,应在承认权利的同时,确立对录音制品二次使用权的限制制度。

第一节　著作权限制制度的构建原理

相对其他著作权具体制度的研究来说,国内外学界对著作权限制制度的研究成果非常丰富,无论是专著还是论文,用"汗牛充栋"形容甚不过分,这与著作权限制制度本身的重要性确实匹配与相称。也许正因为如此,对著作权限制制度本身的构建却是众说纷纭,正如论者所言,"围绕现代著作权制度规定的著作权'例外'或'抗辩'或'允许的行为'或'使用者权'所包含不至于侵权的特许行为,产生很多的争议"。[①] 现有的成果似乎并没有提供一个比较清晰的著作权限制制度的构建原理。然而,为了使权利限制制度能充分发挥其应具有的功能,著作权限制制度的构建必须有一个清晰的基本原理。

一、著作权法定原则是著作权限制的基础

著作权权利内容具有控制权利客体使用方式的特殊性,使权利限制制度

① Robert Burrell, Allison Coleman, *Copyright Exceptions: The Digital Impact*, Cambridge: Cambridge University Press, 2005, p. 1.

必须在已有权利的基础上进行。这样，就要求著作权的权利内容是既定与明确的，而这种要求只能通过著作权法定原则才能实现。

(一)著作权限制必须是既定权利基础上的限制

著作权诞生之初的复制之权，就非常明确地表明了著作权的权利内容——对作品复制这种使用方式的控制。沿着这个路径，当每一种新的传播技术产生一种新的作品使用方式，并且这种使用方式可以获取利益时，著作权人就希望通过权利的赋予对这种使用方式加以控制。传播技术从印刷发展到当今的数字网络技术，著作权也从复制之权发展为当今拥有庞大权利束的权利。而且，传播技术直接导致了作者权体系国家著作权法中邻接权的诞生。不过，除了著作权中的人身权外，无论是著作权还是邻接权中的财产权，其权利都是以权利人对权利客体的使用方式进行控制为内容。因此，著作权权利内容不同于一般财产权的特殊性就在于著作权的权利内容非常明确地表明对客体的某种使用方式。

由于著作权权利以权利客体使用方式的控制为内容，著作权的限制制度自然就针对著作权权利束中的每一个权利内容进行限制。为了促进信息与知识的传播以及反对权利导致的垄断，著作权的限制制度都是针对著作权权利束中的每一个权利。比如《著作权法》第 22 条所规定的合理使用制度中：针对作者的表演权进行限制的免费表演、复制权的课堂教学的复制、翻译权的少数民族语言的翻译与盲文的翻译[①]以及针对汇编权进行限制的义务教育与教育规划的教材汇编。[②] 再如：《美国版权法》第 108 条是对复制权的限制、第 109 条对发行权的限制以及第 110 条是对表演权与展示权进行的限制。[③] 这种类似的规定几乎可以在所有国家的著作权法的限制制度中找到。甚至《伯尔尼公约》的第 9 条、第 11 条也是对复制权、广播权等具体权利所进行的限制。[④] 因此，著作权限制制度是针对权利束中每一个权利进行的。既然著作权限制制度是针对权利束中的每一个权利所进行的限制，那么权利束中的每一个权利必须是现实存在，即既定的。否则，权利的限制制度就会落在一个缥缈的空处。

---

① 盲文翻译一般认为不构成著作权法上的演绎，只是按照既定的规则的复制。

② 具体内容参见我国《著作权法》的第 22 条及第 23 条。

③ 具体参见《美国版权法》第 107 条、第 108 条、第 109 条、第 110 条等。

④ 具体参见《伯尔尼公约》第 9 条、第 11 条。

(二)著作权法定原则是权利既定的前提

如前所述,著作权限制制度必须以既定的权利为基础进行构建。要使著作权的权利内容为既定的,只有权利法定才能实现权利既定这一目标。而著作权法定原则亦是各国著作权法一直坚守的一项基本原则。这也巧合了著作权限制制度所需要的基础。

虽然,曾经因为洛克的劳动理论与黑格尔的人格理论,著作权一度被认为是一种自然权利。然而,现代意义上的著作权却是直接依据《安妮女王法》诞生的。在英国著作权诞生后,书商曾经希望通过判例获得普通法上的永久著作权,Donaldson v. Beckett 就是其中最为经典的案例。该案的判决表明"尽管著作权被承认为一种植根于普通法的自然权利,但该案的判决还是认定著作权在实践中还是取决于政府立法的"①。著作权依制定法规定而生成为著作权领域的一个经久不变的传承。虽然,我们必须赞叹 Donaldson v. Beckett 中法官的真知灼见,但实际上也是法官不得已而为之的选择。传统上,无论是以"有体物"为对象的权利,还是以"给付"为客体的债权,其客体为权利的保护提供了一个天然的范围:有体物的物理空间为法律提供了天然的保护范围,即使是债权,其权利内容即给付的范围也是非常的清晰与确定。而著作权却不同,著作权的保护对象——作品,其无法为法律提供一个具有天然保护范围的对象,也无法为权利的实现提供一个非常清晰与确定的内容,因而必须由法律对权利的内容作出界定。因此,著作权只能由法律确定保护什么、不保护什么、保护到什么程度。著作权的保护范围完全依赖法律的后天塑造,而不是依赖权利客体的天然提供。可以这么说,是著作权保护对象的本质,使著作权只能由法律直接规定。在著作权领域,先有著作权法的规定,才有著作权,才有著作权的权利主张,或者说法律的规定是著作权产生的前提与依据,没有法律

---

① [美]卡拉·赫茜:《识产权的兴起:一个前途未卜的观念(二)》,金海军、钟小红译,载《科技与法律》2007 年第 2 期。类似的评价还有:"尽管这不是表达这种观念的最后一个案例,它却固定了著作权来自制定法的创造的思想界限。"Peter a Drhos, *A Philosophy of Intellectual Property*. Wiltshilre: Dartmouth Publishing Company, 1996, p. 24.

的直接规定，就没有权利，这就是著作权法定主义或法定原则。[①] 具体而言，著作权法定原则就是著作权所保护的客体、保护的内容都必须基于制定法的直接规定，著作权法未规定的权利就不能获得著作权法的保护。著作权随着传播技术的发展而诞生与扩张，这是一个被普遍认同的公理：印刷催生了复制之权，而现代传播技术直接导致复制之权的扩张。因此，著作权必然随着传播技术的发展而不断扩张，但著作权法定原则意味着权利人要对一种新的传播技术进行控制，首先需要得到立法确认。如果立法尚未纳入控制范围的客体使用方式，依然将其留在公有领域，公众就可以自由行使。当一种传播技术足以影响著作权人的利益时，就只能通过修订著作权法赋予权利人权利后，权利人才享有对这种使用方式的控制权，这也是著作权法为什么修订颇为频繁的原因。

虽然著作权法定原则并不像物权法定原则那样作为立法条文被明确写进各国著作权法，但无论是各国国内的著作权法还是国际著作权法条约，无不对著作权所保护的客体、著作权的内容都在立法中明确进行规定。比如《美国版权法》第 102 条对版权所保护的客体进行了非常详尽的列举性规定，并在第 106 条对著作权人所享有的专有权进行了非常明确的规定，接着在第 113 条、第 114 条和第 115 条，对特定客体上的专有权分别进行规定，例如其中第 114 条对录音制品上专有权的范围作了非常清晰的规定，表明录音制品上不享有公开表演权。再如我国《著作权法》第 10 条对著作权权利内容的规定，甚至明确地规定只有电影作品与计算机软件才享有出租权，这就意味着除此之外的著作权客体就不享有出租权；而第 41 条规定录音制品制作者享有对录音(像)制品的出租权，也就意味着表演者、作者就不享有对录音(像)制品的出租权。对著作权所保护的客体与内容进行非常清晰的规定几乎是世界各国著作权立

---

① 我国学界将著作权法定主义放在知识产权法定主义中进行讨论，认为“按照知识产权法定主义，法律在先，权利在后，没有权利就谈不上运用权利的社会实践”。参见郑胜利：《论知识产权法定主义》，载《中国发展》2006 年第 3 期；相关的论证还有李建华：《论知识产权法定原则——兼论我国知识产权制度的创新》，载《吉林大学社会科学学报》2006 年第 4 期；李扬：《知识产权法定主义及其适用——兼与梁慧星、易继明教授商榷》，载《法学研究》2006 年第 2 期；应振芳：《司法能动、法官造法和知识产权法定主义》，载《浙江社会科学》2008 年第 8 期。不过，虽然著作权是知识产权领域中的一种，但毕竟著作权具有不同于专利与商标的个性，讨论知识产权法定主义还是要在著作权法、专利法与商标法的各自领域中进行。

法的一种通用模式。[①] 在保护著作权与邻接权的国际条约中同样如此,无论是基础性的《伯尔尼公约》与《罗马公约》还是 WIPO 的"因特网条约",同样如此。因此,著作权法定原则尽管并未成为各国著作权法中明确规定的条款,但实际上都遵循了著作权法定原则设立著作权中的各种财产权。

(三)权利法定是权利限制的基础

为保证公众的言论与创作自由、促进作品与知识的传播,著作权的限制几乎自著作权诞生开始就与著作权如影随形。英国著作权诞生之初的"文学财产争论"所确立的思想与表达二分原则,[②]将思想从著作权保护的控制下解放出来,从反面看也是对著作权的一种限制,将著作权限定在保护表达上。这一原则性的规定也成为很多国内立法与国际条约的明确规定。[③] 而著作权期限的限制随着著作权诞生的《安妮女王法》一直延续至今,尽管有延长的趋势。起源于英国 1740 年判例(Gyles v. Wilcox)中的"合理节略",并在美国判例得以发扬的合理使用制度,[④]被直接规定在各国著作权法中。[⑤] 随着促进作品传播而确立的法定许可制度与强制许可制度连同合理使用制度一起,完成了现代著作权限制的构建。[⑥]

从表面上看,著作权法定原则与著作权限制制度似乎没有任何关联。不

---

① 类似美国这种明确规定客体、权利内容立法的国家有:德国、法国、日本、荷兰、意大利、巴西、墨西哥、印度等等。

② 详细论证参见[奥]布拉德·谢尔曼、[英]莱昂内尔·本特利:《现代知识产权法的演进:1760—1911 英国的历程》,金海军译,北京大学出版社 2006 年版,第 39 页。

③ 比如典型的有《美国版权法》的第 102 条第(b)款,巴西《著作权与邻接权法》第 8 条,TRIPS 第 9 条第 2 项以及 WCT 的第 2 条。

④ 一般认为在 Joseph Story 法官的影响和推动下,合理使用制度得以确立。See William F Patry, *The Fair Use Privilege in Copyright Law*. Washington, D. C. : the Bureau of National Affairs, Inc. , 1986, p. 6, 28, 35.

⑤ 比如中国《著作权法》第 22 条、美国《版权法》第 107 条等。

⑥ 随着著作权法的发展,思想与表达二分原则、期限制度已经成为著作权所固有的原则而不再将其视为对著作权的限制了。因此,狭义的著作权限制制度一般只包括合理使用、法定许可与强制许可制度。虽然大部分作者权体系国家的著作权法并没有"合理使用"这种表达,但一般都有类似合理使用的著作权限制制度:《德国著作权法与邻接权法》第 44 条的"临时复制"、第 45 条的"维护权利与公共安全"、第 47 条的"学校广播电视节目"、第 48 条的"公开演说"、第 50 条的"关于时事的新闻报道"、第 51 条的"引用"、第 53 条的"为私人使用目的或者其他自己使用目的而进行的复制"等,类似的规定还有法国《知识产权法典》中的第 L. 122-5 条的规定。

过，如果著作权未采取法定原则，就意味着司法实践中可以推论出新的著作权内容，那么对著作权的限制就等于失去了建构的基础。在著作权权利内容的基础上对权利进行限制的规定是世界各国著作权立法的通例。如果没有著作权法定原则，或者著作权法定原则贯彻不够彻底的话，著作权的限制制度就不能或至少不能充分实现。因为如果著作权的内容可以基于司法实践的判例确立，那么立法根本不可能针对立法时所没有的权利规定限制。为此，著作权法必须彻底贯彻著作权法定原则，才能使对著作权进行限制的制度充分发挥其功能。然而，著作权法定原则并未在我国现行著作权法中得到彻底贯彻。如果说《著作权法》第 3 条第 9 项所规定的“法律、行政法规规定的其他作品”，尚可通过这种解释——“法律、行政法规未规定的作品就不是著作权所保护的作品”——对著作权法定原则进行坚持的话，[①]那么，《著作权法》第 10 条第 1 款第 17 项所规定的“应当由著作权人享有的其他权利”，则只能不折不扣地解释成“兜底条款”。或者说这种规定为著作权权利内容提供了一种开放性的模式，这几乎是世界著作权法中绝无仅有的特例：即使是公认为著作权提供高保护标准的《美国版权法》，其第 106 条也只为著作权人提供了 6 种专有权，并没有类似我国著作权法第 10 条中的“其他权利”，而德国、法国、荷兰、意大利、日本、巴西、墨西哥、印度、英国等国家的著作权法无不如此，《伯尔尼公约》、《罗马公约》以及 WIPO 的“因特网条约”都没有为权利人提供这种开放式权利内容的规定。这些国家著作权法以及国际条约之所以在权利内容上采取闭合式的模式，本质上在于将著作权法定原则坚持到底，而且也与大部分国家著作权立法中的闭合性的权利限制制度相协调与统一，使权利限制制度只能针对现有权利内容进行构建。虽然，所幸中国法官对适用该“兜底条款”采取非常谨慎的态度，但至少立法上提供了这种可能。因此，至少在立法的理论上，我国《著作权法》这种权利内容规定的开放性模式，使以权利内容为基础的闭合性的限制制度模式，无法对未明确的权利内容作出限制。因此，采用闭合的权利设定模式是今后修订著作权法的方向，从而免使因为开放式规定而衍生出的权利，得不到得到有针对性的限制。当然前提是必须将现有权利束中的每一

---

① 孟勤国教授就认为著作权第 3 条可以作反对解释，即著作权法与其他法律法规未规定的作品就不是著作权应该保护的作品，因而认为该条所规定的客体是一闭合式，而不是开放式的。参见孟勤国：《也论电视节目预告表的法律保护与利益平衡》，载《法学研究》1996 年第 2 期。

项权利作出清晰的界定。[①]

总之,著作权从诞生之初就是法定权利,而从诞生就与其相伴始终的还有对其进行限制的制度。由于限制是针对具体权利的限制,法定原则成为著作权限制制度实现其功能的必备前提与基础。

二、著作权限制的法定性

如同著作权法定一样,著作权的限制制度也是法定的限制。几乎所有国家著作权法的限制制度都是由法律直接规定的,国际条约为防止国家立法过度限制著作权而损害著作权人的利益,专门设立了"三步检验法"(three-step test):[②]即"特定的特殊情形,不与作品的正常使用相冲突,没有不合理地损害权利人的正当利益"。其中"特定的特殊情形"(certain special cases)就表明著作权的限制与例外必须限定在特定情形下,而不是一种普遍或可推论的制度安排。而且任何国家的著作权法所规定的"限制与例外"制度必须符合这种"特定的特殊情形"的要求。我国合理使用制度的规则主义也是对这种"特定的特殊情形"的贯彻。虽然有学者认为,应该在坚持规则主义的前提下,通过"法律法规规定的其他情形"这种"兜底性"条款以润滑规则主义过于僵硬的规定。[③] 但这种"兜底性"条款,可能具有不符合《伯尔尼公约》所确定的第"三步检验法"中第一步"特定"的风险,在欧盟诉《美国版权法》第 110 条第 5 项的规定违反 TRIPS 协议的争端中,专家组认为"特定"虽然不需要清楚例外适用的每一种情形,但是例外必须是已知的和特别的。[④] 虽然有学者倡导对"三步检

① 比如我国《著作权法》中所规定的广播权存在一定缺陷,使某些损害权利人的作品使用方式,未能纳入广播权的控制范围内,司法实践中只得适用《著作权法》第 10 条第 1 款第 17 项的规定即"应当由著作权人享有的其他权利"进行保护。在安乐影片公司诉北京时越网络技术公司,法院依据《著作权法》第 10 条第 1 款第 17 项进行判决的。详情参见:(2008)(北京市第一中级人民法院)一中民终字第 5314 号。

② 三步检验法首先在《伯尔尼公约》第 9 条第 2 项中出现,并在 TRIPS 第 13 条正式确立,后来在 WCT 与 WPPT 中有所发展。具体参见:《伯尔尼公约》第 9 条、TRIPS 第 13 条、WCT 第 10 条与 WPPT 第 16 条。有关"三步检验法"的详细论证可参见朱理:《后 TRIPS 时代版权限制和例外的国际标准——WTO 专家组首例争端裁决下的三步测试法及其未来》,载周林主编:《知识产权研究》,知识产权出版社 2007 年版,第 101～116 页。

③ 丁丽瑛:《"规则主义"下使用作品的"合理性"判断》,载《厦门大学学报(哲学社会科学版)》2008 年第 6 期。

④ Panel Decision, Para. 6. 108. for WT/DS160/5 of 16 April 1999, http://www.wto.org/english/news_e/news00_e/1234db.pdf, 2010-3-30.

验法”进行平衡解释，比如由德国马克斯—普朗克知识产权研究所瑞托·M.郝尔堤(Reto M. Hilty)教授等全球著作权法学者于2008年所倡导的《平衡解释著作权法“三步检验法”的慕尼黑宣言》，就认为应该平衡地解释“三步检验法”，而不是仅仅拘泥于制定法所规定的著作权限制与例外：“也不阻止法院尽可能在现存的法律制度内，将现行的法定限制与例外经过必要修正适用于类似的实际情形，或者创设其他的限制与例外。”①但法院必须在现有法律制度的范围内，将现有的法定限制与例外适用类似的实际情形，或创设其他的限制与例外，这说明法定的限制与例外依然是前提，解释与创设必须在现有法定限制与例外的基础上进行。因此，这种倡导并没有从根本上改变著作权限制制度的法定性，一般国家著作权法都非常明确地规定著作权限制制度。著作权限制制度的法定性与著作权权利内容的法定性形成了巧妙的对应。因此，著作权限制制度应该坚持法定性，即使这种规定存在僵硬的缺陷，也应该通过著作权权利内容的法定性与确定性加以协调，而不是通过“兜底性”的限制规定去实现。

三、著作权限制的不可排除性

著作权限制制度的法定性表明，由法律规定的限制应该具有绝对的权威。著作权限制在本质上是对著作权权利内容所控制的作品使用方式的限制，他人在这种著作权限制制度框架下对权利客体的使用，不构成侵权。著作权限制制度所庇护的利益高于著作权的利益：②这种限制的目的在于保障与权利相对的社会公众的言论与创作自由，促进作品的广泛传播。为此，著作权限制制度不应允许权利人排除适用，如果允许著作权人排除，则意味着限制制度所欲达到的目标将无法实现。实际上，著作权限制制度只要符合相关国际条约所确立的“三步检验法”，就表明国内著作权法所确立的著作权限制符合国际条约的义务。但我国《著作权法》中所规定的著作权限制制度，却有允许权利人通过“事先声明”的方式允许排除限制制度的适用：具体表现为规定法定许可制度的第23条、第33条、第40条，甚至还包括第22条合理使用制度中的

① 参见德国马克斯—普朗克知识产权法/竞争法和税法研究所：《平衡解释著作权法“三步检验法”的慕尼黑宣言》，林秀芹、刘铁光译，http://www.ip.mpg.de/shared/data/pdf/chinese_version.pdf，2009-11-5.

② See Robert Burrell, Allison Coleman, *Copyright Exceptions: The Digital Impact*, Cambridge: Cambridge University Press, 2005. p.5.

“时事性文章的刊登与播放”、“公众集会上讲话的刊登与播放”。这在世界各国著作权法中是相当少见的,在笔者查阅世界各国著作权法的范围内,只有1985年修订的《德国著作权法与邻接权法》的第49条规定,对于报纸或杂志上关涉政治、经济与宗教性的时事文章的复制与发行,作者享有保留权,但这条在2003年修订时,删除了权利人的保留权。[①] 而中国《著作权法》所允许“事先声明”的条款中所规定的合理使用或法定许可,主要目的或是为了教育(比如第23条),或是为了促进信息与知识的传播(比如第22条第1款第4项、第5项,第33条),或是为了防止垄断与促进文化产品的多样化(比如第40条)。由于允许权利人通过“事先声明”排除限制制度的限制,实际上就表明权利人的意志超越法律的强制性规定,最为紧要的是会导致为教育目的、促进信息与知识传播、防止垄断以及促进文化产品多样化的权利限制制度的功能无法实现。而且立法上规定,引导了实务中权利人通过“事先声明”予以排除的实例,比如说国家版权局颁发的《录音制品制作示范合同》第1条规定:“甲方(著作权人)授权乙方(录音制品制作者)以专有(或非专有)方式,在______地区制作发行上述作品的录音制品。甲方须发表声明,排除适用法定许可使用上述作品。”这表明立法导致国家版权管理部门引导权利人在实践中排除限制制度的适用。因此,为实现著作权限制制度促进知识与信息传播、防止垄断与促进文化产品的多样化,必须删除著作权限制制度中权利人可通过“事先声明”以排除限制的规定。

四、小结

著作权的限制制度必须在既有的权利内容上进行,因此,只有坚持著作权法定原则才能使著作权的限制制度得以实现。与著作权法定原则相对应的是,著作权的限制制度也必须是法定的。既然限制是法定的,就必须具有绝对的权威性,从而也应该是权利人不可排除的。而我国《著作权法》无论是在著作权法定原则还是限制制度的权威性方面,都存在缺陷。因此,完善我国著作权限制制度必须从这两个方面入手:其一,权利内容必须是法定的,必须将现有著作权法第10条中有关权利的“兜底条款”予以删除,改变以前开放性的权利内容模式,坚持贯彻著作权法定原则;其二,坚持著作权限制制度的权威性,删除限制制度中权利人可“事先声明”排除的有关规定。只有这样,著作权的限制制度才能实现其本身所背负的功能。

---

① 参见《德国著作权法与邻接权法》第49条。

第二节 《著作权法》限制制度对录音制品二次使用权的适用

我国现行《著作权法》的限制制度包括合理使用与法定许可，而且在规定合理使用的第 22 条与第 23 条中，都规定将这种对著作权的限制直接适用到对邻接权的限制。这些限制制度自然也应该适用到作为邻接权之一的录音制品二次使用权。为此，需要考察《著作权法》现行的限制制度对录音制品二次使用权的适用。

一、录音制品二次使用权限制的立法例

大部分国家著作权法中权利限制制度一般由两部分构成：无须支付许可费用的合理使用制度与以及仅需付费的法定许可或强制许可制度。在立法例上，作者权体系国家的著作权法一般将所有的限制制度规定在一个单独的部分，[①]而版权体系国家的版权法中有关版权的限制制度则各不相同：比如《美国版权法》在第 107 条规定了合理使用必须具备的条件，然后在第 108 条、第 109 条、第 110 条、第 111 条、第 112 条分别对某些特定的权利进行了限制，并在第 115 条规定了录音制品复制与发行的强制许可；而《英国版权法》则在第三章专章规定了与版权作品有关的被许可的行为(acts permitted in relation to copyright works)，规定了诸如教育、图书馆与存档、公共管理等所允许对作品的使用行为；而《印度版权法》则没有专章(节)的权利限制制度，只在题为“许可”的第 6 章中规定了强制许可。由于版权体系国家的版权法中，邻接权客体作为版权客体受到法律的保护，因此，无须单独对邻接权的限制作出规定。作者权体系国家的著作权法规定著作权的限制制度直接适用于邻接权，比如《德国著作权法与邻接权法》第 1 章第 6 节对著作权的权利限制规定直接适用到邻接权的限制；[②]类似的规定还有《日本著作权法》第 102 条规定将有关著作权限制性规定适用于对邻接权的限制，但同时也对邻接权作了一些针

① 比如《德国著作权法与邻接权法》的第 1 章第 6 节的标题为“对著作权的限制”、《巴西著作权法》第 4 章的标题为“著作权的限制”。

② 参见《德国著作权法与邻接权法》第 83 条、第 85 条第 4 项以及第 87 条第 4 项等的规定。

对性的限制。[①] 录音制品二次使用权作为表演者与录音制作者所享有的权利,在版权法体系国家的版权法中,一般直接适用版权的限制制度,而在作者权体系国家的著作权法中,一般也是直接适用对著作权的限制。

我国现行《著作权法》对著作权限制制度集中地规定在第 2 章第 4 节的"权利限制"中,即第 22 条所规定的合理使用[②]与第 23 条所规定的"义务教育与教育规划教材"的法定许可。此外,限制制度还零散地规定在其他条文中,这些条文主要规定各种情形下的法定许可制度:第 33 条第 2 款所规定的"转载"、第 40 条第 3 款所规定的"再录制"、第 43 条第 2 款所规定的"已发表作品的播放"以及第 44 条"录音制品的播放"。而由于我国《著作权法》中集中规定著作权限制制度的第 22 条与第 23 条,都规定将这些限制制度直接适用于邻接权的有关规定,[③]因此,录音制品二次使用权的限制也应该分别适用这些规定。在前述录音制品二次使用权权利制度构建的论述中,录音制品二次使用权本身就是法定许可下的报酬权,而法定许可制度本身亦是保留权利人的报酬权,因此,《著作权法》中现有的法定许可制度自然也就不存在适用到录音制品二次使用权的讨论了。

二、合理使用制度对录音制品二次使用权的适用

对于录音制品二次使用权限制的适用,自然首先应该用尽现有的限制制度。只有现有制度对录音制品二次使用权不适用或者适用尚不能平衡录音制品二次使用权关涉主体之间的利益时,才有必要创设新的权利限制制度。在法定许可制度无须考察的情况下,《著作权法》第 22 条所规定的合理使用制度就成为唯一的考察对象。该条第 1 款一共规定了 12 项对作品的使用为合理使用,因此需要对这 12 项规定进行具体考察是否对录音制品二次使用权适用。

录音制品二次使用权只控制录音制品的广播与表演,第 22 条所规定的合理使用制度大多与录音制品的广播与表演无关。具体而言可分为三种类型加以讨论:其一,与录音制品二次使用权无关。第 1 项的"个人使用"不可能扩展到广播,而著作权中所控制的表演都是公开表演,一般也不存在为个人使用的

---

① 参见《日本著作权法》第 102 条。

② 第 22 条作为合理使用是学界约定俗成的一种称呼,实际我国《著作权法》中并无这一概念。

③ 参见《著作权法》第 22 条与第 23 条第 2 款。

公开表演。因此,该项规定自然与录音制品二次使用权无关;类似的规定还有第 2 项的“合理引用”、第 4 项的“时事性文章的转载与播放”、[①]第 8 项的“馆藏目的的复制”、第 10 项的“室外艺术品的复制”以及第 12 项的“盲文使用”。其二,立法中所规定的合理使用可以适用于录音制品二次使用权。这包括第 3 项的“新闻报道中不可避免地再现”、[②]第 5 项的“公众集会上讲话的刊登与播放”[③]、第 7 项的“公务使用”。[④] 其三,所规定的合理使用可否适用录音制品二次使用权尚存疑问,需要立法的进一步明确。第 6 项的“教学使用”、第 9 项的“免费表演”以及第 11 项的“中国人汉字作品翻译成少数民族语言文字作品”都是如此。第 6 项的规定只涉及课堂教学使用中的翻译与复制,能否进行扩张解释到通过录音制品在课堂中进行播放存在疑问。但如果不允许对复制的录音制品在课堂教学中进行播放,那么这种规定涉及录音制品时,没有任何意义;而如果允许这种扩张性的解释,似乎又不符合“三步检验法”中的限制必须是“特定的”要求。至于第 9 项所规定的“免费表演”则存在范围过宽的嫌疑。免费表演适用到录音制品二次使用权自然没有任何问题,但问题在于我国《著作权法》对免费表演的界定,即“该表演未向公众收取费用,也未向表演者支付报酬”。这表明只要“未向公众收取费用,也未向表演者支付报酬”即属于免费表演,这显然将商家赞助性的表演也包括在内。而具体到机械表演情形,几乎全部的机械表演都是免费表演,一般都没有向公众收取费用,亦未向表演者支付报酬。因为录音制品二次使用权中的表演就是指机械表演,其将使录音制品二次使用权所控制的“表演”成为空谈。[⑤] 所幸我国表演权并未包含广播权,否则,不改造现有限制制度可能使录音制品二次使用权无法确立。而第

---

① 以时事性文章为内容的录音制品,现实中几乎不存在。

② 比如新闻广播中不可避免地再现某一录音制品的片段。

③ 主要是公众集会上的讲话,并录制为录音制品后的再播放,但实际上这种情形也只是少量存在,即使是一些演说家的录音制品,一般也很少对其进行广播与向公众传播。

④ 基于履行公务的需要,自然可以将录音制品进行广播与向公众传播,比如政府组织的大型集会,但这种情况相对较少。

⑤ 实际上,依照我国《著作权法》这种“免费表演”的限定,著作权人的机械表演权亦在限制之内,如果说,KTV 这种以“音乐”为消费对象的场所可以解释为向观众收取费用外,其他诸如机场、码头、车站、宾馆、饭店等,都不存在向公众收取费用。如果将消费者的消费支付也解释成为这种机械表演的费用,显然过于牵强。因此,我国《著作权法》的这种规定尚停留在美国 1909 年《版权法》将公开表演权限定在“以营利为目的”的前提条件时期。

11项所规定的“中国人汉字作品翻译成少数民族语言文字作品”能否适用于录音制品二次使用权亦存在同样的疑问。对于音乐作品而言,仅仅翻译成少数语言文字,并无太大意义。既然允许翻译成少数民族语言文字,就应该允许以少数民族语言表演并录制成录音制品,因为这种使用毕竟所涉及的只有少数民族的市场,对作者利益不会构成太大的损害。而且,更为紧要的是,如果仅仅允许将音乐作品翻译成少数民族语言文字,却不允许表演与录制成唱片,这对于旨在促进少数民族文化发展的制度初衷就没有太大意义。但如果允许进行广播与表演,则显然不公平,广播组织在播放录音制品具有广告收益的情形下尤其如此。为此,这种限制不能扩张到录音制品的广播与表演。

此外,纵观《著作权法》第22条所规定的12项合理使用,没有对著作权人广播权的限制。① 虽然大部分广播组织都存在大量的广告收益,但亦存在地方波及区域非常小以及几乎没有任何广告收益的地方性广播组织以及一些公益性的广播组织。因此,对这些广播组织给予适当的优惠待遇是十分必要的。此外,只有少量合理使用的规定可以适用到对录音制品二次使用权的限制。而对录音制品二次使用权限制的关键类型诸如“教学使用”、“免费表演”等则存在范围过窄或过宽的弊端。因此,基于现行《著作权法》合理使用制度本身的缺陷及其适用到录音制品二次使用权所存在的障碍,在完善现有合理使用制度的基础上,亦有必要针对录音制品二次使用权单独设立一些特别的限制。

三、小结

虽然我国《著作权法》对著作权合理使用制度作了非常详细的规定,并且将有关著作权的限制直接适用到邻接权,以使邻接权都能得到相关限制。但由于当时我国《著作权法》中并未规定录音制品二次使用权,故使现行的限制制度对该权利缺乏必要的针对性。从而使合理使用中某些规定过宽,使录音制品二次使用权不再有存在的空间;而有些规定过窄,不能有效地限制录音制品二次使用权,使著作权法中利益平衡的目标得不到实现。为此,一方面,需要改进现有限制制度本身的缺陷——比如“课堂教学”与“免费表演”存在过宽过窄的弊端——以使其能适用到录音制品二次使用权;另一方面,为录音制品二次使用权制定具有针对性的例外与限制。

---

① 仅有第43条、第44条法定许可的限制。但由于我国广播组织的强势地位,加之收费的具体办法在2010年1月1日才开始实施,实际上收费尚未开始。因此,我国广播组织实际上是一种长期免费使用作品的状态。

第三节　录音制品二次使用权限制制度的构建

我国《著作权法》中并无录音制品二次使用权，为此也没有具体针对录音制品二次使用权的限制。现有的合理使用制度有些规定，可能导致录音制品二次使用权失去存在的空间。也有些规定，必须加以解释方能适用到录音制品二次使用权。更为重要的是，现有的限制制度并不能完全保障公共利益的需要。为此，需要改进《著作权法》合理使用制度的现有规定以适用到录音制品二次使用权，以及对录音制品二次使用权进行具体有针对性的限制。当然，无论是改进《著作权法》的合理使用制度以适用到录音制品二次使用权，还是针对录音制品二次使用权的特有限制，都应为实现录音制品二次使用权限制制度的目标服务。

一、录音制品二次使用权限制制度的构建目标：利益平衡

诚如论者所言："有许多理由限制版权的范围，所有这些理由都指用来保持版权持有人与使用者之间的平衡。"[①]版权限制的主要目标就是实现权利人的私人利益与公共利益之间的平衡。录音制品二次使用权的限制制度同样在于平衡相关主体之间的利益。

通过前述将著作权人的广播权与表演权(限于通过录音制品的机械表演)进行法定许可的制度安排，并由表演者与录音制作者共享并平分该权利的报酬，以实现录音制品二次使用上三个权利主体之间的平衡。此外，录音制品二次使用权还涉及权利人与使用者之间的平衡。录音制品二次使用权涉及的使用者非常广泛，可以说是海量的使用者。法定许可既是因为降低交易成本的考量，同时也是为了让每一个使用者都可以成为使用者，而不至于因为权利人的拒绝许可，而无法实现对录音制品的使用。但由于是海量的使用者，使用者之间的情况因此千差万别：既有年收入过亿元的电视台、机场、码头、车站等商业巨头，也有收入非常少并处于成长期的中小企业，甚至还有一些是为教育目的等纯粹公共利益的使用者。为此，录音制品二次使用权必须对不同的使用者、特定目的的使用给予区别对待，才能平衡权利人与使用者之间的利益，尤

① Lucie M. C. R. Guibault, Contracts and Copyright Exemption, in Bernt p. Hugenholtz, ed., *Copyright and Electronic Commerce: Legal Aspects of Electronic Copyright Management*. London: Kluwer Law International, 2000. 127.

其是维护代表公共利益的特定使用。

因此,涉及录音制品二次使用的权利人之间的利益平衡,都可以通过法定许可的方式实现著作权人(一般是词曲作者)、表演者与录音制作者之间的平衡,解决涉及录音制品二次使用中相关主体可能的相互牵制。至于权利人与使用者之间的利益平衡,则必须通过改进《著作权法》中现有的合理使用制度使其能适用到录音制品二次使用权以及针对录音制品二次使用权设立特定的限制制度。

二、录音制品二次使用权限制的条约空间

我国没有加入《罗马公约》,虽然根据 TRIPS 第 14 条第 6 款的规定,对表演者、录音制作者与广播组织的权利限制,必须在《罗马公约》所允许的限制、例外与保留的限度内进行规定,从而使《罗马公约》所规定的限制、例外与保留的限度也是中国应该履行的义务,但由于 TRIPS 本身并未要求保护录音制品二次使用权,我国并无相应条约义务,自然对该权利的限制上亦无 TRIPS 中的条约义务。此外,由于我国在加入 WPPT 时对规定录音制品二次使用权的第 15 条声明了保留,因而并没有为外国相关的权利主体提供录音制品二次使用权保护的国际义务。而且根据 WPPT 第 4 条“国民待遇”的规定,即使我国《著作权法》规定了录音制品二次使用权,我国还是可以基于对第 15 条声明的保留,可以不将这种录音制品二次使用权的国民待遇给予外国国民。因此,对该权利的限制本身不存在条约义务。为此,总体上,我国《著作权法》对录音制品二次使用权进行限制时,并没有条约上必须遵守的限制制度。正如前文所述,我国依然是一个录音制品的进口大国,尽管录音制品二次使用权是我国音乐产业振兴的必由之路,但在我国没有国际条约义务的情况下,更应该根据我国的实际情况构建该权利的限制,以使该种权利既能为权利人获得收益,振兴中国的音乐产业,又能使公众很好地享受精神文化产品,为教育等公益事业服务。如果到那一天,我们觉得可以放弃对 WPPT 第 15 条保留之后,再重新修订对该权利限制制度中不符合条约义务的地方,也为时不晚。当然,在构建录音制品二次使用权限制时,比较与借鉴还是必要的。

三、录音制品二次使用权合理使用的限制

尽管学界对代表公共利益的合理使用制度界定的表述不完全一致,但合理使用的基本内涵是共同的:特定情形下对著作权(包括邻接权)的客体使用

既不需要向权利人支付费用，亦无须获得权利人的许可。① 因此，合理使用无疑为使用者在特定情形下对权利客体的使用提供了最为充分的保障。录音制品二次使用权同样需要合理制度的限制，但我国现行《著作权法》所规定的合理使用制度，并不完全适用于录音制品二次使用权，因为其本身在对著作权进行限制时亦存在缺陷。为此，必须改进现行《著作权法》中的合理使用制度，使其能适用于录音制品二次使用权。当然，这些合理使用的限制必须符合我国《著作权法实施条例》第21条所规定的“三步检验法”的要求。②

(一)为教学与科研目的对录音制品的广播与表演

基于教学与科研活动所代表的公共利益，为教育与科研目的对著作权或邻接权客体的使用成为大部分国家著作权法合理使用制度的首选。各国著作权法为教学目的的使用对著作权和邻接权规定了各种限制：《美国版权法》第110条第1项所规定的“教学演出与展示”；《英国版权、外观设计与专利法》第34条所规定的“为教育目的的使用”；《德国著作权法与邻接权法》第47条所规定的“学校广播中的使用”；《荷兰著作权法》第12条所规定的“为科学研究与教育目的对作品的背诵、表演与展示”；《巴西著作权与邻接权法》第46条所规定的“在家庭范围内或在教育机构纯为教学目的(teaching purposes)的舞台和音乐表演”。

相比较而言，我国现行《著作权法》中第22条第1款第6项规定，“为学校课堂教学或者科学研究，翻译或者少量复制已经发表的作品，供教学或者科研人员使用，但不得出版发行”。这种规定仅限于为课堂教学，使用方式只包括翻译与复制，当然，针对作品翻译与复制而言，确实只能限于课堂教学，否则会导致一些专为教学编写的教材失去其本该有的全部市场。但这种安排存在明显的缺陷：其一，仅限于翻译与复制，如果课堂教学或科学研究，涉及需要将该作品进行课堂播放、放映或展示，则意味着侵权，从而导致以教学为目的的对作品的播放、广播、放映或展示无法实现。其二，仅限于课堂教学，使公益性机构很多涉及使用作品的行为都构成侵权。而诸如学校这种公益性机构对作品

① 持这一观点的学界著述很多。比如沈仁干：《关于对著作权的限制》，《中华人民共和著作权法讲析》，中国国际广播出版社1991年版，第199页；郑成思：《知识产权法通论》，法律出版社1986年版，第124页；段瑞林：《知识产权法概论》，光明日报出版社1988年版，第289页；杨崇森：《著作权之保护》，台湾中正书局1977年版，第102页。

② 我国《著作权法实施条例》第21条规定，依照著作权法有关规定，使用可以不经著作权人许可的已经发表的作品的，不得影响该作品的正常使用，也不得不合理地损害著作权人的合法利益。

的播放与广播非常普遍:绝大部分学校都会有自己的广播甚至电视台,至少也会有一个广播室,学校的餐厅也会播放电视。在这种法律制度框架内,如果著作权人追究责任的话,那么中国几乎所有学校都会成为侵权者。为此,现行《著作权法》中的为"课堂教学"的合理使用限制显然非常狭窄。

为教学目的的使用自然亦应成为录音制品二次使用权的合理使用。而且即使是已经确立录音制品二次使用权的发达国家,亦无不将为教学目的的使用纳入合理使用的范畴。《英国版权、外观设计与专利法》第 34 条第 2 项规定,为教育目的,在一个教育机构的观众面前播放或展示录音制品、电影、广播或电视节目,不构成以版权侵权为目的的公开表演与展示。根据《德国著作权法与邻接权法》第 52 条第 1 项规定,当再现行为组织不具有营利目的,对参加者不收费并且在对作品的朗读与表演活动中表演者不获得报酬,本法允许将已发表的作品予以公开再现。其中学校在举办的活动中对作品的再现,可以不负担支付报酬的义务。根据《德国著作权法与邻接权法》的规定,该规定自然可适用到对邻接权的限制。[①]《荷兰邻接权法》第 2 条第 8 款规定,表演不包括任何专为教育目的的表演,该教育是由代表公共授权或非营利法人所提供的,并且该表演构成学校工作计划的一部分、课程或大学工作计划的一部分或为了一个科学的目的。而上述《巴西著作权与邻接权法》第 46 条第 6 项所规定的"家庭范围内或在教育机构纯为教学目的(teaching purposes)的舞台与音乐表演"亦可适用于录音制品二次使用权。

为此,我国应借鉴上述国家的做法,适当地拓宽为教学与科研目的的合理使用范围,以使我国公益性的机构能充分利用著作权与邻接权的客体,为其公益性的教学与科研目的服务。具体而言,应该修订我国《著作权法》第 22 条第 1 款第 6 项:保留原有的规定,在最后增加一段即"为教学目的与科研目的,学校等公益性的教育机构在没有任何营利目的的条件下可以广播、表演、放映与展示已经发表的作品"。[②] 然后通过第 2 款,将其适用到对录音制品二次使用权的限制。

---

① 参见《德国著作权法与邻接权法》第 83 条以及第 85 条第 4 项的规定。

② 也许有人会担心,如果电影刚刚上映,学校在为教学目的活动中对该电影进行了放映,会损害著作权人的利益。但如果一部分电影刚刚上映,那么这种放映显然不符合"三步检验法"中的第二步与第三步即"不得影响该作品的正常使用,也不得不合理地损害著作权人的合法利益"。自然就不属于合理使用,而如果该电影已经上映很长时间,为学校教学目的的放映,却不会损害著作权人的利益,自然就属于合理使用。因此,这种担心是没有必要的。

(二)宗教、民俗仪式以及在以慈善与福利事业为目的的活动中对录音制品的广播与表演

由于宗教仪式的圣洁、慈善与福利事业的公共福利,使大部分国家著作权法都将这些活动涉及对著作权客体的使用纳入合理使用的范畴。比如《美国版权法》第 110 条第 3 项所规定的为宗教目的对文学、音乐作品的表演;该限制性规定自然适用于《美国版权法》第 106 条第 6 项所规定的录音制品数字广播权。《英国版权、外观设计与专利法》第 67 条规定,具备如下条件,将录音制品的播放作为俱乐部、协会或其他组织活动的构成部分或为了这些组织的利益而播放录音制品,不构成对录音制品中所包含版权的侵权,这些条件为:(1)组织不是为了营利以及它的主要目的是慈善或其他关涉宗教、教育或其社会福利的进步;以及(2)允许进入能听到该录音的场所的收费仅为了该组织的目的。

在一般国家著作权法中似乎找不到有关民俗仪式中对著作权或邻接权使用纳入合理使用的范畴的规定,这主要在于西方的民俗仪式一般包括在宗教仪式中。而中国除了一般宗教仪式外,还有很多不同民族所形成的民俗仪式,少数民族的民俗仪式之多自不待言,[①]就汉族而言,也有诸如葬礼、婚礼等传统的民俗仪式。这些仪式中,自然不可能缺少对诸如哀乐、婚礼进行曲的使用,如果不能将这些具有特定情感的民俗仪式对这些音乐作品的使用纳入合理使用范围,就会导致前述“哀乐”收费的闹剧。为此,应该将民俗仪式中对作品的使用纳入合理使用,并将其适用至录音制品二次使用权。当然,前提是这种活动所获得的收益只能用于该宗教、民俗仪式、慈善与福利事业为的目的本身,而没有任何其他第三人从中获取任何直接或间接的利益,如果有其他第三人获取利益,则该第三人自然应该支付相应的报酬。

从上述比较法分析来看,一般将以宗教、民俗仪式、慈善与福利事业为目的对录音制品的播放纳入对著作权的合理使用。我国《著作权法》第 22 条所规定的合理使用中,没有将以宗教、民俗仪式、慈善与福利事业为目的的活动对作品的使用纳入对著作权的限制。虽然可将“免费表演”的扩张解释适用于以宗教、慈善与福利事业为目的的使用,但“免费表演”的限制过于宽泛,容易让很多具有营利性目的的使用脱离著作权人的控制。为此,为了充分发挥以慈善与福利事业为目的组织的应有功能,尊重各民族的宗教与民俗仪式,应将这些活动对已发表的作品纳入合理使用的范围。因此,应对我国《著作权法》

① 当然,大部分少数民族的民俗仪式对音乐的使用一般都限于本民族自创的音乐。

的第 22 条进行修订,在该条第 1 款中增加一项,即符合如下条件的宗教、民俗仪式以及为慈善与福利事业为目的的活动对已发表作品的广播、表演、放映与展示:(1)必须在宗教、民俗仪式以及以慈善与福利事业为目的的活动中;(2)该活动所获得的收益只用于该宗教、民俗仪式、慈善与福利事业的目的本身;(3)没有任何第三人从活动中获得任何直接或间接的利益,如果有第三人从该活动中获得利益,则该第三人应该向相关的权利主体支付报酬。再根据第 22 条第 2 款的规定,将这种限制适用于对录音制品二次使用权的限制。

(三)在无任何附带营利目的的活动中对录音制品的表演

除以教学活动与宗教仪式等公共利益为目的的对录音制品进行广播与表演外,依然存在某些无法纳入教学活动与宗教仪式等范围的使用。为此,有些国家的著作权法就将“免费表演”作为权利客体的合理使用。但一般国家著作权法对“免费表演”所规定的条件非常严格,比如:《美国版权法》第 110 条第 4 项规定,用向公众传播以外的方式表演非戏剧或音乐作品,没有任何直接或间接的商业利益,也未向表演者、倡导者或组织者支付任何费用或任何方式的补偿,并且符合如下条件:(1)没有直接或间接的入场费;或者(2)这种表演收益,扣除这种表演的合理成本,仅仅用于教育、宗教或慈善目的,以及不是为了私人财产获益,除非版权人下达符合条件的反对这种表演的通知。不过,《美国版权法》规定了非常苛刻的反对条件,使大部分这种免费表演得以实现。[①] 但是我国现行《著作权法》第 22 条第 1 款第 9 项所规定的“免费表演”所限定的条件过于宽松,只要是“未向公众收取费用,也未向表演者支付报酬”就属于免费表演。但实际上,大部分这种所谓的“免费表演”往往与企业的广告赞助是分不开的。为此,应该将现行《著作权法》第 22 条所规定的“免费表演”进行如下限制:(1)这种表演未向表演者、表演的组织者与发起者支付任何费用以及任何方式的补偿;(2)这种表演未以任何方式收取入场费;(3)这种表演没有任何赞助者从中获取任何商业利益。只有这样的表演属于合理使用中的免费表演,从而将广播、电视以及任何商业性机构进行的表演排除在这种免费表演之外。再通过规定将这种限制适用到录音制品二次使用权。这种规定,可以将一些公务活动、学校教学外的其他活动中对录音制品的使用纳入合理使用的

① 《美国版权法》第 111 条(4)所规定的苛刻通知条件为:(a)该通知必须是版权人或该版权人所授权的代理人所签署的书面通知,以及(b)该通知必须至少在该表演日期 7 天前下达,并陈述反对的理由;以及(c)该通知应该符合版权局依据条例所规定的形式、内容与送达方式。

范围。

四、对特定使用者的优惠待遇

如前所述，录音制品二次使用权所涉及的使用者之间的经济状况千差万别，有富可敌国的企业巨头与广播组织，也有那种地方性覆盖面较小并只有少量广告收益的中小广播组织以及刚起步的中小经营者。当然，中小经营者对录音制品的播放，可以按照使用性质的不同，按照不同的费率进行收取，比如KTV的费用标准就比一般的饭店经营者的要高，也可以按照年度收入的差距给予特定优惠，对于年度收入在某一数额以下的经营者，可以采取少收或免除录音制品二次使用权费用的安排。但对于广播组织，由于其本身所担负的信息与知识传播的功能，而且其营利能力差别相当大，有很多地方性的广播组织与电视台可能因为需要为录音制品二次使用权支付报酬而无法正常经营。为此，我国《著作权法》在确立录音制品二次使用权时，依据一定标准为地方中小广播组织与电视台提供特别优惠。

美国2009年《表演权法案》为特定广播组织所提供特别待遇的制度安排对我国具有一定的借鉴意义。为了防止广播组织过分反对，《2009年美国表演权法案》为特定的广播组织提供如下特别待遇：(1)任何年度总收入不到1250000美元的单个地面广播组织，可以选择为其无线的非订阅广播每年支付5000美元的许可费，以代替这种组织本应支付的许可费；(2)非商业性的教育广播组织以及广播非营利性组织制作的版权作品的广播组织，可以选择为其无线的非订阅广播支付每年1000美元的许可费，以代替这种广播组织本应支付的许可费。

为此，我国《著作权法》在规定录音制品二次使用权的限制时，也应该为地方性的中小广播组织与电视台提供特别优惠，同时也应该适用于作者的广播权与表演权。国务院于2009年11月颁布并于2010年1月1日实施的《广播电台电视台播放录音制品支付报酬暂行办法》为特定广播组织提供特定的优惠待遇：该《办法》第10条规定，中部地区的广播电台、电视台依照本办法规定方式向著作权人支付报酬的数额，自本办法施行之日起5年内，依据本办法规定计算出的数额的50%计算；西部地区的广播电台、电视台以及全国专门对少年儿童、少数民族和农村地区等播出的专业频道(频率)，依照本办法规定方式向著作权人支付报酬的数额，自本办法施行之日起5年内，按照依据本办法规定计算出的数额的10%计算；自本办法施行届满5年之日起，按照依据本办法规定计算出的数额的50%计算。而第11条更是规定，县级以上人民政府财政部门将本级人民政府设立的广播电台、电视台播放录音制品向著作权人支付报酬的支出作为核定其收支的因素,根据本地区财政情况综合考虑,统筹安排。该《办法》所确立的优惠标准既照顾了中国区域经济发展极不平衡的现状,给予中部与西部的广播组织一定时期内的优惠待遇,也考虑一定行政区域内部之间的经济发展差距,允许县级以上的政府对县级政府部门设立的广播电台、电视台付费问题进行统筹安排。不过,这种安排存在的一个缺陷就是没有考虑中国按照行政区划不同层级的广播电台以及电视台之间的广告收入因覆盖区域大小、受众数量而呈现的差距,比如中央电视台与地方电视台之间、省级的电视台与市县级电视台之间的差距。因此,在今后修订该办法时,可以考虑按照不同层级的广播电台与电视台,施行不同的收费标准。甚至可以考虑对县级电视台、广播电台免费,对教育广播电台与电视台进行减免。该优惠标准在实施过程中不断完善后,可以直接适用于录音制品二次使用权对特定广播组织实施的优惠标准。

五、小结

我国《著作权法》现有限制制度存在一定的缺陷,并且既有合理使用制度也不能完全直接适用于录音制品二次使用权。对于该权利的限制,我国并没有必须遵守的条约义务,为此,应该从实现限制制度平衡该权利关涉主体之间的利益出发,在改进《著作权法》现行权利制度与限制制度不符合限制制度构建原理之处的基础上,通过以下两个方面规定录音制品二次使用权的限制制度:首先,改进《著作权法》现有的限制制度,然后将其适用到录音制品二次使用权:(1)增加为教学目的与科研目的,并没有任何营利性目的的活动以及学校等公益性的教育机构对已发表作品的广播、表演、放映与展示;(2)增加符合条件的宗教、民俗仪式以及以慈善与福利事业为目的的活动对已发表作品的广播、表演、放映与展示;(3)对免费表演限定在未收取入场费、未向表演者支付报酬、亦没有任何人从表演中直接或间接获取利益的表演。其次,为了对担负知识与信息传播的广播电台与电视能继续发挥这种功能,应该按照一定标准对不同的广播电台与电视台进行优惠。行政区划的标准比较好地考虑了广告收益与覆盖地域大小相适应的优点,可以作为优惠的参照标准。此外,对其他利用录音制品表演的经营者,亦应区分不同的使用性质与不同的使用者,公布不同的收费标准。

第六章 录音制品二次使用权的实现

录音制品二次使用权及其限制制度构建的完成，只是将一种具有正当性与中国需要的权利过渡为法定权利。这仅仅表明表演者与录音作者具有这种纸面上的权利，但并不意味着已经成为权利人的现实权利。这种权利的实现甚至比权利的法定构建更为重要。正如论者所言："权利的本质与意义不在于法律文本上的客观宣告，而在于权利的主观行使与实现。权利理论的重点应当关注权利的运行实践与实现的机制，关注权利的价值与目的。"[①]权利的实现需要权利人的斗争与[②]权利人与义务人的合作，[③]而无论是权利人的斗争还是权利人与义务人的合作，都需要法律上配套制度的完善。"既然法定权利已经得到了人们的共识，那么还需要法律这样的一个媒介来使得法定的权利转化为实然的权利"。[④] 因此，录音制品二次使用权的实现机制成为构建这种权利必须继续探索的问题。相比其他以有体物为对象的权利，著作权的实现更

① 范进学：《权利政治论——一种宪政民主理论的阐释》，山东人民出版社 2003 年版，第 13 页。

② 一般认为"为权利而斗争"的理念来自耶林，其认为，"为权利而斗争是权利人自己的义务"，"主张权利是精神上自我保护的义务，完全放弃权利（今日不可能，但曾经可能过）是精神上的自杀"。参见［德］鲁道夫・冯・耶林：《为权利而斗争》，胡宝海译，梁慧星主编：《为权利而斗争》，中国法制出版社、金桥文化出版社（香港）有限公司 2000 年版，第 12 页。

③ 有学者认为，"现代权利实现的方式对传统'重斗争、轻合作'的权利实现理念与方式进行调整与更新，即形成一种对权利实现中的'合作'要素予以充分重视的理念与实践，权利的言辞与话语才具有更强的生命力"。参见李拥军、郑智航：《从斗争到合作：权利实现的理念更新与方式转换》，载《社会科学》2008 年第 10 期。不过，笔者以为，权利人为权利的斗争依然是一种权利实现的方式。

④ 林孝文：《论法定权利的实现——以法社会学为视角》，载《湘潭大学学报（哲学社会科学版）》2008 年第 5 期。

是依赖于权利实现的机制，对于涉及海量权利人与海量使用者的录音制品二次使用权来说，更是如此。集体管理是实现这种权利必不可少的法律机制。由于集体管理组织的垄断地位，使用者对报酬权的费用总是产生质疑，为此需要一个费用的科学决定机制。此外，录音制品二次使用权的保护自然是实现权利不可或缺的环节。

第一节　录音制品二次使用权的集体管理

著作权中某些权利——诸如表演权——的实现会涉及海量的权利人、义务人与权利客体，若权利人单个实现的成本过高则会使权利的实现变得毫无意义。为此就需要一个中介即著作权集体管理组织将两者连接起来。录音制品二次使用权就是涉及海量的权利人、义务人与权利客体的典型。为此，著作权集体管理组织是录音制品二次使用权实现的关键路径。

一、著作权集体管理组织的起源及其在数字环境中的地位与作用

在著作权客体被大规模使用的情况下，著作权实现的成本过高会导致权利无法实现，因此著作权集体管理组织应运而生。在数字网络技术到来之后，技术保护措施改善了著作权集体管理组织的运行机制，但尚未完全颠覆著作权集体管理组织在实现著作权中的传统地位。

（一）著作权集体管理的起源

虽然，论者认为著作权集体管理的普及与成功实践，而对著作权集体管理概念定义的努力却远不成功——根据每个定义者的偏好进行各种不同的界定。[①] 但对于著作权集体管理的起源的认识则基本一致：[②]首先是 1777 年，著

① David Sinacore-Guinn, *Collective Administration of Copyright and Neighboring Rights: International Practices, Procedures and Organizations*. Little, Brown & Company (Canada) Limited, 1993, p. 9.

② 著作权集体管理组织的起源介绍，see Mihály Ficsor, Collective Administration of Copyright and Neighboring Rights, WIPO, 1990, pp. 1～2; 另见[西班牙]德利娅・利普希克：《著作权与邻接权》，中国对外翻译出版公司、联合国教科文组织 2000 年版，第 321～322 页。Also see David Sinacore-Guinn, *Collective Administration of Copyright and Neighboring Rights: International Practices, Procedures and Organizations*. Little, Brown & Company (Canada) Limited, 1993, pp. 2～3.

名的法国戏剧家博马舍[①]与拒绝支付演出费的剧院老板斗争并取得了胜利，并于1791年倡议创立了戏剧立法局，后更名为“戏剧作者和作曲者协会”，其宗旨是保护戏剧作者和作曲者的精神及财产权利，任务是负责收取和分配使用本会会员作品的费用，就舞台作品的使用进行合同谈判，对有困难的作者进行帮助，一般认为这是集体管理的雏形。而著作权集体管理组织建立的标志性事件发生在1847年，法国著名作曲家保罗·昂里翁、维克多·帕里佐在作家埃尔纳·布尔热的陪同下，在巴黎香榭丽舍大街的“大使”音乐咖啡厅喝咖啡，发现咖啡厅在表演他们的作品，因而拒绝单方面支付咖啡的费用，从而引起了一场诉讼，最终赢得了这场官司。尽管权利获得确认，但故事并未因此结束。反巴黎数量众多咖啡馆的，不用说分散在巴黎之外的法国各地。即使法官承认其有权禁止未经其许可对其作品的使用，那么权利人与他的出版商一个夜晚需要拜访多少个咖啡店以发现这些咖啡店未经许可而表演其作品？如果他成功找到每个希望并获得其许可表演其作品的使用者，那么他需要花费多少时间与使用者进行谈判有关许可费支付事宜？那么最终其获得的许可费是否足够支付为获取该许可费所支付的开支？咖啡店为维护其利益，是否会转而使用其他天才逊色的作品？总之，这些权利会变得毫无意义。而作为使用者的咖啡店，会面对同样的问题。解决这些问题的结果就是权利人与他的出版商，于1851年建立了世界上第一个非戏剧性音乐权利的收费协会，即“音乐作者、作曲者和出版者协会”(SACEM)，这同时标志着著作权集体管理组织的诞生。

（二）数字环境中著作权集体管理组织的地位与作用

由于权利人、权利客体与权利客体的使用人都是海量的，无论是权利人搜寻使用者与跟踪其权利客体被使用的情况，还是使用者寻求权利人的授权，这两种活动的时间成本和单个的谈判成本会高到足以让这些主体望而却步。而著作权集体管理组织作为一个专业性的机构管理海量权利人的海量作品的海量使用，代表权利人授权并收取许可费用，并将所收取的许可费，按照一定的标准在权利人之间进行分配，从而使权利人诸如公开表演权之类的特定权利得以实现。这样，著作权集体管理使权利实现的成本大大降低，权利人无法实现的权利得以实现。正如论者所言，著作权集体管理的前提是权利人个人无

① 博马舍(Pierre-Augustin Caron de Beaumarchais，1732—1799)，法国剧作家，代表作有：《塞维勒的理发师》、《费加洛的婚礼》等。

法实现权利。[①] 虽然制度经济学对何为交易成本,存在不同的观点,[②]但权利的实现成本肯定可以成为交易成本中的一部分。因此,交易成本上的优势是著作权集体管理存在的基础。

著作权的集体管理使权利人并不直接参与权利的交易,权利的定价并非由权利人与使用者双方协商确定,而是由集体管理组织根据法定的程序确定具体收费标准,国家甚至会干预权利交易的定价。[③] 此外,集体管理组织一般不能拒绝许可。[④] 因此,著作权集体管理下的权利交易并未完全按照一般私权的交易方式实现,使著作权作为私权的属性受到某种限制。为此,有学者归纳了著作权集体管理组织所存在的三个问题:其一,许可权的集中化,即一般情况下通过“概括式”许可,使权利人失去确定对价的机会。其二,使用费的分配只能运用估算的方式予以确定。其三,管理组织的垄断性。[⑤] 基于集体管理本身存在的弊端,对著作权进行集体管理实际上也是不得已而为之的选择。随着作品的数字化普遍发展使权利保护措施在国际著作权条约即 WIPO“因特网条约”的推动下,逐渐被纳入各国著作权法的保护。技术保护措施在功能上可以分为,“接触性控制”(access of control)、“使用性控制”(usage con-

① 参见李明德、许超:《著作权法》,法律出版社 2003 年版,第 200 页。

② 比如 Y. 巴泽尔认为,交易成本指的是转让、获取和保护产权有关的成本。参见[美]Y. 巴泽尔:《产权的经济分析》,费方域等译,上海三联书店、上海人民出版社 1997 年版,第 3 页。亦有用“协调成本”来表示市场商务交易的成本,认为众多个人协调他们的行动,结果他们被激励去做满足他人欲望的事情,这需要大量的知识并造成相当的成本。参见[德]柯武刚、史漫飞:《制度经济学:社会秩序与公共政策》,商务印书馆 2004 年版,第 152 页;也有将交易成本分为契约成本、信息成本与控制成本。参见[美]A. 艾伦·斯密德:《财产、权力和公共选择——对法与经济学的进一步思考》,上海三联书店、上海人民出版社 2006 年版,第 136 页。

③ 比如《瑞士著作权法》第 46 条就规定,集体管理机构要与使用者组织协商每一种版权使用报酬标准,确定的报酬标准要服从政府的监督。

④ 比如《德国著作权与邻接权管理法》第 11 条第 1 项规定,集体管理组织应该根据要求将其所管理的权利授权给任何以平等条件要求的使用者。

⑤ 参见熊琦:《集体管理与私人许可:著作权利用的去中间化趋势》,载《知识产权》2007 年第 6 期。

trol)、“同一性控制 ”(integrity protection)和“使用记录”(usage metering)四种。[①] 这些技术措施,可以使权利人能够准确地获知作品每一次被使用的情况,也就能够通过计算使用者使用的方式和范围来收取报酬。[②] 这样,通过一种被称为“电子著作权管理系统” (electronic copyright management system)的模式,利用数字技术和网络技术来控制作品的接触和使用,从而重新实现一对一的权利处理模式。[③] 在这种情况下,有作者认为在数字网络环境下,这种模式更有利于作品的使用,更能完善地保护著作权人的利益,那么“著作权的集体管理制度的存在价值就值得商榷了”。[④] 并进而认为数字网络时代,著作权集体管理组织需要重新定位,必须从交易的参与者转为交易的服务者。[⑤] 甚至有些著作权或邻接权的持有人开始鼓吹著作权个人控制新形式的理念将导致权利集体管理多余甚至不合时宜。[⑥]

为此,日本学者北川善太郎教授提出构建 Copymart 市场模式,即著作权人与利用人直接交易的构想。[⑦] 该构想通过两个数据库即著作权市场 (copy-

---

① See Kamiel, J. Koelman, Natali Helberger, Protection of Technological Measures, in Bernt p. Hugenholtz, ed., *Copyright and Electronic Commerce: Legal Aspects of Electronic Copyright Management*, London: Kluwer Law International, 2000, pp. 165～169.

② See E. Schlachter, The Intellectual Property Renaissance in Cyberspace: Why Copyright Law Could Be Unimportant on the Internet, 1997 (15).

③ 参见徐棣枫、解亘、李友根编著:《知识产权法——制度·理论·案例·问题》,科学出版社 2005 年版,第 344 页。

④ 熊琦:《集体管理与私人许可:著作权利用的去中间化趋势》,载《知识产权》2007 年第 6 期。

⑤ 熊琦:《集体管理与私人许可:著作权利用的去中间化趋势》,载《知识产权》2007 年第 6 期。

⑥ 比如,欧洲内国市场著作权与邻接权管理委员会认为,具有足够谈判权力的,诸如主要录音制品的制作者,逐渐开始寻求不依赖集体管理组织去管理他们的权利。根据他们的观点,由于水印、作品识别与交易的便利,数字化在原则上使权利人有权进行个人控制授权与许可费用的收取,这样权利集体管理的角色就应该受到质疑了。Commission of the European Communities, the Management of Copyright and Related Rights in the Internal Market, Brussels, 106.04 2004 com(2004) 261,final, point 3.4.

⑦ 参见[日]北川善太郎:《网上信息、著作权与契约》,渠涛译,载《外国法译评》1998 年第 3 期。另见 [日]北川善太郎:《作为协议体系的著作权市场——论复制市场》,龚三苗译,载《电子知识产权》1998 年第 3 期。

right market)与著作物市场(copy market)构成，大致的运作流程为：著作权人就其作品与 Copymart 管理人签订协议，将其作品信息登记在 Copymart 管理人处，然后使用者根据 Copymart 管理人所提供的作品信息并按照权利人的条件与权利人签订使用作品的合同，支付许可费后，再到 Copymart 管理人网络上下载合同约定的作品。这样 Copymart 管理人代替了传统集体管理组织的角色或者说集体管理组织转变为 Copymart 管理人。集体管理组织仅仅只是为作品的使用者提供作品信息的服务，为权利人提供作品登记与管理服务，而不再参与著作权人与使用者之间有关作品使用的协议签订。这样，权利人与使用者即可直接签订有关作品的使用合同，而不是由集体管理组织根据信托原则①行使权利。② 有作者认为，正因为 Copymart 能在极低的交易成本条件下完成著作权许可，所以才有著作权利用的"去中间化"趋势，甚至可以认为传统集体管理组织的功能完全可以由 Copymart 取代。③ 但这种模式实际上存在诸多问题，撇开技术保护措施本身的缺陷不说，如果完全由权利人与使用者根据意思自治原则去签订每一个作品的使用合同，完全由权利人设定使用条件，没有任何讨价还价的可能，则无法避免出现强大著作权主体制定"霸王条款"的现象。如果使用者无法接受著作权人确定的条款，那么这导致著作权促进作品传播的功能丧失殆尽。此外，使用者面对这种单个并且弱势的权利人，更有可能采取非法方式下载权利人的作品，而不是选择通过签订合同支付许可费用从网络下载，因为权利人根本不可能跟踪并追诉每一个未经许可的使用者。也许正因为这些原因，这个日本学者在 20 世纪 90 年代初所提出的著作权利用构想在过去了 20 年之后依然是一个"乌托邦"。即使是美国版权管理中心已经建立类似 Copymart 的数据库，使用者与权利人可以在网络上完成有关作品使用的交易，但美国著作权集体管理组织诸如 RIAA 等依然没有改变其授权的传统角色。

正如学者对这种"乌托邦"以及著作权集体管理在技术保护措施时代依然存在的价值所作的评价："这种新的并且大部分依然是未来版本的观点需要某

---

① 一般认为著作权人与集体管理组织是一种信托关系。周林：《版权集体管理及其立法研究》(博士学位论文)，中国社科院研究生院 2002 年，第 9 页。

② 熊琦：《集体管理与私人许可：著作权利用的去中间化趋势》，载《知识产权》2006 年第 6 期。

③ 熊琦：《集体管理与私人许可：著作权利用的去中间化趋势》，载《知识产权》2006 年第 6 期。

些修正：首先，必须说明的是，实际上，技术保护措施系统并非非常完美，并且还需要进一步的标准化。其次，等技术保护非常有效的那一天到来时，可能仅有一些非常成功的作者或表演者以及非常大的公司才能避免他们自己管理大规模使用他们作品或产品所带来的麻烦。非常可能的是，即使在技术保护措施时代，大部分权利持有人基于实际上的原因，将继续利用集体管理方式。因此，技术保护措施系统与集体管理之间并不存在真正的冲突。最后，在一个过渡时期，试图废除现存的报酬制度与版税体系是愚笨的，因为多得不如现得(A bird in the hand is worth two in the bush.)。而且即使在技术保护措施时代，版税制度对进行不同种类的大规模的私人使用的、弱势的权利持有人的利益来说，这依然是非常有用的。”①

因此，即使到技术保护措施非常完美的那一天，众多的弱势著作权人某些特定的权利，依然需要通过集体管理组织的授权，这无论是对权利人权利的实现，还是对促进作品的传播与便利大众对文化产品的分享，都存在不可替代的价值。当然，在技术保护措施时代，应该充分利用技术保护措施为权利人实现权利所带来的便利，比如“使用记录”(usage metering)的技术措施，可以使权利人对作品的使用情况作出非常精确的计算，从而改变传统集体管理组织按照估算的方式计算与分配许可费用。因此，可以这么说，技术保护措施不可能完全取代著作权的集体管理，它只能让著作权的集体管理更加完善。

二、集体管理对录音制品二次使用权的适用

随着数字网络技术已经逐渐普及，著作权集体管理组织的体制得到完善，但绝不是说，著作权集体管理组织已经被数字网络技术所替代。录音制品二次使用权的实现依然离不开著作权集体管理组织。对著作权集体管理组织诞生过程的考察可以发现：其一，无论是“戏剧作者和作曲者协会”还是非戏剧的“音乐作者、作曲者和出版者协会”(SACEM)都是基于公开表演权的实现而产生的。其二，著作权集体管理诞生的主要原因，在于著作权中的某些诸如公开表演权的财产权利，涉及海量的权利人与海量的使用者，权利个别实现的成

---

① Frank Gotzen, Collective Administration of Copyright and Community Wide Licensing Copyright and Competition Law Revisited, http://ec.europa.eu/internal_market/copyright/docs/conference/2004-dublin/gotzen_en.pdf, 2009-11-27.

本过高，依赖权利人的个别管理（individual management），[①]可能会导致该权利形同虚设。而权利的集体管理作为一种连接权利人与使用者的媒介，极大地降低了权利人与使用者之间的交易成本，使权利人权利的实现成为可能。虽然，著作权集体管理的范围逐渐扩大，从当初的公开表演发展到现今的复制权、公共借阅权、追续权等，但公开表演权（包括机械表演）依然是著作权集体管理的主要构成部分。根据各国著作权集体管理的实践，非戏剧音乐的公开表演与其他大规模使用（mass use）的权利适合集体管理，实际上，非戏剧音乐的公开表演也是一种规模使用。根据学者对大规模使用（mass use）的解释，大规模使用是一种涉及大量作品上权利使用的形式，在这种形式中，个体使用的价值有限从而在经济上不值得进行个人管理，但如果集中管理，却代表了一项非常客观的收益来源。[②] 而录音制品二次使用权控制的广播与表演（主要是机械表演），都是广义公开表演权所涵盖的范围。更为重要的是，录音制品二次使用权完全符合著作权集体管理所涉及的海量的权利人、海量的权利客体与海量的使用者，这种大规模使用（mass use）的基础的特质使得录音制品二次使用权只能通过集体管理的方式才能得以实现。

三、集体管理组织的选择、强制性集体管理与监管

录音制品二次使用权必须依赖集体管理才能实现，运作良好的集体管理组织自然是权利实现的前提保证。而这种运作良好的集体管理组织需要良好的管理机制，包括录音制品二次使用权的集体管理组织选择、强制性集体管理与监管。

（一）集体管理组织选择

录音制品二次使用权涉及表演者与录音制作者两类权利主体，集体管理组织一般以权利主体为基础组建。有些国家以表演者与录音制作者组建一个联合的集体管理组织以管理他们的权利，也有些国家由一个主体（表演者或录音制作者）组建一个集体管理代表两者的利益管理权利：《巴西著作权与邻接权法》规定表演者与录音制作者都有权参与录音制品二次使用权报酬的分配，

---

① See European Commission, Practical Guide to Copyright for Multimedia Producers 1996, pp. 22～23. http://catalogue.nla.gov.au/Record/2940685, 2010-3-23.

② David Sinacore-Guinn, *Collective Administration of Copyright and Neighboring Rights: International Practices, Procedures and Organizations*. London: Little, Brown & Company (Canada) Limited, 1993, p. 258.

法律要求两个主体的协会(分别代表不同组织的 AADI 和 CAPIF)组成一个代表两个组织的联合组织即 AADI-CAPIF;在瑞典,代表表演者的 SAMI 和代表录音制品制作者的 Svenska Gruppen 达成协议同意 SAMI 对录音制品二次使用权进行许可谈判和管理,并将录音制品二次使用权所获取的费用跟 Svenska Gruppen 平等分享。[①]

就我国而言,应该结合我国著作权集体管理组织的现状进行安排,以免浪费现有资源,增加不必要的管理成本。我国现在主要四个著作权集体管理组织:中国文字作品著作权协会、中国音乐著作权协会、中国音像著作权集体管理协会与中国摄影著作权协会,分别管理文字作品、音乐作品、音像节目[②]与图片上的相应权利。鉴于中国音像著作权集体管理协会的业务范围包括音像节目的广播权与表演权,为此,我国著作权行政管理机关可以规定由中国音像著作权集体管理协会管理录音制品二次使用权。由于任何使用者都必须向音乐作品的著作权人支付许可费,因此,为尽量降低交易成本,管理录音制品二次使用权的中国音像著作权集体管理协会可以与中国音乐著作权协会签订协议,由一个组织收集录音制品二次使用权的费用,这样就无须录音制品二次使用权再重复音乐作品集体管理组织的工作。而且中国音乐著作权协会对音乐作品表演的收费就是委托中国音像著作权集体管理协会收取,之后再由中国音像著作权集体管理协会向中国音乐著作权协会进行分配。[③] 因此,建议我国《著作权法》确立录音制品二次使用权后,倡导由中国音像著作权集体管理协会进行管理,并且可以通过协议连同音乐作品的广播与表演的报酬权一并向广播组织者与使用者收取费用,然后在扣除成本后,再向中国音乐著作权协会进行分配。

(二)录音制品二次使用权的强制性集体管理

著作权集体管理组织管理权利的合法性来自其成员对某种权利行使的授权,如果没有权利人的授权,则集体管理组织无权对使用者进行许可与收取费用。虽然录音制品二次使用权是一种单纯的报酬权,并不存在许可使用授权

---

① David Sinacore-Guinn, *Collective Administration of Copyright and Neighboring Rights: International Practices, Procedures and Organizations*. London: Little, Brown & Company (Canada) Limited, 1993, p. 782.

② 音像节目不是一个著作权法上的概念,只是《中国音像著作权集体管理协会章程》中的一个概念。参见《中国音像著作权集体管理协会章程》第 7 条。

③ 笔者对中国音乐著作权协会进行调研时,中国音乐著作权协会工作人员的介绍。

的问题，但依然存在报酬收取的授权。通常情况下，著作权集体管理组织只有在录音制品二次使用权权利人授权情况下，才有权向使用者收取报酬。如果有权利人未将其收取报酬的权利授权给集体管理组织，那么该组织即无权向使用者收取报酬。这样，使用者按照一种诸如播放时间等概括的方式支付了使用费，但其依然需要向未向集体管理组织授权收取报酬的权利人支付报酬。如此一来，使用者会无所适从，进而导致其需要为同一种使用方式支付多个费用，并可能成为使用者质疑集体管理组织收费合法性的一个理由。比如：在最近新疆“收获阳光”诉中国音像著作权集体管理协会一案中，原告认为，受著作权保护的歌曲不可能全都授权音集协。如果音集协拿到的授权只是其中一部分，音集协就不应该让他们经营商支付所有歌曲的版权使用费。[①] 按照完善的集体管理组织应该具有的特点，即“集体管理组织可以根据其管理的权利，向使用者授权一揽子许可使用其代表的全世界所有作品或者其他受保护的客体”。[②] 在录音制品二次使用权的集体管理制度中，集体管理组织收取相关报酬后，使用者就无须对录音制品的二次使用再支付任何使用费。这种目标单纯依赖集体管理组织寻求权利人报酬收取的授权是无法实现的，必须求助于法律的强制性规定。欧洲国家所创立的强制性集体管理可以很好地实现这个目标。

所谓强制性集体管理，即法律规定某些权利只能通过集体管理组织行使，该权利不能放弃亦不能单个行使。由于法律上的这种强制性的规定，使相关的集体管理组织具有代表所有权利人行使授权与收取许可费用的权利。虽然这种强制性集体管理以及“延伸性集体管理”（ECL）[③]因其可能超出国际著作权条约所允许的限制性的规定而遭遇了批评，但这种制度使所谓的“一揽子”

---

① 参见吕思思、刘冰：《新疆一 KTV 企业状告中国音集协，质疑其收费合法性》，载《中国青年报》2009 年 11 月 24 日。

② ［匈］米哈伊・菲彻尔：《处在三叉路口的版权和邻接权的集体管理——是继续保持自愿性还是将“延伸”或变成强制性》，邓玉华译，载《版权公报》2003 年第 4 期。

③ “延伸性集体管理”（Extended Collective Licensing，ECL）主要在北欧国家实行，同种类型的著作权集体管理延伸到未参加著作权集体管理组织或未授权集体管理组织的权利人，对权利人采取与参与集体管理组织权利人的同等待遇。See David Sinacore-Guinn, *Collective Administration of Copyright and Neighboring Rights: International Practices, Procedures and Organizations*. London: Little, Brown & Company(Canada) Limited, 1993, p. 403. 虽然延伸性集体管理与强制性集体管理在定义上不同，但实际上所起到的功效是同样的。

许可得以彻底实现，且不会招致使用者的非议。而具体到录音制品二次使用权，强制性的集体管理可以使使用者只需要按照约定或规定支付报酬之后，即可使用所有的录音制品。而且，由于录音制品二次使用权在《罗马公约》的第12条与WPPT第15条中都是法定许可下的报酬权。由于《伯尔尼公约》以穷竭的方式详细规定了“确定或规定条件”的各种可能情况，法定许可下的报酬权是可以进行强制集体管理的一种情形。① 此外，对录音制品二次使用权实行强制性的集体管理也是很多国家的做法：《德国著作权法与邻接权法》对录音制品二次使用权就适用强制性的集体管理，只能将这些权利交由著作权集体管理组织行使；②《荷兰邻接权法》亦有类似的规定。③ 因此，我国《著作权法》在构建录音制品二次使用权时，也应通过立法将录音制品二次使用权进行强制性的集体管理。

（三）集体管理的监管

集体管理组织可能会滥用其市场优势地位，从而导致这种集体管理影响公众获得文化产品。因此，政府对著作权集体管理组织事务的兴趣与干预实际上是全球无可争辩的事实。④ 根据我国《著作权集体管理组织条例》的规定，设立的集体管理组织不与已经依法登记的著作权集体管理组织的业务范围交叉、重合，⑤从而实际上立法已经承认管理某一著作权的集体管理组织具有垄断地位。为此，我国《著作权集体管理组织条例》专章规定了对著作权集体管理组织的监督。⑥ 主要内容除了涉及对集体管理组织财务等内部事务的

---

① 学者研究认为，当一种权利不是一种可以授权的专有权，而只是一种获取报酬的权利时，比如《罗马公约》中所谓“第12条权利”，可以对其进行强制授权集体管理。[匈]米哈伊·菲彻尔：《处在三叉路口的版权和邻接权的集体管理——是继续保持自愿性还是将“延伸”或变成强制性》，邓玉华译，载《版权公报》2003年第4期。

② 参见《德国著作权法与邻接权法》第78条的规定。笔者就该条所规定的“强制性集体管理”请教德国伯恩大学 Matthias Leistner 教授，其认为德国的这种安排，主要在于防止有些权利授权，而有些权利未授权，而导致使用者支付多次费用。

③ 参见《荷兰邻接权法》第15条第1款。

④ 根据学者的研究，超过75个国家对著作权集体管理的监管作出特别的规定，超过10个国家对著作权集体管理组织的监管作出了非常详尽的规定。See David Sinacore-Guinn, *Collective Administration of Copyright and Neighboring Rights: International Practices, Procedures and Organizations*. London: Little, Brown & Company (Canada) Limited, 1993, p. 521.

⑤ 参见《著作权集体管理条例》第7条第2款第2项的规定。

⑥ 参见《著作权集体管理组织》第5章，对著作权集体管理组织的监督。

监管外，还有为防止集体管理组织滥用市场垄断地位拒绝向使用者发放许可或者对使用者发放歧视性许可，导致使用者无法使用权利客体等外部事务的监管。① 由于某类权利的集体管理组织在全国范围内只有一个，为防止集体管理组织滥用垄断地位，拒绝权利人加入集体管理组织，从而使其权利无法实现，亦禁止集体管理组织拒绝符合要求的权利人加入该组织。② 而具体到录音制品二次使用权，由于该权利是在法定许可制度下实现的，不存在集体管理组织拒绝许可的问题。并且该权利也是通过强制集体管理方式实现的，集体管理组织自然不能拒绝权利人加入集体管理组织。因此，涉及对录音制品二次使用权的集体管理组织的监督主要在于对集体管理组织的内部事务的财务、会计、资产、报酬的收取与分配、管理费用提留以及权利客体使用情况的监督。其中最为重要的监管就是要求具备相同条件的使用者采取相同费用的支付标准，不允许对相同条件的使用者进行歧视。

此外，由于我国现阶段并无为外国表演者与录音制作者提供录音制品二次使用权的保护义务，因此，尚无外国录音制品二次使用权报酬收取问题。如果外国与中国签订协议相互保护这种权利，可以通过国际上通行的国内外集体管理组织签订相互授权的协议进行解决。各国集体管理组织根据协议将其所收取的属于外国权利人的报酬直接支付给外国的集体管理组织，当然也可以协议约定相互扣除各自应支付的报酬后，再将多出部分支付给对方。

第二节　报酬标准争议的解决机制与报酬的分配

作为必须依赖集体管理才能实现的录音制品二次使用权，需要运行良好的机制才能实现，报酬的标准及其争议的解决以及报酬在权利人之间的分配也是这种机制中的重要组成部分。

一、录音制品二次使用权的报酬标准

世界各国集体管理组织对使用者收费的确定标准各不相同，根据 WIPO

① 《著作权集体管理条例》第 23 条第 3 款规定，使用者以合理的条件要求与著作权集体管理组织订立许可使用合同，著作权集体管理组织不得拒绝。

② 《著作权集体管理条例》第 22 条规定，权利人符合章程规定加入条件的，著作权集体管理组织应当与其订立著作权集体管理合同，不得拒绝。

的研究报告，具体标准主要有：[①](1)以使用者收入的一定比例为计算基础，一般在概括授权（blanket license)的方式下，集体管理组根据使用者的收入比例收取许可费，使用者支付该费用后，可以使用集体管理组织管理的全部权利客体。国际上比较通用的做法是，使用者通常支付扣除税金和广告支出后的10%作为使用报酬。但这种方式在德国遭受比较大的质疑，认为这种费率欠缺客观的评价标准。[②] (2)根据权利客体对使用者的重要性程度确定使用费率。主要根据权利客体利用对使用者经营业务的重要性决定使用费率，比如KTV音乐播放的重要性显然比饭店等场所要高，那么其费率也自然应该要高，一般也以使用者收入的10%为基础上下浮动。(3)以一定时期为标准收取一个固定的费用。如果集体管理组织无法以使用者的年收入百分比，计算使用报酬费率，则可以采取一次收取固定使用报酬费用的方式。在这种情形下，通常以消费者可收听(看)节目的人数及播送时间，决定使用者所应支付的金额，或考虑场所的容纳人数或座位数及涵盖区域或范围的大小或客体被使用的次数及数量，作为使用者报酬费率的计算基础。(4)非货币上的补偿(nonmonetary compensation)。对于使用者为集体管理组织节省的付费成本，比如为集体管理组织统计客体使用情况，可以在计算报酬时进行折扣。(5)参考历史或传统费率(historical or traditional royalty rates)。集体管理组织在分析某类授权市场时，往往需要参考普遍接受的历史或传统的使用报酬费率。比如：在美国，书籍出版商传统上是以书籍的零售价之5%至15%支付给作者，而音乐出版公司则是以零售价之10%至利润之50%支付给词曲作者。[③] (6)参考国际上的使用报酬率。在国内尚未确立著作权集体管理组织某项报酬标准时，应该参考国际上的标准。当然，参考国际标准时，必须考虑国内与国外市场之间诸如市场规模、物价水平、权利保护的内容、管理客体数

---

① 有关确定报酬的标准主要从WIPO的报告中归纳得出。See WIPO, Collective Management of Copyright and Related Rights, http://www.wipo.int/freepublications/en/copyright/450/wipo_pub_1450cm.pdf, 2010-3-22.

② 参见谢铭洋、张懿云：《著作权法与公平交易法关系之研究》，台湾地区第40届竞争政策与公平交易法学术研讨会论文集，2003年。

③ David Sinacore-Guinn, *Collective Administration of Copyright and Neighboring Rights: International Practices, Procedures and Organizations*. London: Little, Brown & Company(Canada) Limited, 1993, p. 413.

量及消费者习惯等方面的差异。[①] 我国卡拉 OK 著作权的收费标准是按照每天每个终端(包房)的价格进行收费的,一般按照当地的经济发展水平确定价格标准。作为通过著作权集体管理组织实现的权利之一的录音制品二次使用权,上述使用费收取的标准对我国确定录音制品二次使用权的收费标准具有一定的参考意义。

根据我国新近颁布的《广播电台电视台播放录音制品支付报酬暂行办法》的规定,在集体管理组织与广播组织对于播放录音制品所规定的收费标准没有约定或约定不成的条件下,可按照以下标准进行协商:其一,以年度广告收入扣除 15%成本费用后的余额,以余额乘以音乐作品播放所占时间比例的不同,再以这个比例为基础收取报酬。其二,以年度播放录音制品的时间总量,按照单位时间进行收费。[②] 因此,录音制品二次使用权所涉及的广播权部分,可参照该标准收取报酬。至于录音制品二次使用权所涉及表演的使用,可以区分不同的使用者,按照不同的标准进行收费:对于 KTV 部分,可以参照音乐作品收费标准进行收费;其他场所可以考虑按年度收取一笔固定费用。当然,具体标准应该以集体管理组织与使用者协议为准,但由于涉及使用者非常多,在没有行业协会或行业协会无法代表该行业代表进行协商的情况下,对于许可费标准协商一致的可能性比较小。为此,一般国家都对报酬费的确定规定了一套完整的程序:包括听取支付义务人的意见,使用费标准向主管机关的申报与审核,使用标准的公告等。[③] 但如果使用者对集体管理组织公布的标准不认同,这就需要一个争议解决机制,以确定收费标准。

二、报酬标准争议的解决机制

由于录音制品二次使用权是采取报酬权的模式予以实现的,虽然不存在需要对许可协议的具体条款进行协商确定的问题,但依然需要解决的是录音制品二次使用权报酬标准的确定问题。原则上,由集体管理组织与使用者协商确定费用最能反映市场对权利客体这种使用方式供求的价值规律,也最为

---

① David Sinacore-Guinn, *Collective Administration of Copyright and Neighboring Rights: International Practices, Procedures and Organizations*. London: Little, Brown & Company(Canada) Limited, 1993, p. 413.

② 《广播电台电视台播放录音制品支付报酬暂行办法》第 4 条、第 5 条、第 6 条、第 7 条。

③ 参见李明锦:《我国著作权中介团体使用报酬率决定机制之研究》(硕士学位论文),台湾世新大学法学院 2005 年,第 30～35 页。

效率与准确。但实际上，由于在这费用确定的关系中，存在海量的使用者与单个集体管理组织之间的关系，由集体管理组织跟每个使用者单独协商确定许可使用费，几乎是不可能的。因此，在大部分情况下，都是由集体管理组织根据上述标准确定某一使用方式的具体标准。但所确定的具体标准容易引起使用者不满，甚至有可能成为拒绝支付费用的理由，我国 KTV 收费过程围绕收费标准所产生的争议就是极好的例证。① 当产生争议时，就需要一个解决争议的机制。为此，需要借鉴国外有关集体管理组织收费标准的争议解决机制，构建我国集体管理组织收费标准的争议解决机制。

(一)司法解决

采取司法解决集体管理组织确定收费标准争议的国家主要有比利时、希腊、葡萄牙、荷兰与美国，这些国家中的集体管理组织由一般的市场主体的法律进行规制，而不是由专门集体管理组织的特别法进行规制。② 这种一般法的规制不会对使用者、创作者、管理者，甚至大众消费者规定特别待遇。这种机制的优势非常明显，它保持在集体管理组织收费标准确定过程中的政府的最小干预。而且这种司法个案解决的方式只对涉案的集体管理组织产生效力，而不会对其他集体管理组织产生影响。但这种机制也存在弊端：(1)司法解决机制需要耗费很长的时间和金钱成本。比如美国 CBS 作为原告起诉 ASCAP 和 BMI 的案件长达 12 年，耗费 ASCAP 和 BMI 大约 1500 万美元到 2000 万美元的法律费用。③ (2)司法解决机制中的法院，一般不具备确定收费标准的经验。不过，这种机制在美国得到比较好的解决：根据美国司法部与 ASCAP、BMI 达成和解的合意判决(Consent Decree)的规定，ASCAP、BMI 与使用者间对收费标准协议不成时，双方都可以请求纽约南区地方法院认定合理的费率，这样该法院在确定集体管理组织的收费标准获得了实质性专业

---

① 自我国 2003 年开始实行 KTV 收费以来，围绕收费标准的争议可谓旷日持久，大部分使用者对集体管理组织公布的收费标准表示质疑。而国家版权局亦认为 KTV 的收费标准并不应由版权局制定，而应该由各方协商解决。

② David Sinacore-Guinn, *Collective Administration of Copyright and Neighboring Rights: International Practices, Procedures and Organizations*. London: Little, Brown & Company(Canada) Limited, 1993, p. 429.

③ See John M. Kernochan, Music Performing Rights Organizations in the United States of America: Special Characteristics, Restrains and Public Attitudes, Copyright, 1985, p. 389.

经验。[①]

(二)行政解决

在对著作权集体管理组织所确定的报酬标准产生争议后，由政府行政机构直接干预，确定收费标准。行政干预的典型是日本，根据《日本著作权等管理事业法》，使用者代表可以就文化产业厅指定的著作权集体管理组织向文化厅申报使用费标准，请求与该指定的著作权集体管理组织进行协议，而该组织必须回应使用者代表的协议请求，如果不回应使用者代表的协议请求或协议不成立时，使用者代表可以向文化厅申请责令该组织开始协议或重新协议，以通过协议寻求双方可以接受的使用费标准，如果仍然达不成协议，则双方当事人都可以向文化厅长官申请裁定使用费标准。[②] 这种解决机制的优势就在于解决争议的时间相对较短，成本相比司法解决机制要低，并且随着解决争议的增多，行政机构解决这种争议的专业能力逐渐增强。而缺陷就在于使政府对私权领域的问题进行过多的干预，不利于发挥市场在价格形成过程中的作用。而且，在这种费用的确定机制中行政机关容易受政治的影响而随意摇动，使这种机制本身不够中立。[③]

(三)版权许可费法庭或仲裁庭

这种机制由一个专门的仲裁法庭，对使用者与集体管理组织之间针对许可费的争议进行听证与裁决。这种机制被不同国家通过不同的形式所采纳，[④]在管理每一类权利只有一个主要集体管理组织的国家中尤为如此。该机制的优点与缺陷根据其形式的不同而表现不同。不过，该制度确实结合了

---

① David Sinacore-Guinn, *Collective Administration of Copyright and Neighboring Rights: International Practices, Procedures and Organizations*. London: Little, Brown & Company(Canada) Limited, 1993, p. 431.

② 《日本著作权等管理事业法》第 23 条至第 24 条。转引自曹世华:《著作权集体管理组织版权使用费标准争议解决机制探讨》，载《电子知识产权》2009 年第 1 期。

③ See Freegard, Collective Administration: The Relationship Between Authors' Organizations and Users of Works, Copyright, 1985, p. 443.

④ 根据学者的归纳研究，这些国家主要有巴西、德国、英国、新加坡、爱尔兰、新西兰、南非，只是这些国家的版权许可费法庭的构成与设置不完全一致，有些国家设在知识产权管理机构下的仲裁庭，而有些国家设立专门的法院。See David Sinacore-Guinn, *Collective Administration of Copyright and Neighboring Rights: International Practices, Procedures and Organizations*. London: Little, Brown & Company(Canada) Limited, 1993, p. 432.

行政干预与司法干预的优势，且具有其他两种机制所不具备的专业性，而且在时间和成本上具有优势。若不服裁决，可以通过最后司法程序以保证程序的公正性。[①] 但保证版权许可费法庭的构成成员应保持中立性，比如《德国著作权与邻接权管理法》第 14 条第 2 项规定，仲裁庭在主管当局的监督下组建，由一名主席或他的副手和两名助理法官组成。仲裁庭的法官必须根据《德国法官法》规定由联邦司法部长任命，任期四年，可以连任。但这种方式还是存在问题：如果认为这种裁决不具可诉性，其会被诟病没有最后的司法保障；如果认为这种裁决是可诉的，则可能会再次陷于司法程序的长时间与高成本的泥潭。[②]

(四)比较与选择

对于中国而言，随着集体管理组织在著作权法领域发挥的作用日益增强，有关版权许可费的争议也会逐渐增加。对于集体管理组织的报酬标准，我国现行的《著作权集体管理组织条例》第 46 条规定，集体管理组织使用费收取标准应该报国务院著作权管理部门审核。这个审核的具体内涵并不明确：通过审核的收费标准是否可以在全国实行以及利益相关人可否提出异议并未明确。不过，根据《国家发展改革委办公厅关于音乐著作权使用费问题的复函》的规定，[③]即使由著作权集体管理组织上报并由国家著作权管理部门审定的收费标准也不具有强制性，认为报酬的支付方式与报酬标准，还是应该通过集体管理组织与使用者协商解决。因此，《著作权集体组织条例》所规定的“审核”似乎并不具有任何法律上的效力。即使是刚出台的《广播电台电视台播放录音制品支付报酬暂行办法》所规定的标准也只是一个协商的标准，其公布的标准并不具有强制执行的效力。

所有这些规定或复函都表明，我国政府希望集体管理组织与使用者通过

---

① 也有些国家不允许通过司法上诉，版权许可费由法庭作出最后决定，比如英国。

② See David Sinacore-Guinn, *Collective Administration of Copyright and Neighboring Rights: International Practices, Procedures and Organizations*. London: Little, Brown & Company(Canada) Limited, 1993, p. 435.

③ 参见《国家发展改革委办公厅关于音乐著作权使用费问题的复函》第 2 条，根据《中华人民共和国著作权法》第 27 条，“使用作品的付酬标准可以由当事人约定，也可以按照国务院著作权行政管理部门会同有关部门制定的付酬标准支付报酬”的规定，中国音乐著作权协会于 2000 年制定并报国家版权局审定的“音乐作品使用费”标准，只是供音乐著作权人与音乐作品使用者进行协商的参考，不具有强制性。音乐著作权人向音乐作品使用者收取报酬，有关报酬的支付方式和付酬标准应通过与使用者协商确定。

协商的方式解决报酬或收费标准等问题。也有学者在详细比较了上述三种解决机制后，提出通过设立“版权审议委员会”作为解决这种争议的复议机构，若对复议不服再提起诉讼。[①] 从前述复函来看，版权局审核的标准并不具有可执行性，因此很难说是一个具体的行政行为，如果不是行政行为，遑论行政复议了。即便是该审核可以进行复议，这种路径要通过行政决定—复议—诉讼的过程，依然旷日持久。不过，最近颁布的《广播电台电视台播放录音制品支付报酬暂行办法》却希望通过司法或仲裁的方式解决这种争议。该办法第 16 条规定，广播电台、电视台与著作权人或者著作权集体管理组织因依照本办法规定支付报酬产生纠纷的，可以依法向人民法院提起民事诉讼，或者根据双方达成的书面仲裁协议向仲裁机构申请仲裁。这说明我国主管当局希望通过诉讼或仲裁的方式解决这种争议。虽然前述司法解决的费用与时间成本都比较高，但美国通过司法部与集体管理组织达成的合意判决，可以认定若由一个固定的法院审理这种纠纷，可以在司法实践中不断积累专业知识，从而在实际上达到第三种专门的版权许可费仲裁庭所具有的专业性。对我国而言，由于集体管理组织数量相对较少，这种版权报酬或许可费的争议不会很多，可以通过立法指定某个法院对这种争议进行专门管辖，或由当事人选定仲裁委员会进行裁决。该仲裁委员会可以聘请知识产权、经济学、会计学、统计学等领域的专家形成仲裁员专家库，从而解决这种仲裁所需要的专业知识。至于法院，可以充分利用我国陪审员的制度，在初期可以聘请知识产权、经济学、会计学、统计学等专业领域的专家担任陪审员，解决初期专业水平的差距问题，使该法院逐渐通过实践达到解决这种争议所需要的专业水准。这种路径，使这种争议直接进入司法或准司法(仲裁)程序，而且充分尊重了当事人在仲裁与司法之间选择的意愿，避免了冗长的行政程序，也符合 TRIPS 所要求的司法程序。[②]

因此，我国可以通过立法指定专门的法院，受理基于集体管理组织公布版权报酬标准或版权许可费标准所产生的争议。当然，前提是需要《著作权法》指定一个专门的法院，由于我国著作权集体管理组织的总部都设在北京，可以指定北京的法院与仲裁委员会管辖这种案件。

---

① 参见曹世华:《著作权集体管理组织版权使用费标准争议解决机制探讨》，载《电子知识产权》2009 年第 1 期。

② 根据 TRIPS 第 42 条的规定，各成员应使权利持有人可获得有关实施本协定的任何知识产权的民事司法程序。

三、报酬的分配

著作权集体管理组织在其所管理的权利范围内收取报酬之后，必须向相关的权利人进行分配。向权利人转付报酬是集体管理组织对权利人所必须承担的义务。[①] 而报酬的分配必须按照一定标准进行。具体到录音制品二次使用权报酬的分配主要有两个问题需要讨论，即表演者与录音制作者之间的报酬分配以及表演者与录音制作者内部之间的报酬的分配。

（一）表演者与录音制作者之间的报酬分配

录音制品二次使用权报酬需要在表演者与录音制作者两个权利主体之间进行分配。涉及录音制品二次使用权的《罗马公约》第 12 条与 WPPT 第 15 条，只是规定国内法在缺乏表演者与录音制作者之间的协议时，可以规定具体的分配标准或条件。因此，应该由表演者与录音制作者协商确定具体的分配办法，在缺乏协议时，国内法可以规定报酬的具体分配办法。或者，国内法可以规定一个具体分配标准，在双方没有协议时可以适用。但实际上，大部分国家将报酬在两者之间的分配标准留给了表演者与录音制作者进行协商，一般很少在著作权法或相关著作权集体管理的规定中直接规定分配标准。当然，也有些国家规定在双方缺乏协议时，在两个主体之间进行平均分配。[②] 在国外，由于两个主体都有相应的集体管理组织，因此为协商一个具体分配标准提供了便利，不过，大部分国家依然采取的是一种平均分配的标准。在难以证明两个主体中到底谁对录音制品的形成贡献更大的时候，这种标准的选择也是最可能使相关主体达成的妥协，也许是最为公平的标准。为此，我国应该借鉴这种做法，首先由双方协商表演者与录音制作者所享有的具体份额，协商不成时，可以向前述指定的专门法院或根据协议向前述专门的仲裁委员申请仲裁。

（二）表演者与录音制作者内部之间的分配

表演者与录音制作者内部之间对报酬权的分配，实际上涉及集体管理组织如何将收集的报酬费用在扣除管理成本之后，按照何种标准分配给具体的权利人，这是著作权集体管理组织业务中的一大难题。最为公平的分配方式是按照权利客体的具体使用情况进行分配，但具体使用情况统计成本过高，致

---

① 也是我国集体管理组织的主要活动之一。参见《著作权集体管理条例》第 2 条第 1 款第 3 项。

② Stephen M. Stewart, ed., *International Copyright and Neighboring Rights* (2nd ed.), London: Butterworths, 1989, p. 242.

使报酬费用的收取没有任何意义。因此，传统上，一般只能按照一种大致的标准进行分配，有人将其归为著作权集体管理组织的一大弊端。[①] 数字技术可以使集体管理组织这种弊端得到一定程度的缓解。在技术保护措施中，“使用记录”(usage metering)可以记录和追踪权利客体被利用和浏览的次数和时间。不过，这种技术措施必须完善到足以中立地记录录音制品的每一次播放，并且其成本足够低到让所有权利人都有可能为其录音制品配置该技术保护措施，这样才能得以推广应用。如果该技术措施能达到上述要求，那么集体管理组织就可以完全按照录音制品的使用情况向权利人分配报酬，使集体管理组织一直只能以一种大致分配报酬的弊端得到克服。不过，这种技术保护措施在现阶段似乎并不完美，并未得到广泛应用。随着计算机与网络的普及，集体管理组织可以通过作品使用情况统计软件，再通过网络将各个使用者的终端与集体管理组织的网络连接起来，通过网络监控与统计权利客体的具体使用情况。但是，该系统开发的巨大成本与系统的维护成本，至少在现阶段依然难以被推广普及。现阶段的权利客体具体使用情况的统计方法的成本过高，有学者研究了三种具体的统计方法即使用作品标准的统计方法、节目表标准的统计方法以及标题匹配的统计方法，这些方法不仅无法做到非常精确，而且其时间、人力成本过高，而导致无法适用。[②] 所以集体管理组织只能转而依靠权利客体使用情况的大致标准，包括主要作品价值与作品使用价值的估价，作品价值的估价方式主要有：不同作品种类不同估价、作品成功程度以及抽样统计判断等方式，而作品使用价值的估价方式则根据使用者的性质、类似使用者之间的差别、不同使用、不同使用期间以及市场因素等不同因素，来判断使用客体的价值，再依据该作品价值在集体管理组织中这类权利作品总价值所占的比例，来计算每一作品所应该分配的报酬。[③] 具体到录音制品二次使用权报酬的分配问题，可以由集体管理组织具体提出一种比较公正的分配方式，再由权利人会议审议通过，再按照该标准执行报酬的分配。

---

① 参见徐棣枫、解亘、李友根编著：《知识产权法——制度·理论·案例·问题》，科学出版社2005年版，第343页。

② See David Sinacore-Guinn, *Collective Administration of Copyright and Neighboring Rights: International Practices, Procedures and Organizations*. London: Little, Brown & Company(Canada) Limited, 1993, pp. 459～460.

③ See David Sinacore-Guinn, *Collective Administration of Copyright and Neighboring Rights: International Practices, Procedures and Organizations*. London: Little, Brown & Company(Canada) Limited, 1993, pp. 461～467.

在录音制品二次使用权中，录音制作者一般非常清晰，只有一个，在报酬分配时的关系非常简单，只需要按照作品的大致情况，分配给录音制作者即可。而对于表演者而言，可能涉及多人，比如：乐队、演唱者，甚至和声等。因此，录音制品中可能普遍存在多个表演者。美国2009年《表演权法案》在确立一般性的广播权的同时，要求将该报酬分别支付给角色表演者与非角色表演者。[①] 不过，这种安排可能导致集体管理组织的具体分配过于复杂，集体管理组织只需要按照一定的标准将报酬的费用支付给署名的表演者即可，至于表演者内部的报酬分配，还是通过协议解决比较具有效率与成本优势。

第三节　录音制品二次使用权的保护

录音制品二次使用权在性质上为一种报酬权，作为报酬权的基本目标在于权利人虽然无权阻止使用者对其权利客体的使用，但法律依然允许其要求使用者支付报酬。这种权利的实现需要有运行良好的集体管理组织帮助权利人实现权利。与此同时，这种权利的实现还需要完善的保护制度。

一、录音制品二次使用权的性质

权利性质对权利保护具有重要的作用，应对不同性质的权利采取不同的保护方法。为此，在讨论录音制品二次使用权的保护之前，必须明确录音制品二次使用权的性质。而录音制品二次使用权是著作权法中众多报酬权的一种，明确了著作权法中报酬权的性质，也就意味着明确了录音制品二次使用权的性质。

（一）著作权法中的报酬权

虽然著作权法在权利制度中宣示性地规定了权利人该享有的专有权利，但基于促进知识的传播、公众的创作与言论自由，以及为使用者提供使用作品的机会，法律通过权利限制制度对专有权加以限制。其中合理使用制度使使用者既无须获得权利人的许可，也无须支付任何报酬，为使用者提供了一种完全自由的使用。而法定许可虽然为使用者提供一种无须获得许可的使用，但

① 参见刘铁光:《美国版权立法的新动向——〈美国2009年版权法案〉译介》，载《中国版权》2009年第6期。

仍然为权利人提供了获取报酬的权利。[①] 此外，虽然强制许可与法定许可在性质上不同，但强制许可下的权利人所享有的报酬权却是一致的。而且我国《著作权法》中并未规定强制许可，因此，权利人报酬权的讨论只需围绕法定许可展开。

现行《著作权法》规定了四种法定许可，[②]有学者将其归纳如下：[③](1)教科书法定许可；(2)报刊转载法定许可；(3)制作录音制品的法定许可；(4)播放已发表作品的法定许可。第 4 种法定许可实际上由两条构成，包括第 42 条第 2 款所规定的播放已发表作品的法定许可与第 43 条所规定的播放已出版录音制品的法定许可。实际上，已出版的录音制品中包含的作品肯定是已经发表的作品，因此可以归入播放已经发表作品之列。但由于录音制品播放由国务院另行制定办法，[④]从而使其在立法上被单独列出来。有学者认为由于我国前述三种法定许可允许权利人声明排除适用，因此我国《著作权法》中真正意义上的法定许可制度，只有第 42 条第 2 款与第 43 条所规定的广播电台、电视台播放的法定许可。[⑤] 不过，在权利人不事先声明排除适用的情况下，其依然是法定许可。

在上述四种情况下，权利人不再享有拒绝使用者进行使用的权利，但依然保留获取报酬的权利。而且随着传播技术的发展，法定许可的效力可能会有所扩大，因为"由版权法确定某一种许可证被版权人发出后，即暗示着另外几种传播权的许可"。[⑥] 西班牙 1987 年《著作权法》就规定著作权人一旦许可广播组织广播其作品，即表明许可该组织使用电缆系统传播其作品及通过卫星广播其作品。[⑦] 而随着新的著作权补偿制度的建立，以前属于合理使用范围的部分使用会演变为法定许可下付酬使用。而且在集体管理下的专有权也不

---

① 参见吴汉东等：《知识产权基本问题研究》，中国人民大学出版社 2005 年版，第 313 页。

② 由于本节讨论中所引述学者的解释是对原《著作权法》即 2001 年《著作权法》的解释，2010 年《著作权法》修订后，条文顺序有些变动。为保持原文，引文中依然采用 2001 年《著作权法》条文的顺序，但此处的讨论则依照 2010 年修订后的条文顺序。

③ 参见李明德：《著作权法概论》，辽海出版社 2000 年版，第 121～127 页。

④ 该办法终于千呼万唤始出来，《广播电台电视台播放录音制品支付报酬暂行办法》于 2009 年 11 月 11 日颁布，并于 2010 年 1 月 1 日开始实施。

⑤ 沈仁干、钟颖科：《著作权法概论》，商务印书馆 2003 年版，第 102 页。

⑥ 郑成思：《版权法》，中国人民大学出版社 1990 年版，第 270 页。

⑦ 参见《西班牙著作权法》第 36 条。

再是控制权，而是报酬权(Rights of Remuneration)。[①] 如前所述，录音制品二次使用权应采用法定许可模式下报酬权的安排，表明录音制品二次使用权是著作权法中报酬权的一种，明确了报酬权的性质，也就能界定录音制品二次使用权的性质。

(二)报酬权的性质

著作权并非是一个单一的权利概念，而是由许多不同权利构成的一个权利束。虽然，著作权作为民事权利的一种已经成为公论，但著作权中的不同权利在性质上到底归属于民事权利中何种权利却很难有一个明确的定论，至少我国《著作权法》法定许可制度下权利人的报酬权就是如此。无论对法定许可制定如何表述，都无法脱离其“使用人无须取得权利人许可，但支付合理报酬”的基本原理。这样在著作权法为权利人获取利益与使用者便捷使用权利客体之间寻找到一条处于合理使用与专有权制度之间的折中道路。正如学者描述《罗马公约》第 12 条所规定的权利时说，“在《罗马公约》(第 12 条)及大部分国家法律中，这些被认可属于表演者的报酬通过非自愿许可的途径，构成简单的报酬权”。[②] 但这种报酬权是类似民事权利中物权的绝对权，还是类似债权的相对权，却很难进行属性归类。如果是一种类似物权的绝对权利，就应该具有排他性，权利人就应该具有拒绝他人使用的权利，因此这种报酬权，显然不是一种类似物权的绝对权。或者说，不属于知识产权法术语中的“专有权”。由于该权利表述为一种报酬权，给人感觉其只是一种债权。而且在表面上也非常符合债权所具有的相对性原则，即只能对权利客体的具体使用者产生效力。而且法定许可似乎也可以看作一种由法律直接规定的合同而已，进一步有理由将其直接归为债权。不过，债权有一个最为本质的特征在于，不具有支配性，“债权首先不是支配权，既不是对债务人人身加以支配，也不是对债务人给付行为的支配，也不是对给付标的物的支配”。[③] 因此，债权并不能成为侵权的对象，自然无停止侵权的救济办法。这样就会出现一种对报酬权极为不利的结果，他人在未支付许可费的条件下可以继续使用权利客体。因此，将其定位为债权，显然不符合法定许可制度下所保留权利人报酬权的初衷。这也许

① 由于集体管理组织一般不能拒绝许可他人使用，因此实际上集体管理的专有权是通过报酬权实现的。

② [西班牙]德利娅·利普希克：《著作权与邻接权》，中国对外翻译出版公司、联合国教科文组织 2000 年版，第 298 页。

③ 王泽鉴：《债法原理》，中国政法大学出版社 2003 年版，第 9～11 页。

是传统民事权利这种绝对权与相对权利二分理论应用到著作权的一次失败。诚如学者所言，“利益本来是连续的，当法律秩序人为地要将这些利益划分为物权和债权时，必然留下中间的模糊地带”。① 因此，著作权法中的报酬权是介于绝对权与相对权之间的一种特殊权利。② 既然著作权法中的报酬权是一种介于绝对权与相对权之间的权利，那么作为报酬权之一的录音制品二次使用权同样是一种介于绝对权与相对权之间的特殊权利。

二、录音制品二次使用权的侵权责任规则

作为一种权利，自然应该受到法律保护，在其遭受他人侵害时，应该有权通过自力或公力救济的方式获得保护。然而基于著作权客体的无形性，其保护只能通过法律的强制才能得以实现。③ 作为一种介于绝对权与相对权之间的报酬权，其保护自然应该被纳入报酬权的保护框架中加以讨论。

(一)《著作权法》第 47 条第 7 项保护的具体对象

同任何其他无形的知识产权一样，著作权的保护也无法通过天然占有的方式并在符合条件的情况下，通过自力救济实现保护。在出现权利遭受侵权行为侵害后，一般只能通过诉讼这种公力救济的方式实现保护。作为报酬权之一的录音制品二次使用权，我国《著作权法》是否为报酬权规定专门的保护规则，如果已经规定了专门的保护规则，则只需要将其直接予以适用即可。

虽然我国《著作权法》第 47 条第 7 项将“使用他人作品，应当支付报酬而未支付的”明确界定为一种侵权行为，由于并未将其直接界定为一种对报酬权的侵权，使得有学者将其解释为所有使用作品应当支付报酬而未支付报酬的行为，却并未将其解释为只是对法定许可下报酬权的侵权。在解释该规定时，有学者认为，“著作权法第 10 条明确规定，著作权人享有因许可他人行使作品的财产权或者转让其财产权而获得报酬的权利。这是著作权一项很重要的权利，作品的使用者均应严格遵守这项规定。除法律另有规定或合同另有约定者外，使用受著作权保护的作品不支付报酬，即构成侵权”。④ 也有学者认为，

① 徐棣枫、解亘、李友根编著:《知识产权法——制度・理论・案例・问题》，科学出版社 2005 年版，第 239 页。

② 郑成思教授亦认为，获酬权应作为一项权利存在，而不仅仅是一个可以依赖协议解决的债权问题。参见郑成思:《知识产权论》，法律出版社 2003 年版，第 512～513 页。

③ 参见王迁:《知识产权法教程》，中国人民大学出版社 2007 年版，第 11 页。

④ 沈仁干、钟颖科:《著作权法概论》，商务印书馆 2003 年版，第 146 页。

“使用他人作品，使用者一般都要与他人签订许可使用的合同，并规定相应的报酬。所以严格来说，使用他人的作品而不支付报酬，属于违约行为。当然，使用他人作品而不支付应当支付的报酬，又使得著作权人不能实现自己的经济权利，所以也可以纳入侵犯著作权的范畴”。[①] 显然，这两种解释都将《著作权法》第 47 条第 7 项的侵权行为，界定为一种任何使用作品而未支付报酬的行为。甚至《著作权法》的立法解释在解释该规定时，也采取这种观点，认为“除本法规定可以不付报酬的以外，如本法第 22 条规定的情形，都应当依照合同约定或者本法的规定给付报酬”。“使用他人作品，应当支付报酬而未支付的行为包括：(1)未按照约定的数额或者未按照制定的标准支付报酬的；(2)约定的期间拖延或者逾期未支付报酬的；(3)应当支付报酬，而少付或者只支付部分报酬的等。著作权人对使用其作品不付报酬的行为，有权要求使用者给付报酬，因迟延给付报酬造成著作权人经济上损失的，使用者应当赔偿实际损失”。[②]

在上述解释中，将《著作权法》第 47 条第 7 项所规定的侵权行为，界定为任何使用作品未支付报酬的行为，而并未将其限定在对报酬权的侵害上。实际上，如果使用者未经许可对作品的使用是对著作权中财产权所控制的专有使用方式的侵害，那么在这种情形下，使用者显然构成对著作权人具体专有权的侵权。但这里使用者所应承担的应该是赔偿损失的责任，而不是支付报酬。也就是说使用者未经著作权人许可采取权利人所依法享有的专有权控制下的使用方式，是侵犯专有权所应该承担民事赔偿的结果，而不是侵犯报酬权的结果。《著作权法》第 47 条第 7 项不应该包括这种侵犯专有权的行为，如果该规定能将所有侵犯著作财产权而不支付报酬的行为都囊括其中，那么《著作权法》第 47 条的其他规定都将失去意义。而且，从该规定“使用他人作品，应当支付报酬而未支付的”的表述来看，这意味着只要支付报酬了，实际上就不构成侵权。但如果是对专有权的侵犯，只要是未经许可，就是侵权，即使支付了报酬却改变不了侵权的事实。而使用作品未支付报酬的行为一般包括三种情形：其一为基于著作权许可合同的约定，使用者使用作品应该支付报酬而未支付，这实际上是一种违约行为，是一种典型的合同上债权。债权不能为侵权行为的对象是公认的一般民法理论，如果将这种情况也纳入第 47 条第 7 项的规定，就等于承认基于著作权许可合同而生的债权，可以成为侵权行为的对象，

① 李明德、许超：《著作权法》，法律出版社 2003 年版，第 232 页。

② 胡康生主编：《中华人民共和国著作权法释义》，法律出版社 2002 年版，第 195 页。

这显然不符合民法上侵权的基本原理。即使是基于著作权的特殊性，将这种基于著作权许可合同而生的债权纳入第 47 条第 7 项规定的保护范围，允许著作权人可以选择通过追究违约责任或侵权责任的方式进行保护，但实际上因为一般侵权责任采取过错归责原则，①而违约责任则采取严格归责原则，故不会有权利人选择追究侵权责任来保护自己的权利。因此，实际上这种有悖法理的扩张型解释对权利人并无实际意义，因此，在司法实践中，还是应该依照双方当事人的合同解决许可费的支付问题，至于许可合同的纠纷问题应该适用《合同法》的规定。其二，没有协议许可，亦无法定许可的规定，使用他人作品而未支付报酬。这是一种典型的侵犯专有权的行为，使用者承担的是侵权责任，即使承担了赔偿责任，却依然无法改变其承担侵权责任的事实。在司法实践中，应该适用第 47 条第 6 项、第 8 项、第 10 项的规定。其三，在法定许可下，使用者未按照有关规定支付报酬，这是对权利人报酬权的侵犯，使用者应该按照有关规定支付报酬，支付报酬之后可以继续使用，而不同第二种情形，即使承担了赔偿责任，如果需要继续使用，还必须获得权利人的许可，否则依然是侵权。在司法实践中，自然应该适用第 47 条第 7 项的规定。

这样，第 47 条第 7 项所规定的侵权行为的对象只能是法定许可下的报酬权。实际上也有学者对该规定作出这种解释，认为该规定包括四项应该支付报酬而未支付的行为，即第 23 条所规定的"教材的法定许可"、第 39 条第 3 款所规定的"制作录音制品的法定许可"、第 42 条第 2 款所规定"播放已发表作品的法定许可"以及第 43 条所规定的"播放已出版的录音制品的法定许可"，并认为"以上这四种情况，如果使用者没有按照国务院著作权行政管理部门会同有关部门制定的付酬标准向著作权人支付报酬，或支付的报酬少于规定标准，即构成对著作权人财产权利的侵犯，一经著作权人或著作权人委托的集体管理组织发现，就可以要求其承担支付报酬等民事责任"。② 并且认为基于著作权许可使用合同未向权利人支付报酬的情况属于违约，应该适用《著作权

---

①　虽然，对知识产权侵权采取何种归责原则一直有争议，但即使是认为应该采取无过错归责原则的郑成思先生，亦认为在承担赔偿责任，需要侵权人具有过错。参见郑成思:《中国侵权法理论的误区与进步——写在专利法再次修订与著作权法颁布 10 周年之际》，载《人民司法》2000 年第 10 期。

②　参见姚红主编:《中华人民共和国著作权法解释》，群众出版社 2001 年版，第 271 页。

法》第 53 条(即合同上的责任),而不是第 46 条第 7 项。[①] 只是该观点漏掉了 2001 年《著作权法》第 32 条第 2 款所规定的"报刊转载法定许可"下的权利人报酬权。这样,《著作权法》第 47 条第 7 项规定侵权行为所保护的只有唯一对象——即《著作权法》所规定的四种法定许可情形下的报酬权。而一旦我国《著作权法》确立录音制品二次使用权后,该权利自然应该是这种侵权行为的对象,应该得到该条侵权行为规则的保护。

(二)侵犯录音制品二次使用权的法律责任

实际上,既然报酬权作为一种侵权行为的对象被明确地规定在著作权法中,那么从事该侵权行为的使用者就应该承担相应的法律责任。而作为报酬权之一的录音制品二次使用权,亦应纳入侵犯报酬权的民事责任一并讨论。《著作权法》第 47 条亦规定非常明确,应该"根据情况,承担停止侵害、消除影响、赔礼道歉、赔偿损失等民事责任"。侵犯报酬权,一般主要表现为使用作品但未支付报酬,一般不涉及对权利人人身权的侵害,因此,无所谓消除影响与赔礼道歉的民事责任。而赔偿损失主要指应该向权利人支付的报酬以及因为迟延支付报酬所产生的利息损失。但要是要求使用者停止侵权,即要求使用者停止使用其作品。这似乎与法定许可中使用者无须获得许可的原理相矛盾。

在法定许可中,权利人无权禁止使用者使用其作品,[②]《著作权法》只为权利人保留要求支付报酬的权利。在使用者未支付报酬的情况下,要求使用者停止侵权,即停止使用权利人的作品,似乎与法定许可报酬权相矛盾。然而,如果使用者在不支付报酬的情况下,权利人亦无权要求使用者停止使用或请求法院颁发临时禁令,要求使用者停止使用,显然对权利人极不公平。而且根据《著作权法》第 47 条规定的体系解释,既然是侵权行为的一种,侵犯权利人的报酬权的使用者自然应该承担停止侵权责任,即停止继续使用权利人作品的行为。当然,在判令使用者停止侵权行为时,应该根据这种责任执行的可行性以及对社会公共利益的影响。比如在第 23 条的情形下,涉及义务教育以及国家教育规划的教科书,如果实际已经印刷完毕,只是尚未发行,此时若判令停止侵权,那么这种责任执行不但极不经济,而且会影响义务教育与国家教育

---

① 参见姚红主编:《中华人民共和国著作权法解释》,群众出版社 2001 年版,第 271 页。

② 当然,在允许权利人通过申明排除使用者未经许可的使用除外,即第 23 条、第 33 条第 2 款、第 40 条第 2 款。

规划教材的及时发放。在这种情况下，判令停止侵权，显然不甚妥当，而应该判令支付报酬以及因迟延而产生的利息。在第 33 条第 2 款亦存在同样的问题，如果报刊印刷完毕，责令侵权人停止侵权，就会影响社会公众对信息的获取。第 40 条第 2 款规定同样如此。当然，在前述情况下，停止再次侵权是自然之理。

但在第 43 条第 2 款与第 44 条所规定的“播放已经发表作品”与“播放已出版录音制品”情形，判令停止侵权首先是一种非常经济的责任方式，因为让广播电台与电视台在未支付报酬的情况下，判令其停止继续播放权利人的作品，并不会对侵权者造成非常大经济损失；其次，由于广播电台与电视台可以选择其有权播放的作品，因此，也不会影响公众获取信息的权利。为此，对于侵害第 43 条与第 44 条所规定的行为，权利人有权请求法院判决其停止继续播放其作品，或申请诉前临时禁令，责令其停止继续播放权利人的作品。但是，毕竟法定许可下权利人只有一种报酬权，在使用者支付报酬之后，使用者可以恢复对权利人客体的使用。

同现行《著作权法》第 43 条与第 44 条的规定一样，录音制品二次使用权所涉及的无论是广播还是表演，一般都是一种连续的播放行为。在使用者未支付报酬权的情形下，责令其停止使用权利人的客体，对使用者不会产生那种类似收回所有发行物的损失。因此，停止侵权与赔偿损失即支付报酬与因迟延支付的利息可以同时适用，避免出现权利人面对侵权者的使用无能为力的尴尬局面，可以使录音制品二次使用权获得更为有效的保护。当然，在使用者支付报酬后，使用者自然可以恢复对权利人作品的使用，以使法定许可下的权利恢复其报酬权的本性。

三、小结

录音制品二次使用权作为著作权法中众多报酬权的一种，其性质应该在报酬权的范围内加以讨论。在性质上，其既不属于具有绝对排他性的专有权，也不是一种单纯的债权，同著作权法中所有报酬权一样，是一种介入绝对权与相对权中间模糊地带的特殊的独立权利。《著作权法》第 47 条第 7 项是专为保护报酬权而设立的侵权责任规则，该规则自然可以直接适用到对报酬权的保护。实施这种侵权行为的使用者毫无疑问需要承担损害赔偿责任，对于使录音制品二次使用权而言，由于判令侵权人停止侵权，不会使侵权遭受重大损失，也不会损及公共利益，为此，可以判令侵权者承担停止侵权，赔偿损失的民事责任。在使用者支付报酬后，使用者自然可以恢复对权利人客体的使用。

结　论

知识产权作为一种只有近400年历史的法律制度，相比其他诸如物权法这种具有几千年历史的私权法律制度而言，其依然相当稚嫩，而对于只有近30年的中国知识产权制度更是如此。中国加入WTO之前的知识产权法律制度，基本上是为了加入WTO在美国等发达国家的推动下建立的。在加入WTO之后，我们才有足够的时间去思考知识产权法中具体制度的合理性。录音制品二次使用作为知识产权法中具体制度的一个部分，亦需要系统的研究作为其在我国《著作权法》中建立的理论基础。伴随着录音制品二次使用的“诞生、赋权的正当性、在中国赋权的证成、构建、实现”，通过系统地研究，本书得出如下几点结论：

1. 著作权伴随传媒技术的发展并在各种利益集团的推动下，迅速扩张。但在数字网络技术到来之前，著作权依然能在思想表达二分原则、期限制度与权利限制中中规中矩。在数字网络技术广泛应用的今天，利益集团依然保持著作权伴随传媒技术的发展而扩张的历史惯性，其希望控制权利客体传播的任何一个环节。被利益集团绑架的国内与国际著作权法中的权利，成为阻碍自由创作、网络技术发展与直接控制消费者的工具，从而遭遇著作权侵权为一种普遍社会现象的正当性危机。为此，对于每一种新生的著作权（推而广之每一种知识产权）都应该有充分的正当性论证——并且不能仅仅是论证复制之权时代的尽管经典的理论。本书为录音制品二次使用赋权从著作权中财产权的本质、作者权体系著作权法中著作权与邻接权权利平等配置以及相关主体之间利益格局平衡的维持三个方面，论证其所具有的正当性。

2. 作为法律全球化中程度最高的知识产权法，中国应该以一种“积极参与全球化进程及其方向的重塑或重构”。[①] 对于作为公共政策选择之一的录音制品二次使用问题，仅以国际条约或某外国立法规定与否进行论证，是不足以反对或赞成我国《著作权法》对其进行赋权的。知识产权作为一种公共政策工具已经毋庸置疑，我国亦应根据本国产业发展需求调整立法，否则就不是以一种积极的态度面对知识产权法日益全球化的态势了。为此，我国《著作权法》应以一种积极的态度面对录音制品二次使用这种权利诉求，以我国相关产业的真正需要作为支持或反对其赋权的论证基础。而我国音乐产业的复兴对录音制品二次使用赋权的需求以及印度的实例，证成了这种权利应该在我国《著作权法》中得以确立。

3. 正如费尔南德·不劳德尔所言，“一种充满生机的文明必须不仅能够给予，而且还必须能够接纳与借鉴。借鉴要比看上去的更加困难；并不是每个人都可以明智地借而鉴之，将采用的举措付之于行，并产生像在其源头处一样的良好效果……”。[②] 在我国《著作权法》没有设立录音制品二次使用权的情况下，这种借而鉴之显得尤为重要。但更为重要的是如何借鉴并使其产生“源头一样的良好效果”。为此，本书在广泛分析外国与国际著作权立法文本的基础上，谨慎地结合我国的需要与现有制度资源进行“借而鉴之”。作为著作权之一的录音制品二次使用权，自然无法避免传媒技术发展对其所产生的冲击，在制度构建中应该保持制度的适当张力。为此，在广泛比较与借鉴的基础上，应充分利用我国现有制度资源，并基于相关主体之间的公平，将录音制品二次使用权作如下安排：录音制作者对广播与表演其录音制品的使用者，享有收取报酬的权利；录音制作者应该将该报酬向表演者分配；具体分配的份额由双方协商，但分配协议中不得限制与排除表演者的报酬权。为防止著作权人阻碍录音制品二次使用权的实现，对应《著作权法》中著作权人的广播权实现的法定许可的制度安排，应规定使用者通过录音制品表演已发表作品，无须获得著作权人许可，但应支付合理报酬。

4. 作为具有垄断天性的录音制品二次使用权，规定限制制度成为确立这种权利的必备前提，也是其保持正当性所必需的。著作权的权利限制制度应按照“著作权法定原则、限制制度法定以及限制制度不可排除性”三个

① 邓正来：《谁之全球化？何种法哲学——开放性全球化观与中国法律学建构论纲》，商务印书馆 2009 年版，第 154 页。

② 转引自[美]玛丽·安·格伦顿：《权利话语——穷途末路的政治言辞》，周威译，北京大学出版社 2006 年版，第 189 页。

原则进行构建。对于该权利的限制,我国并没有必须遵守的条约义务。为此,应该从实现限制制度平衡该权利关涉主体之间的利益出发,首先,删除权利制度的"兜底条款",坚持著作权法定原则;删除限制制度中"事先声明排除限制",保护限制制度所维护的公共利益。其次,改进《著作权法》现有的限制制度,然后将其适用到录音制品二次使用权,增加符合条件的"教学、科研、宗教、民俗仪式、慈善与福利事业以及免费表演的"活动中对作品的广播、表演、展示、放映,作为对著作权的合理使用限制。最后,对特定的使用者给予特定优惠待遇。

5.权利实现机制与承认权利同等重要。作为一种涉及海量权利人、海量使用者的权利来说,集体管理是该权利得以实现的必备机制。为此,本书为录音制品二次使用权设置了能得以顺利实现的机制,包括强制性集体管理的安排与指定一个专门的法院或由当事人选择的仲裁委员会裁决收费标准争议。录音制品二次使用权必须授权给相关集体管理组织行使;对报酬标准通过立法指定专门的法院与仲裁委员进行裁决,并通过仲裁员的专家库与专家陪审员解决受理这种争议所需要的专业水平。此外,录音制品二次使用权是一种介入绝对权与相对权中间模糊地带的特殊的独立权利,而《著作权法》第 47 条第 7 项作为专为保护报酬权而设立的侵权责任规则,自然可以直接适用到对录音制品二次使用权的保护,侵犯该权利的侵权责任主要为停止侵权与支付报酬。

综合本书的论证,我国《著作权法》在未来规定录音制品二次使用权时,可在第四章第三节最后,单列一个条文,立法上可作如下规定:

录音制作者对广播与表演其录音制品的使用者,享有收取报酬的权利。

录音制作者应该将前款所规定的报酬向表演者分配;具体分配的份额由双方协商,但分配协议中不得限制与排除表演者的报酬权;协商不成,可根据仲裁协议向本法指定的仲裁委员会申请仲裁,或向本法指定的专门法院提起诉讼。

表演者与录音制作者对该条所规定的权利应该委托集体管理组织行使。

第 1 款所规定的报酬标准,由相关集体管理组织与使用者协商确定;协商不成,可根据仲裁协议向本法指定的仲裁委员会申请仲裁,或向本法指定的专门法院提起诉讼。

当然该权利的实现还需要文中相应论证的配套制度,比如权利限制制度;对著作权人通过录音制品表演其已发表作品的权利也可采取法定许可的安排等。

正如考特和尤伦指出："知识产权法在很大程度上是一种历史的堆积，而没有科学上的基础——几乎所有有关知识产权法的问题都还未有定论。"[①]如果本书的研究，能为这种没有科学基础的知识产权，哪怕只增加那么一丁点儿科学的东西，乃我此生之幸！

① [美]罗伯特·D. 考特，托马斯·S. 尤伦：《法和经济学》，施少华、姜建强等译，上海财经大学出版社 2002 年第 3 版，第 111 页。

参考文献

一、著作

(一)中文著作

[1] 邓正来:《谁之全球化?何种法哲学——开放性全球化观与中国法律学建构论纲》,商务印书馆2009年版。

[2] 段瑞林:《知识产权法概论》,光明日报出版社1988年版。

[3] 范进学:《权利政治论——一种宪政民主理论的阐释》,山东人民出版社2003年版。

[4] 冯晓青:《知识产权法利益平衡理论》,中国政法大学出版社2006年版。

[5] 胡康生主编:《中华人民共和国著作权法释义》,法律出版社2002年版。

[6] 李琛:《知识产权关键词》,法律出版社2006年版。

[7] 李琛:《论知识产权法的体系化》,北京大学出版社2005年版。

[8] 李明德、许超:《著作权法》,法律出版社2003年版。

[9] 李明德:《著作权法概论》,辽海出版社2005年版。

[10] 李雨峰:《枪口下的法律:中国版权史研究》,知识产权出版社2006年版。

[11] 李致忠:《古代版印通论》,紫禁城出版社2000年版。

[12] 林秀芹:《TRIPS体制下专利强制许可制度研究》,法律出版社2006年版。

[13] 刘春田主编:《知识产权法》,中国人民大学出版社2009年版。

[14] 刘春田主编:《知识产权法》,高等教育出版社2000年版。

[15] 沈仁干、钟颖科:《著作权法概论》,商务印书馆2003年版。

[16] 孙雷:《邻接权研究》,中国民主法制出版社2009年版。

[17] 王清:《著作权限制制度比较研究》,人民法院出版社2007年版。

[18] 王迁:《知识产权法教程》,中国人民大学出版社2007年版。

[19] 王泽鉴:《债法原理》,中国政法大学出版社2003年版。

[20] 吴汉东:《著作权合理使用制度研究》,中国政法大学出版社2005年版。

[21] 吴汉东等:《知识产权基本问题研究》,中国人民大学出版社2005年版。

[22] 伍启元:《公共政策(上册)》,台湾商务印书馆1985年版。

[23] 徐棣枫、解亘、李友根:《知识产权法——制度·理论·案例·问题》,科学出版社2005年版。

[24] 杨崇森:《著作权之保护》,台湾中正书局1977年版。

[25] 余涌:《道德权利研究》,中央编译出版社2001年版。

[26] 姚红主编:《中华人民共和国著作权法解释》,群众出版社2001年版。

[27] 郑成思:《版权法》,中国人民大学出版社1990年版。

[28] 郑成思:《知识产权法通论》,法律出版社1986年版。

[29] 郑成思:《知识产权论》,法律出版社2003年版。

(二)中文译著

[1] [美] A. 爱伦·斯密德:《财产、权力和公共选择——对法与经济学的进一步思考》,黄祖辉等译,上海三联书店、上海人民出版社2006年版。

[2] [美] Y. 巴泽尔:《产权的经济分析》,费方域等译,上海三联书店、上海人民出版社1997年版。

[3] [日] 半田正夫、纹谷畅男:《著作权法五十讲》,魏启学译,法律出版社1990年版。

[4] [德] K. 茨威格特、H. 克茨:《比较法总论》,潘汉典等译,法律出版社2004年版。

[5] [美] 罗纳德·V. 贝蒂格:《版权文化——知识产权的政治经济学》,沈国麟、韩绍伟译,清华大学出版社2009年版。

[6] [匈] 米哈依·菲彻尔:《版权法与因特网》,郭寿康等译,中国大百科全书出版社2009年版。

[7] [美] 威廉·W. 费舍尔:《说话算数——技术,法律及娱乐的未来》,李旭译,上海三联书店2008年版。

[8] [美] 约翰·冈茨、杰克·罗切斯特:《数字时代,盗版无罪?》,周晓琪译,法律出版社2008年版。

[9] [美] 保罗·戈尔斯坦:《国际版权:原则、法律与惯例》,王文娟译,中国劳动社会保障出版社2003年版。

[10] [美] 玛丽·安·格伦顿:《权利话语——穷途末路的政治言辞》,周威译,北京大学出版社2006年版。

[11] [美] 保罗·戈斯汀:《著作权之道:从谷登堡到数字点播机》,金海军译,北京大学出版社2008年版。

[12] [美] 迈克尔·豪利特、M. 拉米什:《公共政策研究:政策循环与政策子系统》,庞诗等译,三联书店2006年版。

[13] [德] 黑格尔:《法哲学原理》,范扬、张企泰译,商务印书馆1961年版。

[14] [德] 康德:《法的形而上学原理——权利的科学》,沈叔平译,林荣远审校,商务印书馆1991年版。

[15] [美] 罗伯特·D. 考特、托马斯·S. 尤伦:《法和经济学》,施少华、姜建强等译,张

军审校，上海财经大学出版社 2002 年第 3 版。

[16] [法] 克洛德·科隆贝：《世界各国著作权和邻接权的基本原则——比较法研究》，高凌瀚译，联合国教科文组织，上海外语教育出版社 1995 年版。

[17] [德国] 柯武刚、史漫飞：《制度经济学：社会秩序与公共政策》，韩朝华译，商务印书馆 2004 年版。

[18] [德] M. 雷炳德：《著作权法》，张恩民译，法律出版社 2005 年版。

[19] [美] 劳伦斯·莱斯格：《代码：塑造网络空间的法律》，李旭译，中信出版社 2004 年版。

[20] [德] 约格·莱因伯特、西尔克·冯·莱温斯基：《WIPO 因特网条约评注》，万勇、相靖译，郭寿康审校，中国人民大学出版社 2008 年版。

[21] [西班牙] 德利娅·利普希克：《著作权与邻接权》，中国对外翻译出版公司、联合国教科文组织 2000 年版。

[22] [英] 约翰·洛克：《政府论(下篇)》，叶企方等译，商务印书馆 1964 年版。

[23] [法] 克洛德·马苏耶：《罗马公约和录音制品公约指南》(附英文文本)，刘波林译，中国人民大学出版社 2002 年版。

[24] [法] 克洛德·马苏耶：《保护文学和艺术作品伯尔尼公约指南(1971 年巴黎文本)(附英文文本)》，刘波林译，中国人民法学出版社 2002 年版。

[25] [美] 曼昆：《经济学原理(上册)》，梁小民译，机械工业出版社 2006 年版。

[26] [美] 罗伯特·P. 墨杰斯、彼特·S. 迈乃尔、马克·A. 莱姆利、托马斯·M. 乔德：《新技术时代的知识产权法》，齐筠、张清、彭霞、尹雪梅译，中国政法大学出版社 2003 年版。

[27] [美] 罗伯特·诺奇克：《无政府、国家与乌托邦》，姚大志译，中国社会科学出版社 2008 年版。

[28] [美] 罗斯科·庞德：《通过法律的社会控制》，沈宗灵译，楼邦彦审校，徐显明主编：《法学译丛》，商务印书馆 2008 年版。

[29] [美] 苏姗·K. 塞尔：《私权、公法——知识产权的全球化》，董刚、周超译，王传丽审校，中国人民大学出版社 2008 年版。

[30] [德] 弗里德里希·施莱尔马赫：《诠释学讲演》，洪汉鼎主编：《理解与解释——诠释学经典文选》，东方出版社 2001 年版。

[31] [奥] 布拉德·谢尔曼、[英] 莱昂内尔·本特利：《现代知识产权法的演进：1760—1911 英国的历程》，金海军译，北京大学出版社 2006 年版。

(三)外文著作

[1] William p. Alford, *To Steal a Book Is an Elegant Offençe: Intellectual Property Law in Chinese Civilization*, California: Stanford University Press, 1995.

[2] Robert Burrell, Allison Coleman, *Copyright Exceptions: The Digital Impact*,

Cambridge: Cambridge University Press, 2005.

[3] W. R. Cornish, *Intellectual Property: Patents, Copyright, Trademarks and Allied Rights* (4th ed.), London: Sweet & Maxwell, 1999.

[4] Carlos M. Correa, *Intellectual Property Rights, the WTO and Developing Countries: The TRIPS Agreement and Policy Options*, London and New York: Zed Books Ltd., 2000.

[5] Peter Drahos, *A Philosophy of Intellectual Property (Applied Legal Philosophy)*, Wiltshire:Dartmouth Publishing Company, 1996.

[6] John Feather, *Publishing, Piracy and Politics: A History Study of Copyright in Britain*, London: Mansell Publishing Limited, 1994.

[7] Lucie Guidbault, Bernt P. Hugenholtz, eds. *The Future of the Public Domain: Identifying the Commons in Information Law*, New York: Kluwer Law, 2006.

[8] Graig Joyce, William Patry, Marshall Leaffer, Peter Jaszi, *Copyright Law* (5th ed.), New York: Lexis Nexis, 2000.

[9] Alan Latman, Robert A. Gorman , Jane C. Ginsburg, *Copyright for the Nineties:Cases and Materials* (3rd ed.), Virginia: the Michie Company, Law Publishers, Charlottesville, 1990.

[10] Jessica Litman, *Digital Copyright*, New York: Prometheus Books, 2000.

[11] Wilhelm Nordemann, Kai Vinck, Paul W. Hertin, *International Copyright and Neighboring Right Law: commentary with special Emphasis on the European community*. English Version by Gerald Meyer, N. Y. :VCH Publisher, 1990.

[12] William F. Patry, *The Fair Use Privilege in Copyright Law*. Washington D. C.: The Bureau of National Affairs, Inc., 1986.

[13] Lyman Ray Patterson, *Copyright in Historical Perspective*, Nashville: Vanderbilt University Press, 1968.

[14] Lyman Ray Patterson, Stanley, W. Linberg, *The Nature of Copyright: A Law of Users' Right*. Georgia: The University of Georgia Press, 1991.

[15] Judith Perani, Norma Hackleman Wolff, *Cloth, Dress, and Art Patronage in Africa*. Oxford: Berg Publishers, 1999.

[16] Vincent Porter, *Beyond the Berne Convention: Copyright, Broadcasting and the Single European Market*, London: John Libbey & Company Ltd., 1991.

[17] Catherine Seville, *Literary Copyright Reform in Early Victorian England*, Cambridge: Cambridge University Press, 1999.

[18] David Sinacore-Guinn, *Collective Administration of Copyright and Neighboring Rights: International Practices, Procedures and Organizations*, London: Little, Brown & Company(Canada) Limited, 1993.

[19] Jennifer Skilbeck, *The Economic Importance of Copyright*, London: International Publishers Association, 1988.

[20] Stephen M. Stewart, ed, *International Copyright and Neighboring Rights* (2nd ed.), London: Butterworths, 1989.

[21] Paul C. Torrenmans, ed., *Copyright and Human Rights: Freedom of Expression—Intellectual Property—Privacy*, New York: Kluwer Law International, 2004.

[22] Ruth Towse, *Creativity, Incentive and Reward: An Economic Analysis of Copyright and Culture in the Information Age*, Camberley: Edward Elgar Publishing, Inc., 2001.

[23] Ruth Towse, Richard Watt, *Recent Trends in the Economics of Copyright*, Camberley: Edward Elgar Publishing Limited, 2008.

[24] Richard Watt, *Copyright and Economic Theory—Friends or Foes?*, Camberley: Edward Elgar Publishing Limited, 2000.

二、论文

(一)中文论文

[1] 北岳:《关于权利义务的随想》,载《法学》1994 年第 8 期。

[2] 蔡玉霞:《论法律工具主义》,载《理论观察》2004 年第 4 期。

[3] 曹世华:《著作权集体管理组织版权使用费标准争议解决机制探讨》,载《电子知识产权》2009 年第 1 期。

[4] 邓正来:《中国法律哲学当下基本使命的前提性分析:作为历史性条件的"世界结构"》,载《法学研究》2006 年第 5 期。

[5] 丁丽瑛:《"规则主义"下使用作品的"合理性"判断》,载《厦门大学学报(哲学社会科学版)》2008 年第 6 期。

[6] 方流芳:《学术剽窃和法律内外的对策》,载《中国法学》2006 年第 6 期。

[7] 金兆钧:《尊重权利,科学操作——东京音乐产业产权研修课程琐记》,载《人民音乐》2006 年第 4 期。

[8] 李琛:《又来了》,载《电子知识产权》2007 年第 2 期。

[9] 李建华:《论知识产权法定原则——兼论我国知识产权制度的创新》,载《吉林大学社会科学学报》2006 年第 4 期。

[10] 李明锦:《我国著作权中介团体使用报酬率决定机制之研究》(硕士学位论文),台湾世新大学法学院 2005 年版。

[11] 李扬:《知识产权法定主义及其适用——兼与梁慧星、易继明教授商榷》,载《法学研究》2006 年第 2 期。

[12] 李拥军、郑智航:《从斗争到合作:权利实现的理念更新与方式转换》,载《社会科学》2008 年第 10 期。

[13] 林孝文:《论法定权利的实现——以法社会学为视角》,载《湘潭大学学报(哲学社会科学版)》2008 年第 5 期。

[14] 林应钦:《“TRIPS-plus”扩张的法律分析》,载《电子知识产权》2008 年第 8 期。

[15] 刘晓海:《完善我国邻接权制度的若干思考》,载《中国新闻出版报》2008 年 11 月 13 日第 7 版。

[16] 刘铁光:《美国版权立法的新动向——〈美国 2009 年表演权法案〉译介》,载《中国版权》2009 年第 6 期。

[17] 刘铁光:《著作权正当性的危机与出路》,载《法制与社会发展》2010 年第 1 期。

[18] 吕思思、刘冰:《新疆一 KTV 企业状告中国音集协,质疑其收费合法性》,载《中国青年报》2009 年 11 月 24 日。

[19] 孟勤国:《也论电视节目预告表的法律保护与利益平衡》,载《法学研究》1996 年第 2 期。

[20] 马春茂:《矫正牙齿与争取权利》,载《中国新闻出版报》2007 年 11 月 2 日第 7 版。

[21] 彭学龙:《商标反向混淆探微——以“蓝色风暴商标侵权案”为切入点》,载《法商研究》2007 年第 5 期。

[22] 强昌文:《契约伦理与权利的正当性》,载《法学》2006 年第 5 期。

[23] 申红旭:《计算机软件专利的实用性审查》,周林主编:《知识产权研究》(第 18 卷),知识产权出版社 2007 年版。

[24] 沈仁干:《关于对著作权的限制》,江平:《中华人民共和著作权法讲析》,中国国际广播出版社 1991 年版。

[25] 沈永革:《唱片产业举步维艰,修法挽救当务之急》,载《中国新闻出版报》2010 年 2 月 4 日第 6 版。

[26] 石宗源:《关于〈中华人民共和国著作权法修正案(草案)〉的说明》,载《全国人民代表大会常务委员会公报》2001 年第 7 期。

[27] 万勇:《中国〈著作权法〉的表演权》,载《电子知识产权》2007 年第 6 期。

[28] 王迁:《论我国〈著作权法〉中“广播权”与“网络信息传播权”的重构》,载《两岸四地版权法律制度研讨会论文集》,2009 年。

[29] 魏森:《法律文化帝国主义研究——以中国知识产权立法为中心》,载《法商研究》2009 年第 3 期。

[30] 韦之:《试论著作权法第 43 条》,载《知识产权》2002 年第 4 期。

[31] 吴汉东:《国际变革大势与中国发展大局中的知识产权制度》,载《法学研究》2009 年第 2 期。

[32] 谢铭洋、张懿云:《著作权法与公平交易法关系之研究》,《第 10 届竞争政策与公平交易法学术研讨会论文集》2003 年版。

[33] 熊琦:《集体管理与私人许可:著作权利用的去中间化趋势》,载《知识产权》2006 年第 6 期。

[34] 许明月、邓宏光:《论比较广告的法律规制》,载《法学》2005 年第 10 期。

[35] 应振芳:《司法能动、法官造法和知识产权法定主义》,载《浙江社会科学》2008 年第 8 期。

[36] 袁咏:《数字著作权》,郑成思主编:《知识产权文丛》(第 2 卷),中国政法大学出版社 1991 年版。

[37] 张今:《录音制作者权利需要更新和扩张》,载《中国新闻出版报》2008 年 11 期 13 日第 7 期第 7 版。

[38] 张伟君:《录音制作者的广播权和表演权应该缓行》,载《电子知识产权》2007 年第 10 期。

[39] 张伟君:《维权还是扩权:这是个问题——再论录音制作者的广播权和表演权》,载《电子知识产权》2008 年第 1 期。

[40] 郑成思:《中外印刷出版与版权概念的沿革》,中国版权研究会编,《版权研究文选》,商务印书馆 1995 年版。

[41] 郑成思:《中国侵权法理论的误区与进步——写在专利法再次修订与著作权法颁布 10 周年之际》,载《人民司法》2000 年第 10 期。

[42] 郑胜利:《论知识产权法定主义》,载《中国发展》2006 年第 3 期。

[43] 周林:《版权集体管理及其立法研究(博士学位论文)》,中国社科院研究生院 2002 年版。

[44] 朱理:《后 TRIPS 时代版权限制和例外的国际标准——WTO 专家组首例争端裁决下的三步测试法及其未来》,周林主编:《知识产权研究》,知识产权出版社 2007 年版。

(二)中文译文

[1] [日] 北川善太郎:《网上信息、著作权与契约》,渠涛译,载《外国法译评》1998 年第 3 期。

[2] [日] 北川善太郎:《作为协议体系的著作权市场——论复制市场》,龚三苗译,载《电子知识产权》1998 年第 3 期。

[3] [美] Carlos M Correa:《传统知识与知识产权——与传统知识保护有关的问题与意见》,国家知识产权局条法司译,http://www. biodiv. ip. gov. cn/。

[4] [匈] 米哈伊・菲彻尔:《处在三叉路口的版权和邻接权的集体管理——是继续保持自愿性还是将其“延伸”或变成强制性》,邓玉华译,载《版权公报》2003 年第 4 期。

[5] [美] 卡拉・赫茜:《知识产权的兴起:一个前途未卜的观念(二)》,金海军、钟小红译,载《科技与法律》2007 年第 2 期。

[6] [德] 鲁道夫・冯・耶林:《为权利而斗争》,胡宝海译,梁慧星主编:《为权利而斗争》,中国法制出版社、金桥文化出版社(香港)有限公司 2000 年版。

[7] 德国马克斯-普朗克知识产权法/竞争法和税法研究所:《平衡解释著作权法“三步检验法”的慕尼黑宣言》,林秀芹、刘铁光译,http://www. ip. mpg. de/shared/data/pdf/

chinese_version. pdf, 2010-3-26.

(三)外文论文

[1] E. Skolnikoff, New International Trends Affecting Science and Technology, *Science and Public Policy*, 1993, 2(3).

[2] Mihály Fiscor, Collective Administration of Copyright and Neighboring Rights, WIPO, 1990.

[3] Freegard, Collective Administration: The Relationship Between Authors' Organizations and Users of Works, WIPO Copyright, 1985.

[4] Paul Edward Geller, Copyright History and the Future: What's Culture Got to Do with It?, *Journal of the Copyright Society of the USA*, 2000 (47).

[5] Lucie M. C. R. Guibault, Contracts and Copyright Exemption, in Bernt p. Hugenholtz, ed. , *Copyright and Electronic Commerce: Legal Aspects of Electronic Copyright Management*. London: Kluwer Law International, 2000.

[6] F. Grosheide, Willem, Globalization, Convergence and Divergence in International Copyright Law: A Question of Expediency or of Right, in Fiona Macmillan, ed. , *New Directions in Copyright Law*. Volume 2, Northampton: Edward Elgar, Cheltenham UK, MA, USA, 2006.

[7] Frank Gotzen, Collective Administration of Copyright and Community Wide Licensing Copyright and Competition Law Revisited, http://ec. europa. eu/internal_market/copyright/docs/conference/2004-dublin/gotzen_en. pdf, 2009-11-27.

[8] Bernt Hugenholtz, Why the Copyright Directive Is Unimportant, and Possibly Invalid, http://www. ivir. nl/publications/hugenholtz/opinion-EIPR. html, 2008-9-20.

[9] John M. Kernochan, Music Performing Rights Organizations in the United States of America: Special Characteristics, Restrains and Public Attitudes, WIPO Copyright 1985.

[10] John R. Kettle, Dancing to the Beat of a Different Drummer: Global Harmonization—And the Need for Congress to Get in Step with a Full Public Performance Right for Sound Recordings, *Fordham Intell. Prop. Media & Ent. L. J.*, Spring, 2002, 1041 (12).

[11] Kamiel J. Koelman, Natali Helberger, Protection of Technological Measures VS. the Copyright Limitations in Bernt p. Hugenholtz, ed. , *Copyright and Electronic Commerce: Legal Aspects of Electronic Copyright Management*, London: Kluwer Law International, 2000.

[12] Jonathan S. Lawson, Eight Million Performances Later, Still Not a Dime: Why It Is Time to Comprehensively Protect Sound Recording Public Performances, *Notre Dame*

L. Rev, January, 2006, 693(81).

[13] Harold D. Lasswell, The Structure and Function of Communication in Society, 熊澄宇编:《西方新闻传播学经典名著选读》,中国人民大学出版社 2004 年版。

[14] Lawrence Lessig, Law Regulating Code Regulating Law, *Loy. U. Chi. L. J.* 1, 2003, 35(1).

[15] Lawrence Lessig, (Re)creativity: How creativity lives, in Helle Porsdam, ed, *Copyright and Other Fairy Tales: Hans Christian Andersen and the Commodification of Creativity*, Northampton: Edward Elgar, 2006.

[16] Alireza Naghavi, Strategic Intellectual Property Rights Policy and North-South Technology Transfer, NOTA DI LAVORO, 2005 (18).

[17] Neil Netanel, Why Has Copyright Expanded, Analysis and Critique, UCLA School of Law Public Law & Legal Theory Research Paper, Series Research Paper, No. 07-34, 2008.

[18] David Nimmer, Time and Space, *IDEA*, 1998 (38).

[19] David Nimmer, Codifying Copyright Comprehensibly, *UCLA L. Rev.*, 2005, 51 (1233).

[20] William H. O'Dowd, The Need for a Public Performance Right in Sound Recordings, *Harv. J. on Legis.* Spring, 1993 (31).

[21] T. P. Olson, The Iron Law of Consensus: Congressional Responses to Proposed Copyright Reforms Since the 1909 Act, *Journal of the Copyright Society of the USA*, 1989 (36).

[22] J. H. Reichman, From Free Riders to Fair Followers: Global Competition Under the TRIPS Agreement, *N. Y. U. J. Int'l L. & Pol.* 1997, 29(28).

[23] Heather A. Sapp, North American Anti-Circumvention: Implementation of the WIPO Internet Treaties in the United States, Mexico and Canada, *Comp. L. Rev. & Tech. J.* 1. 2005, Fall (10).

[24] E. Schlachter, The Intellectual Property Renaissance in Cyberspace: Why Copyright Law Could Be Unimportant on the Internet, *Berkeley Technology Law Journal*, 1997 (15).

[25] John Schwartz, Music Industry Returns to Court, Altering Tactics on File Sharing, *N.Y. Times*, Jan. 22, 2004, at C8.

[26] John Eric Seay, Will the Recording Industry Association in the Right of America's New Plan to Posse up with Internet Service Providers in the Fight Against Online Music Piracy Finally Tame the Wild Internet?, *J. Intell. Prop. L.*, Spring, 2009, 269(16).

[27] Ashit Shah, UK's Implementation of the Anti-Circumvention Provisions of the EU Copyright Directive: An Analysis, *Duke L. & Tech. Rev.*, January 2004 (3).

[28] Noam Shemtov, Circumventing the Idea/Expression Dichotomy: the Use of Copyright, Technology and Contract to Deny Access to Ideas, in Guido Westkamp, ed., *Emerging Issues in Intellectual Property, Trade, Technology and Market Freedom: Essays in Honor of Herchel Smith* Cheltenham: Edward Elgar, 2007.

[29] Norman Siebrasse, A Property Rights Theory of the Limits of Copyright, *Univ. of Toronto L. J.* 1(winter) 2001, 51(1).

[30] Katie Sykes, Towards a Public Justification of Copyright, *U. T. Fac. L. Rev.*, 1. 2003, Winter (61).

[31] Brian Z. Tamanaha, The Perils of Pervasive Legal Instrumentalism, *Montesquieu Lecture Series*, Tilburg University, Vol. 1, 2005.

[32] Paul L. C. Torremans, Copyright as a Human Right, in Paul L. C. Torremans, ed., *Copyright and Human Rights: Freedom of Expression—Intellectual Property—Privacy*, New York: Kluwer Law International, 2004.

[33] Antoinette Vacca, The Architectural Works Copyright Protection Act: Much Ado about Something?, *Marq. Intell. Prop. L. Rev.*, 2005, 111(9).

[34] Thomas C. Vinje, Should We Begin Digging Copyright's Grave ? 2000 *EIPR*, issue 12.

三、研究报告

(一)中文研究报告

[1] 曹新民等:《关于著作权客体问题的调研报告》,中南财经政法大学知识产权中心2009年版。

[2] 单小光:《中国著作权法著作权人权利的完善研究报告》,同济大学知识产权学院2009年版。

(二)中文译文研究报告

[1] 英国知识产权委员会:《知识产权与发展政策相结合委员会关于知识产权的报告》,2002年中文版。

http://www.iprcommission.org/papers/pdfs/Multi_Lingual_Documents/Multi_Lingual_Main_Report/DFID_Main_Report_Chinese_RR.pdf, 2009-8-7.

[2] WIPO:《版权及相关权常设委员会关于保护网播问题的备选和非强制性解决方案的工作文件》,2004年中文版。http://www.wipo.int/edocs/mdocs/copyright/zh/sccr_12/sccr_12_5prov.pdf, 2010-3-1.

(三)外文研究报告

[1] IFPI, The Recording Industry 2006, Piracy Report, Protecting Creativity in Mu-

sic, http://www.ifpi.org/content/library/piracy-report2006.pdf, 2010-3-19.

[2] IFPI, Recorded Music Sales 2007 (Physical, Digital & Performance Rights Revenues), http://www.ifpi.org/content/library/Recorded-music-sales-2007.pdf, 2010-3-20.

[3] IFPI, Recorded Music Sales 2007—2008, Percentage Change, http://www.ifpi.org/content/library/Recorded-Music-Sales-2008.pdf, 2010-3-19.

[4] IFPI, Recorded Music Sales 2007 (Physical, Digital & Performance Rights Revenues), http://www.ifpi.org/content/library/Recorded-music-sales-2007.pdf, 2010-3-19.

[5] IFPI, Digital Music Report 2008, http://www.ifpi.org/content/library/dmr2008.pdf, 2009-7-29.

[6] IFPI, Recorded Industry in Numbers, 2008, http://www.ifpi.org/content/section_resources/rin/rin.html, 2010-3-19.

[7] IFPI, Recorded Music Sales 2008, Market Information, http://www.ifpi.org/content/library/Recorded-Music-Sales-2008.pdf, 2010-3-21.

[8] IFPI, Recording Industry in Numbers 2009, the Definitive Source of Global Music, http://www.capif.org.ar/Comunication/Gacetillas/IFPI% 20-% 20Rin-2009.pdf, 2010-3-21.

[9] Bruce A. Lehman, Intellectual Property and the National Information Infrastructure, The Report of The Working Group on Intellectual Property Rights, Washington, D.C.: Intellectual Property and the NII, 1995.

[10] International Intellectual Property Alliance, Copyright Industries in the U.S. Economy: The 2006 Report. Washington, D.C. Report issued on January 30, 2007.

[11] Stephen E. Siwed, The True Cost of Sound Recording Piracy to the US Economy, The Institute of Policy Innovation, Policy Report. Washington, D.C. August, 2007.

[12] WIPO, Draft Treaty on Certain Questions Concerning the Protection of Literary and Artistic Works, WIPO CRNR/DC/4, August 30, 1996. http://www.wipo.ch/edocs/mdocs/diplconf/en/crnr_dc/crnr_dc_4-related1.html, 2009-10-27.

[13] WIPO, Additional and Optional Protocol on the Protection in Relation to Webcasting to the WIPO Treaty on the Protection of Broadcasting Organizations. Alternative Solution 3, Article 2.

[14] WIPO, Collective Management of Copyright and Related Rights, http://www.wipo.int/freepublications/en/copyright/450/wipo_pub_l450cm.pdf, 2010-3-22.

[15] WIPO, Guide on Surveying the Economic Contribution of the Copyright-Based Industries 2003, http://www.wipo.int/copyright/en/publications/.../copyright_pub_893.pdf, 2010-3-24.

[16] WIPO, The International Patent System, Yearly Review:: Developments and Performance in 2008, http://www.wipo.int/export/sites/www/ipstats/en/statistics/pct/

pdf/yearly_review_09. pdf，2009-8-7.

[17] European Commission，Practical Guide to Copyright for Multimedia Producer 1996s，http://catalogue. nla. gov. au/Record/2940685，2010-3-23.

[18] Commission of the European Communities，the Management of Copyright and Related Rights in the Internal Market，Brussels，106. 04 2004 com(2004) 261 final.

[19] WIPO，etc，Recommendation of the Intergovernmental of Rome Convention 1979，Annex 1 of document OLO/WIPO/UNESCO/SCI/IMP/5，Para 28—reprinted in Copyright (April 1979).

四、辞书

[1] 陈坤、郑直、辛国、陈日生译:《世界发明全书》,专利文献出版社 1988 年版。

[2] 世界知识产权组织编:《著作权与邻接权法律术语汇编》,北京大学出版社 2007 年版。

[3] 薛波主编:《元照英美法词典》,法律出版社 2003 年版。

[4] *Stanford Encyclopedia of Philosophy*，*Right*，first published on Mon. Dec. 19，2005；substantive revision Mon. Jul. 9，2007，http://plato. stanford. edu/entries/rights/ #6#6，2009-06-12.

五、案例

[1] White-Smith Music Pub. Co. v. Apollo. Co.，209 U. S. 1 (1908).

[2] John Church Co. v. Hilliard Hotel Co.，221 F. 229，230 (2d Cir. 1915). U. S.

[3] Herbert v. Shanley Co.，242 U. S. 591，594-95 (1917). US.

[4] CBS v. BMI，441 U. S. 1(1979)，aff'd，on remand sub nom. CBS v. ASCAP，620 F. 2nd 930，cert. denied，450 U. S. 970(1981).

[5] LaSalle Music Publishers，Inc. v. Highfill，622 F. Supp. 168 (W. D. Mo. 1985). U. S.

[6] Almo Music Corp. v. 77 East Adams，Inc.，647 F. Supp. 123 (N. D. Ill. 1986) U. S.

[7] A&M Records，Inc. v. Napster，Inc.，239 F. 3d 1004 (Ninth Circuit，2001). U. S.

[8] United States v. Elcom Ltd.，203 F. Supp. 2d 1111；2002 U. S. Dist.

[9] AGM Records，Inc. v. Napster，Inc.，284F. 3d1091，1099 (9th Cir. 2002). U. S.

[10] Field v. Google，Inc.，412 F. Supp. 2d 1106 (D. Nov. 2006). U. S.

六、著作权国际公约、各国著作权法与法案

[1]《伯尔尼公约》(1971 年巴黎文本,英文版)。

[2]《罗马公约》(1961 年,英文版)。

[3]《录音制品公约》(1971 年,英文版)。

[4] WCT(1996 年,英文版)。

[5] WPPT(1996 年,英文版)。

[6]《美国版权法》(2006 年修订版,英文版)。

[7]《1995 年录音制品数字表演权法》(*The Digital Performance Right in Sound Recordings Act of* 1995,英文版)。

[8]《美国数字千年版权法(DMCA)》(1998 年颁布,英文版)。

[9]《美国 2004 年引诱侵犯版权法案》(*Inducing Infringement of Copyright Act of* 2004,英文版)。

[10]《美国 2008 年知识产权组织与资源优化法》(*Prioritizing Resources and Organization for Intellectual Property Act of* 2008,英文版)。

[11]《美国 2009 年表演权法案》(*Performance Rights Act*,英文版)。

[12]《奥地利文学艺术作品著作权与相关权联邦法》(1998 年版,英文版)。

[13]《巴西著作权与邻接权法》(1998 年修订版,英文版)。

[14]《欧盟 1992 年关于知识产权领域著作权的出租、出借权以及某些与著作相关权的指令》(Council Directive 92/100/EEC of 19 November 1992 on Rental Right and Lending Right and on Certain Rights Related to Copyright in the Field of Intellectual Property,英文版)。

[15]《2001 年 5 月 22 日欧洲议会和欧盟理事会关于协调信息社会中版权和相关权若干方面的第 2001/29/EC 号指令》(EUCD,英文版)。

[16]《法国知识产权法典》,黄晖译,郑成思校,商务印书馆 1999 年版。

[17]《德国著作权法与邻接权法》(2003 年修订版),[德] M. 雷炳德:《著作权法》,张恩民译,法律出版社 2005 年版,附录三。

[18]《德国著作权与邻接权管理法》(1995 年修订版,英文版)。

[19]《荷兰邻接权法》(1993 年颁布,英文版)。

[20]《印度版权法》(1999 年修订版,英文版)。

[21]《意大利著作权及其相关权保护法》(2001 年修订版,英文版)。

[22]《日本著作权法》(1995 年修订版,英文版)。

[23]《墨西哥联邦著作权法》(1996 年修订版,英文版)。

[24]《墨西哥联邦著作权法 2003 年修正案》(英文版)。

[25]《英国版权、外观设计与专利法》(1988 年版,英文版)。

[26]《1996 年英国版权与相关权条例》(英文版)。

后 记

此书是从我的同名博士论文修订而来，后记本应是论文写作完毕之后立即撰写，以交代论文的写作过程与心得，或发泄写作过程所经历的艰辛与苦难，甚或作为作者的致谢空间。然而，论文的匿名评审，后记因为回避原因而被略去。不过，也好，时过境迁之后，写作所经历的艰辛与苦难，似乎不再刻留于心迹，从而使后记得以成为纯净的致谢空间。

对我而言，写致谢亦是一件艰难的事情。已近中年的我，人生轨迹似乎同我出生山村的山路一样，一路弯路走来，受过太多的恩惠，由于嘴拙，总是无法找到感谢的机会，而一股脑的感谢是这本小书的后记无法容纳的。因此，很多的恩惠只能通过“一并致谢”这种不得已而为之的选择。

感谢正式将我领入知识产权学术殿堂的我的导师林秀芹教授，论文的完成与此书的形成，都凝结了恩师的心血。恩师关于治学与做人的教诲，使愚笨的我得以完成学业，更使虽无能在学术上有所建树的我尚可对得起自己作为一个读书人的本分。

感谢厦门大学法学院的丁丽瑛教授、浙江工商大学的古祖雪教授，感谢老师们对后辈的不吝提携与鼓励。

感谢我的挚友覃小桥与严成武，他们经济上的支持与心灵上的鼓励，是我继续前行的勇气。而其他多年的挚友们，距离反而加深了我们之间的友谊，使我在前行的路上不觉孤独。

感谢湖南科技大学法学院的领导，使我得以获得攻读博士学位的良好外部环境。

感谢厦门大学出版社的施高翔老师、甘世恒老师为本书出版所付出的辛勤劳动。

深深地感谢我的爱人与岳父母，是他们承受了生活的琐碎，使我求学的路上少去很多牵绊。感谢小儿云天，他的顽皮也让我从苦中获得许多乐趣。然而，对我而言，父母是我此生无以为谢之人，他们人生所遭受的与为我所做的一切，我只能用此生铭记！

刘铁光

2011年2月19日

图书在版编目(CIP)数据

录音制品二次使用的法律问题研究/刘铁光著. —厦门:厦门大学出版社,2011.8
(知识产权法研究丛书/刘秀芹主编)
ISBN 978-7-5615-3944-6

Ⅰ.①录… Ⅱ.①刘… Ⅲ.①录音资料-著作权法-研究-中国 Ⅳ.①D923.414

中国版本图书馆 CIP 数据核字(2011)第 095677 号

厦门大学出版社出版发行
(地址:厦门市软件园二期望海路 39 号 邮编:361008)
http://www.xmupress.com
xmup @ public.xm.fj.cn
厦门市明亮彩印有限公司印刷
2011 年 8 月第 1 版 2011 年 8 月第 1 次印刷
开本:787×960 1/16 印张:15.5 插页:2
字数:272 千字 印数:1～2000 册
定价:30.00 元